看见每一个

提升培智学校学生
课堂参与度的教学策略

奚英◎著

文汇出版社

目录 | CONTENTS

序 | PREFACE

　　课堂参与作为学生学习过程中的重要环节,是教学质量提升的关键所在,也是学生提升自我价值感、建立良好的同伴关系、增进班集体认同的重要因素。《培智学校义务教育课程标准(2016年版)》将引导和支持学生积极参与教学活动作为重要的课程理念与教学实践抓手,教育部2022年发布的《特殊教育质量评价指南》更是将"积极参与课堂学习活动"作为评价特殊学生适宜发展的重要指标之一。研究培智学校学生课堂参与的特点与规律,探讨提升其课堂参与度的有效教学策略,对于提高培智学校的教学质量具有重要的现实意义。

　　培智学校学生在认知、情感、行为等方面存在诸多障碍,这使得他们在学习中面临着更多的挑战。培智学校课堂教学中,常有少部分学生处于被动参与或消极参与的状态,他们不能或很少参与到学习活动中,学习处于较为浅层的水平,效果不佳,质量不高。影响培智学校学生课堂参与的因素较为复杂,既包括来自学生的个体因素,如学生的健康状况、认知水平、学习基础与动机水平等,也包括来自教师的因素,如教师的教学理念、教学内容的选择、教学环境的创设、教学过程的设计和教学策略的实施等。从根本上来说,在众多因素中,教师因素起核心作用,如何深入分析学生的学习特点、营造良好的学习氛围、通过多种途径提升学生的学习动机、激发学生参与课堂活动的热情?如何贴近学生能力起点、为学生提供丰富且适宜的课堂参与机会?如何关注学生的差异化需求,精准制定学习目标、精选学习内容、组织学习活动、提高课堂参与质量?这一系列问题的解决，是培智学校课程教学改革的重要纽带，也是促进培智学校学生发展的关键核心。

上海市浦东新区致立学校教师团队以促进培智学校学生课堂参与的教学策略为主线，开展了一系列校本实践探索，《看见每一个——提升培智学校学生课堂参与度的教学策略》一书的出版，呈现了学校在该领域研究的成果，也为培智学校学生课堂参与及教学策略等相关领域的研究与实践提供了丰富的实践案例。期待有更多的培智教育研究者和实践者关注并进一步深化该领域的研究，为提升培智学生课堂参与度、推进培智学校教学质量的提升做出更多的贡献。

华东师范大学特殊教育学系

2024 年 3 月 9 日

第一章

课堂参与的概述

近年来，教育公平和儿童学习备受重视。学界关注的教育焦点不仅在于为不同年龄、性别、残疾状况及其他多种特征的儿童提供更均等的学习机会，且越发倾向于缩小校际教育资源差距，同时关注学校内部及课堂中不同儿童获得的教育机会、条件和效果。这标志着教育公平的关注领域正逐渐从教育机会均等扩展到教育质量公平。要提升教育质量，就必须从改善课堂教学着手。儿童高质量的课堂参与是提高教学和教育质量、促进教育公平的重要手段。中共中央、国务院2019年颁布的《关于深化教育教学改革全面提高义务教育质量的意见》明确提出："强化课堂主阵地作用，切实提高课堂教学质量。"其具体措施包括"优化教学方式""引导学生主动思考、积极提问、自主探究"及"精准分析学情，重视差异化教学和个别化指导"等[①]。学生是学习的主体，教学以保护学生好奇心、想象力、求知欲，激发学习兴趣，提高学生终身学习能力为宗旨。学校教育要在培养学生认知能力的同时，促进其思维能力和创新能力的发展。

第一节　课堂参与的内涵

在关注、反思、审视和探索儿童的课堂参与时，教育者首先需要澄清"参与"的含义。在此基础上，解读"课堂参与"的基本意义可引导教育者超越个体视角，进而关注群体学习参与及课堂参与结构等方面。同时，对参与的理解可以从多个角度展开。例如，课堂参与不仅是指学生在课堂学习活动中所投入的时间和精力的多少，还涉及对其投入程度与学习效果之间关系的分析，以及个体与他人在互动中参与的群体活动的研究。

一、参与的本义

根据《现代汉语词典》（第7版）的解释，参与是从参与组织决策的角度

---

① 新华社. 中共中央、国务院关于深化教育教学改革全面提高义务教育质量的意见［EB/OL］.（2019-07-08）［2024-02-24］. https://www.gov.cn/zhengce/2019/07/08/content_5407361. htm.

提出的，即"参加（事务的计划、讨论、处理）：参与其事"[①]。另外，根据罗伯特·欧文斯等学者所说，"参与是一个人的思想和感情都投入一种鼓励个人为团队目标做出贡献、分担责任的团队环境之中"[②]。这种定义突出了思想和情感的投入，强调了决策的"主人翁"意识，可以极大地激励参与者，发挥其干劲、创造力和积极性[③]。参与决策是个人为团体目标做出贡献，并承担相应责任的过程，能够直接将组织的发展、决策制定与个人利益联系起来，从而推动组织和个人更好地发展。这种参与是名副其实的"自我投入"，能够使个人与组织之间建立起紧密联系，真正成为组织的一部分。

从组织行为学的角度理解参与决策，应强调参与的三个关键要素：投入、贡献和责任。首先，这种参与是自我投入的，是身心共同参与的表现，是积极主动的行为；其次，主动参与和身心的投入能够激发参与者的积极性，从而释放自身的主动性和创造力，为组织发展做出贡献；最后，这能鼓励参与者为组织的发展承担责任，将组织发展与个人发展融为一体，全身心投入组织中，进一步培养团队精神，形成团队成员共同的价值观。需要注意的是，这里的参与含有主动性的成分，不是被动、有条件驱使的、不尽责的，而是由内在精神和外显行为的共同投入构成的行动，是主体发挥主观能动性的过程，旨在彰显主动精神。

二、课堂参与

对照参与的本义，在理解课堂参与时，教育者需要澄清一种误解，即认为仅仅出席或采取行动就等同于课堂参与。实际上，课堂参与具有多种表现形式，甚至包括保持沉默。在研究课堂参与时，教育研究者可能会遇到以下困扰：在课堂学习中，学生通过何种外显和内隐行为表明其处于学习之中，而非游离于教学之外？教师又应该如何衡量学生的参与度，以确认其真正参与了课堂学习？

[①] 中国社会科学院语言研究所词典编辑室．现代汉语词典［M］．7版．北京：商务印书馆，2017：123.

[②] 罗伯特·欧文斯．教育组织行为学适应型领导与学校改革［M］．8版．窦卫霖等，译．北京：中国人民大学出版社，2007：259.

[③] 罗伯特·欧文斯．教育组织行为学适应型领导与学校改革［M］．8版．窦卫霖等，译．北京：中国人民大学出版社，2007：259.

为了解决这些问题，可以借鉴组织行为学中参与的三个要素，即投入、贡献和责任。真正的课堂参与不仅基于学习者全身心地投入学习，还需要学习者在教学活动中贡献自己的智慧，推动教学进程并支持他人的学习，最终促进班级整体共同进步。

（一）个体视角的界定

以前关于课堂参与的研究主要从个体角度进行。例如，一些研究以学生是否积极回答问题、是否认真练习、是否引发思考及思维是否活跃等因素作为判断学生课堂参与程度的主要指标。更深入的一些研究认为，学生课堂参与状态涵盖了学生是否在学习过程中主动、积极参与的方方面面。这一认知主要从以下四个方面进行评估：首先，评估学生参与的时间和范围；其次，考查学生独立思考和个别学习的时长；再次，观察学生是否参与高水平的认知活动，例如，在问题解决中学习；最后，关注学生在参与过程中是否投入了情感因素，以及学习内容和学习过程是否能够吸引学生的注意力[1]。

1. 行为、情感和认知投入

上述研究着重于强调学生在课堂参与中所投入的时间、认知和情感。同样地，国内关于课堂参与和学习投入的研究也通常着眼于参与的多维概念。例如，孔企平学者将学生在数学课堂学习中的参与度分为行为参与、认知参与和情感参与三个层面[2]。鉴于此，对于学习投入的研究，本文确定了三种投入方式，即行为投入、情感投入和认知投入。行为投入主要关注学生在学术活动方面的参与；情感投入包括学生对教师、同学、课业及学校正面和负面方面的反应，有助于加强与学校的联系；认知投入表现为学生经过深思熟虑后的自愿投入，其目的为理解复杂的思想并掌握高难度的技能[3]。

2. 显性和隐性的心理投入

要理解课堂参与，首先需要将学生视为课堂教学的核心，学生作为学习的主体在课堂中的参与应当是主动的。黄显华等学者认为："学生作为认识发展的主

---

① 金娣，王钢. 教育评价与测量［M］. 北京：教育科学出版社，2002：329-330.

② 孔企平. 数学教学过程中的学生参与［M］. 上海：华东师范大学出版社，2003：15-26.

③ 黄显华，霍秉坤，徐慧璇. 现代学习与教学论：性质、关系和研究（第一卷）［M］. 北京：人民教育出版社，2014：59.

体主动参与，体现了教学过程中科学实践观与主体能动性的统一。"[1]课堂参与的研究并非基于学生在课堂教学中是主动参与和主动学习的先决假设，而是将学生看作学习和参与的主体。换句话说，在教学过程中，学生展开知识和技能学习、培养素养和能力等方面的发展，须以其主动积极的心理投入为前提。学习者的积极投入是产生良好学习效果的关键。然而，如何引导学生积极投入学习，则需要教师进行精心的教学设计。

"学习"被定义为学习者在经验中引起的行为、能力和心理倾向的相对持久的变化。这些变化并非由成熟、疾病或药物引起，也不一定表现为外显的行为[2]。学生的课堂参与包括显性的行为表现和隐性的思维情感活动。隐性的课堂参与研究对支持学习起到非常重要的作用，也正日益受到关注[3]。

3. 参与状态、品质和效果等

某些研究者将课堂参与视为参与状态、方式、品质及效果的综合。例如，刘振东和赵国义等学者提出："学生的学习状况主要是看学生参与学习活动的情况及效果，具体表现为学生在课堂上呈现出来的参与状态、参与方式、参与品质和参与效果四个方面。"[4]具体来说，参与状态涵盖了观察学生是否对学习内容感兴趣，课堂气氛是否融洽，以及师生、生生间的关系是否和谐平等；参与方式包括学生在学习活动中是否积极主动地参与，并展现出多样的参与形式，例如，回答问题、提出疑问、参与讨论和展示等；参与品质关注学生是否善于表达与倾听，在参与中是否展示出主动学习的意识和能力，是否能与同伴共同解决问题，在教师的引导下不断进步；参与效果评估学生是否感到满足，是否在学习中体验到积极的情感，是否掌握了新知识，达成了素养发展的目标，并能否将所学知识和方法应用到新的情境中。这些研究从投入与效果的角度出发，对课堂参与进行了较为全面的理解。

---

[1] 裴娣娜.主体参与的教学策略：主体教育发展性教学实验室研究报告之一［J］.学科教育，2000（1）：8-11.

[2] 施良方.学习论［M］.北京：人民教育出版社，2001：5.

[3] 以"课堂沉默"为篇名，在中国知网上检索发现峰值：2014年发表文章109篇，2019年发表文章106篇。

[4] 刘振东，赵国义.新课程怎样评——来自实验区的报告［M］.北京：开明出版社，2003，11：62-63.

（二）集体互动发展视角的界定

1. 参与对集体的贡献

课堂教学是一种集体性的教学方式，不同于个别的学习和指导。在集体教学中，师生须共同完成既定的教学目标。尽管学生的学力水平存在差异，教师需要在课堂内外兼顾集体教学和个别指导，以确保每名学生都能实现最大限度的发展。课堂参与在集体教学中起着重要作用，不仅关注个体的投入和发展，还关注个体参与如何促进整体学习、解决教学中的关键问题和推动教学进程。

在集体学习中，每名学生的参与至关重要，师生互动和学生间互动中，个体智慧得以共享，学生的学习成果也会回馈到个体。个体的参与对整体学习有着积极的影响，学生在得到积极评价时会感受到学习的喜悦和被认可的满足。这种因为参与而获得认可的动力，推动着个体在集体学习中展现出投入、贡献和责任。

集体学习为个体提供了参与课堂的机会和时机，教学研究中需要关注学习者个体背后的群体力量，因为学习本质上是社会性的。同时，研究者须关注为集体学习做出贡献的每个个体，不能局限于少数学习优秀的学生。每名学生都有可能对集体学习做出贡献，这是课堂参与研究需要更多关注的问题，也更能体现课堂参与的研究对教育公平的关注。

2. 参与是集体中的互动

参与在本质上是一种相互交流的过程。通常，教育研究者所观察到的是显性的参与形式，比如问答对话。然而，一个学生的沉默也可能成为另一个学生开口发言的催化剂，因此，有学者将沉默视为课堂参与的一种形式。基于这个逻辑，课堂中的沉默就如同课堂讨论一样，可以被看作是课堂参与的一种表现。这促使教育者思考如何重新构思参与方式，使得沉默也能够对课堂对话产生积极影响或发挥作用[①]。

教师可在研究课堂沉默的同时，改变以发言为唯一形式的课堂参与方式，为更多的学生提供参与课堂的机会。进一步地，教育研究者需要对课堂参与结构进行深入研究。学者凯瑟琳·舒尔茨提出："参与结构包括各种口头的、非口头的互动，各种听觉的、文本的及绘画方式的内容。只要有机会，既可以通过言说和

---

① 凯瑟琳·舒尔茨.课堂参与：沉默与喧哗［M］.丁道勇，译.上海：华东师范大学出版社，2019：6.

沉默来参与，也可以通过写作和其他方式来参与。"[①]换言之，参与结构本身包含了不同的互动规则，使得参与成为一种集体过程而不是个人选择。因此，对参与结构的研究，意味着对集体中的互动进行探究，而参与结构的设计，则必须以一定的互动规则作为基础。

三、本研究的界定

本研究将"课堂参与"定义为在集体教学环境中，学生在教师创设的参与条件下，展现主观能动的参与意识，通过师生、生生互动，在情感、认知和行为等方面全面参与课堂教学活动的过程。学生在课堂中通过注意力、言语表达、行为动作，以及思维深度等方面的投入，体现出对学习的参与度和学习目标的积极关联。为考查学生的课堂参与度，本研究关注个体和集体、广度和深度纵横两个层面四个关注点。广度方面包括学生的情感参与、认知参与和行为参与；深度方面涉及参与是否主动，情感、认知对课堂的深刻影响及其持久性。在个体层面，通过分析一节课中学生的参与时长、外显投入行为、学习态度和学习效果来评估参与的广度和深度；在集体层面，研究通过一节课分析不同个性学生的参与时长及外显投入行为、学习态度和学习效果，以综合评估参与的广度和深度。值得注意的是，外显行为并非唯一反映课堂参与的指标。课堂沉默被认为是一个重要的研究主题，因此，教师需要在实际教学实际活动中准确区分沉默学生是在独立运用思维进行深度思考，还是在游离课堂逃避学习。只有通过了解不同个性的学生更倾向于何种形式的沉默表现，教师才能有针对性地组织更有效的课堂参与形式。

第二节　课堂参与的理论溯源

对课堂参与的研究，始于教学中学生主体地位的回归，丰富于对学习的新认识。参与不仅是教学或学习的构成要素，更重要的是尊重和维护儿童的基本

---

① 凯瑟琳·舒尔茨.课堂参与：沉默与喧哗［M］.丁道勇，译.上海：华东师范大学出版社，2019：14-15.

权利。《中国儿童发展纲要（2021—2030年）》明确提出："要尊重儿童主体地位，鼓励和支持儿童参与家庭、社会和文化生活，创造有利于儿童参与的社会环境。"①《中国儿童发展纲要（2021—2030年）》在具体建议与措施部分，提出："教育者应遵循教育规律和学生身心发展规律，尊重个体差异，因材施教，推行启发式、探究式、参与式、合作式教学。"

研究儿童的课堂参与，实质上是对其基本教育权利的捍卫，旨在推动教育发展从形式平等转变为实质平等。尽管同一班级内所有儿童都享有同等的受教育机会和相同的课堂教学，然而，由于儿童个体间存在社会经历、文化背景及学习准备的差异，学生个体间的对课堂参与的适应情况大为不同，尤其是那些处于边缘地位的学生，其课堂参与不适应的现象值得教育者进行深入研究。唯有当每个儿童都能够充分参与课堂教学时，才能够减除其所处劣势背景环境的不利影响，预防其被边缘化，并最大限度地开发其教育潜力，发展学业能力。

一、主体与"主体性神话"

儿童在教学中的地位经历了从客体到主体的演变，然而，形式上的主体地位并不意味着在教学过程中儿童真正具备了教学的主体地位。在传统的灌输式教学中，儿童仍然是被动接受的客体，其兴趣和需求往往被忽视。要使儿童成为学习的主体，需要教师设计教学目标和内容，尊重儿童的学习规律，并引导他们主动积极地参与学习过程。学生的自主学习能力是在教师的引导和指导下培养的，学生的主体地位和能力之间并非直接对应。通过教育，学生才能获得主体自我发展的能力。

日本教育家佐藤学提出："学生自立、自律的学习必须在与教师的互动中，在与教材、教室中的学生及学习环境的关系中来加以认识。学习只在与教师、教材、学生、环境的互动关系中，才能够得以生成、发展，儿童的'主体性'不是和这一切毫无关系而独自起作用的，学生的需要、愿望、态度等也不是在这些关系相互作用之前就存在的。"②儿童在学习过程中逐渐成为教学主体，这一转变是

① 中华人民共和国国务院新闻办公室.中国儿童发展纲要（2011—2020年）[EB/OL].（2011-08-08）[2024-02-24]. http://www.scio.gov.cn/ztk/xwfb/46/11/Document/976030/976030.htm.
② 佐藤学.静悄悄的革命——课堂改变，学校就会改变[M].李季湄，译.北京：教育科学出版社，2014：13.

在与物理社会环境及周边他人不断互动的过程中实现的，其课堂参与表现也是如此。教育学者王升用"神入"这一术语来概括学生达到的最高主体参与度[①]。学生的精神、心理、思维的参与是最主要的参与，这三个层面协调统一的参与才是"神入"[②]。行为、心理和情感的参与应当协调一致，共同推进。为实现儿童的主体参与，教师在教学设计与实施中须更具针对性，积极支持主体参与。

二、"理解"和"参与"

（一）为了理解地教学

教学的本质在于培养学生发现知识内在联系的能力，以便其在教学情境中运用知识解决问题，并具备迁移知识和技能的能力。黄显华等学者提出："理解"这一学习能力可以被理解为"是将一点一滴知识组成连贯的整体，从而发现这些知识的模式、联系、关联和关系的能力；它亦是把这些知识、概念和技能阐明并应用于新问题或情境的能力"[③]。传统的灌输式教学只能简单地传授"点状"的知识，而要理解知识之间的内在联系并形成整体"网状"的知识脉络，学习者必须进行主观建构。在追求理解的教学实践过程中，教师需要设计具有启发性的教学体验，精心安排助学措施，提出恰当的问题，以使得观点、知识和技能更加真实和有价值。有启发性的体验为教学提供了重要的准备工作，在此基础上展开的教学比没有任何体验就开始的教学效果更佳[④]。体验学习有助于学生的理解，这一观点得到了大量教育研究的实证支持。

（二）学习是一种参与性实践活动

学者曾文婕和柳熙在学习这一研究领域上，提出了"学习即个体获得""学习即情境参与"与"学习即知识创造"这三个观点[⑤]。"学习即情境参与"，是把

① 王升.论教学中的主体参与［J］.教育研究与实验，2001（1）：35.
② 王升.论教学中的主体参与［J］.教育研究与实验，2001（1）：35.
③ 黄显华，霍秉坤，徐慧璇.现代学习与教学论：性质、关系和研究（第一卷）［M］.北京：人民教育出版社，2014：26.
④ 格兰特·威金斯，杰伊·麦克泰格.追求理解的教学设计［M］.2版.闫寒冰，宋雪莲，赖平，译.上海：华东师范大学出版社，2017：261-262.
⑤ 曾文婕，柳熙.获得·参与·知识创造——论人类学习的三大隐喻［J］.教育研究，2013（7）：88-96.

学习视为一种实践参与性活动，认为学习是个体与环境文化之间的复杂互动，而不是一种单纯的获得过程。类似地，教育家佐藤学也认为，学习是借助对话体现其特征的。所谓学习，是同事物（客观世界、教材）的对话，同他人（朋友、教师）的对话，同自身的对话[①]。这是一种文化的、社会的、伦理的实践。这三种对话的实践是相辅相成的。学习与参与密不可分，儿童的全面参与是学习展开的前提。进一步而言，学习不仅是参与的表现，更是儿童在特定实践共同体中活动的过程，通过这一过程明确自身成员身份并建立相互依赖关系，最终成为共同体的一员。正如学者埃蒂纳·温格所言，"在这种相互关系的体验中，参与是认同身份的来源。通过共同参与的确认，我们融入了社会共同体之中"、"参与社会共同体不仅塑造了我们的体验，同时也被这些共同体所塑造"[②]。

三、学习动机和情感

学习过程中的动力对学习质量具有重要影响，而学习动机的强弱则直接影响学习的深度和持久性。对学习充满热爱的儿童往往能够在学习过程中保持持久的专注力，因此，教育者期望儿童的学习动机是内在的，源自儿童对学习本身的热爱，而非外在的，比如对竞争胜出或奖励的诱惑。学习情感在学习过程中扮演着重要的调节角色，能促进或拖延学习的开始和深入程度。同样地，教师在教学实践中也常观察到，如若学生的学习动机越强烈，那么其受情绪困扰的可能性也越大。教育者克努兹·伊列雷斯提出："与学习有关的挑战要与学习者的兴趣和资质相一致，或至少与它们在本质上并不冲突；与此同时，它们是相互平衡的，既不能太小，以至于不能对学习产生任何重要意义；也不能太大，以至于它们被人感到是不可忍受的，并因此而导向逃避策略。"[③] 因此，学习者需要的不是过分强烈的学习动机，而是稳定的，或者说是相匹配的动机和情绪。

在课堂教学中，若教师与学生之间呈现为控制与服从的关系，教师可能只注重对学生行为的控制，而忽略了学生的情绪状态。只要学生的行为不影响教学

---

① 佐藤学.课程与教师［M］.钟启泉，译.北京：教育科学出版社，2003：376-377.
② 埃蒂纳·温格.实践共同体：学习、意义和身份［M］.李茂蓉等，译.南昌：江西人民出版社，2018：52-53.
③ 克努兹·伊列雷斯.我们如何学习——全视角学习理论［M］.孙玫璐，译.北京：教育科学出版社，2010：101.

进程，教师便可能不会重视学生的情感状态。此外，如果课堂教学仅关注知识传授和技能提升，学生的情绪和内心体验往往被忽视。然而，情绪心理学的研究表明，情绪对认知活动具有重要驱动作用，并且能够调节认知加工的过程[①]。因此，这种"重智轻情""重知轻能"的倾向不仅会妨碍学生情感和情绪的健康发展，还会影响他们的认知过程和学习成效。特别是在低龄学生的学习过程中，学习动机和情感体验更为重要。因此，教育者应鼓励学生积极参与课堂学习活动，并通过参与来激发学生的学习情感，这能够促使学生更加主动地投入学习，并在学习过程中获得积极的情感体验。

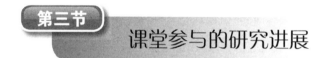

第三节　课堂参与的研究进展

　　国内早期关于课堂参与的研究主要集中在探讨课堂参与的内涵、原则和意义等基础层面，主要采用经验总结和理论构建的方法。随后，研究逐渐转向对课堂教学实践的关注，重点探讨不同参与理念、教学方法及其他因素对学生参与度的影响。

一、课堂参与的内涵、意义等研究

（一）课堂参与意义和原则的研究

　　国内关于课堂参与的研究，早期主要关注课堂参与的积极意义、主要形式及相应的原则。以《关于让学生主动参与课堂教学活动的若干思考》一文为例，文中谈到，学生积极参与教学有助于体现学生主体性、促进认知发展、提供教学反馈和培养个性品质等方面；同时，该文提出了参与的深刻性、全面性、层次性和连续性原则[②]。

（二）课堂参与内涵的研究

　　孔企平教授认为，学生在数学教学中的参与是指学生在数学学习过程中的心

① 孟昭兰.人类情绪［M］.上海：上海人民出版社，1989：28-37.
② 薛凌.关于让学生主动参与课堂教学活动的若干思考［J］.课程教材教法，1996（6）：21-23.

理活动方式和行为努力程度①。这种参与包括行为参与、认知参与和情感参与三个方面。行为参与描述了学生在数学教学中的行为努力程度，其具体表现为四个变量，分别是专心、钻研、每天的作业时间和每周的补充学习时间。认知参与是指学生在数学教学中使用的反映其思维水平的学习策略。它包含了三个变量：浅层次策略（如记忆、练习等）、深层次策略（如理解、应用等）和依赖策略（教师教什么学生就学什么）。情感参与描述了学生在数学教学中的情感体现，包含四个变量：乐趣感、成功感、焦虑感和厌倦感。这些方面的参与对学生的学习质量和成效具有重要影响。

（三）课堂参与的类型

根据学生在课堂中参与的性质和程度，可以将小学生的课堂参与划分为三类，即消极参与型、主动参与型和被动参与型。总体上看，小学生在课堂参与方面呈现出多样化的类型分布，其中被动参与型的学生数量最多，主动参与型次之，而消极参与型的学生最为少见。教育心理研究发现，在学习成绩和自我概念方面，主动参与型学生的发展要优于被动参与型和消极参与型学生②。此外，学生参与教学的形式可分为师生谈话、分组讨论、实践活动、独立探究四类③。

二、课堂参与的影响因素研究

学者陈奕桦和付倩兰对中外四项关于课堂参与度影响因素的研究进行了系统梳理（详见下表）。这些研究主要从学生性别、担任职务、学习成绩和自我概念发展情况这四个方面进行了探讨。其中，曾琦的研究涉及了上述四个维度④。尽管四项研究都关注了性别差异对课堂参与度的影响，但得出了不一致的结论，这表明在不同文化背景下可能存在着群体差异。与此相反，有关学习成绩维度的两项研究得出了相似的结论，即优等生的课堂参与度更高。这一研究结果提示我们，

---

① 孔企平. 数学教学过程中的学生参与 [M].上海：华东师范大学出版社，2003：15-26.
② 曾琦. 小学生课堂参与的类型研究 [J].心理发展与教育，2001（2）：41.
③ 薛凌. 关于让学生主动参与课堂教学活动的若干思考 [J].课程教材教法，1996（6）：21-23.
④ 陈奕桦，付倩兰. 教学方法对小学生数学课堂参与度影响的实证分析 [J].数学教育学报，2017（8）：81.

引导中等生和学困生积极参与课堂教学是提升其学习品质的有效途径,他们也是课堂参与研究中的重点关注对象。此外,国外的相关研究还涉及班级规模、班级学习氛围、座位编排方式和师生关系等因素。教育研究者也可以从这几个方面来分析其对学生参与学习的影响。

表1　课堂参与度的影响因素的相关研究[①]

过去研究的出处	影响参与的因素			
	性　别	职　务	学习成绩	自我概念
Irvine	与女生相比,男生会主动发起更多积极的和消极的课堂参与			
曾琦	女生课堂参与度高于男生	与普通学生相比,班干部的课堂参与度更高	成绩优秀学生的课堂参与情况要好于中等及较差成绩的学生	学生自我概念越正向,课堂参与度越高
程晓樵等	男女生的课堂参与度没有明显差异	教师更愿意与班干部进行互动		
孙明霞等			优等生的课堂参与度显著高于中等生和后进生	

三、关于课堂参与的实证研究

对于课堂参与的研究,必须紧密结合教学实际,采用调查法可以深入探究影响课堂参与的因素,并基于调查结果设计问题解决方案,进行实践性的行动研究。

(一)教师对课堂参与认知的研究

在这方面的研究中,研究者曾琦采用了观察法和访谈法来收集数据,并进行了统一编码和统计。结果发现,我国小学教师对学生课堂参与的内隐认识呈现以

---

① 陈奕桦,付倩兰.教学方法对小学生数学课堂参与度影响的实证分析[J].数学教育学报,2017(8):81.

下特点：① 重视学生在师生互动中的参与，却忽视了学生在与同学互动和独立活动时的表现；② 最关注学生在行动上的参与，其次是学生思维的投入，而对学生情绪的投入较为忽视；③ 注重参与在促进认知发展方面的功能[1]。

（二）不同教学法对课堂参与影响的研究

学者陈奕桦和付倩兰采用问卷调查法，调查了小学数学课堂教学中最常使用的情景教学法、讲授法、问答法和讨论法这四种教学方法对学生课堂参与度的影响，结果显示：① 在行为参与方面，情景教学法带来的积极影响最显著，而讲授法带来的积极影响最低；② 在认知参与方面，情景教学法带来的积极影响最高，而讲授法与问答法带来的积极影响最低；③ 在情感参与方面，情景教学法带来的积极影响最为突出，而问答法带来的积极影响最低[2]。

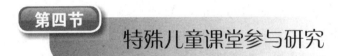

第四节 特殊儿童课堂参与研究

一、重视特殊教育有利于促进教育公平和社会文明

特殊教育，广义而言，是指为0～18岁有发育迟缓或者其他障碍或特殊需要的幼儿、儿童、青少年提供的特殊教育及相关服务和为其家庭提供的教育支持和服务。2001年5月，世界卫生组织（WHO）的国际功能、残疾与健康分类（International Classification of Functioning，ICF）理论模式中已经开始强调社会环境因素对残疾人的影响。同时，在实现福利社会的大环境中，提高残疾人的生活质量问题已逐渐被重视起来。对残疾人的态度问题已成为衡量一个国家的文明程度和社会福利程度的重要标准之一[3]。为特殊儿童提供教育与支持是维护儿童教育

---

① 曾琦. 关于小学教师对学生课堂参与的内隐观的研究［J］. 心理科学，2004，27（5）：1229.

② 陈奕桦，付倩兰. 教学方法对小学生数学课堂参与度影响的实证分析［J］. 数学教育学报，2017（8）：80.

③ 肖放，落合俊郎，朴在国. 中国大学生对残疾人态度的调查研究［J］. 中国特殊教育，2008（08）：3-10.

权利的重要体现。

21 世纪以来，各个国家越来越重视特殊教育。我国也十分重视特殊教育，《国家中长期教育改革和发展规划纲要（2010—2020 年）》和《"十四五"特殊教育发展提升行动计划的通知》均明确提出，要"大力推行融合教育，建立随班就读支持保障体系"①。《第二期特殊教育提升计划（2017—2020 年）》中明确要求："以普通学校随班就读为主体、以特殊教育学校为骨干、以送教上门和远程教育为补充，全面推进融合教育。"②

二、特殊教育中学生课堂参与的常用研究方法

关于课堂参与的研究方法，国外学者多采用量表工具。比较著名的有美国课堂互动评分系统（Classroom Assessment Scoring System，CLASS）和弗兰德斯互动分析系统（Flanders Interaction Analysis System，FIAS）。其中，课堂互动评估系统包括三大领域，共有 10 个维度和 42 个行为指标，建立了师生互动质量的多层次评估框架。弗兰德斯互动分析系统则是 20 世纪 60 年代，美国学者弗兰德斯提出的课堂行为分析技术。该分析方法容易掌握，观察分析"中立""客观"，因此，被广泛用于特殊教育教学研究和教师教育中③。

弗兰德斯互动分析系统，主要针对师生言语行为分析，其核心是描述课堂互动行为的编码系统。教师语言有 7 类，学生语言有 2 类，还有 1 类是没有言语互动或者无效的互动。已有研究除了直接采用弗兰德斯互动分析工具之外，一些学者在运用该工具的同时进行了本土化探索。其中，宁虹和武金红对弗兰德斯互动分析系统编码进行了改进，绘制动态曲线以描述课堂教学过程，丰富弗兰德斯互动分析的相关研究④。此外，顾小清和王炜提出基于信息技术的互动分析编码系统

① 国务院办公厅.国务院办公厅关于转发教育部等部门"十四五"特殊教育发展提升行动计划的通知［EB/OL］.2021：［2024 年 2 月 25 号］.https://www.gov.cn/zhengce/content/2022-01/25/content_5670341.htm.
② 中华人民共和国教育部.第二期特殊教育提升计划（2017—2020 年）［EB/OL］.（2017-07-20）［2024-02-25］.http://www.moe.gov.cn/srcsite/A06/s3331/201707/t20170720_309687.html.
③ 窦雅倩.特殊幼儿集体教学活动中师幼言语互动行为研究［D］.华南师范大学，2022.
④ 宁虹，武金红.建立数量结构与意义理解的联系——弗兰德互动分析技术的改进运用［J］.教育研究，2003（05）：23-27.

（ITIAS）[1]。方海光等研究者则对 ITIAS 的编码系统进行了部分调整和优化设计，将系统编码整合为 14 个，即改进型弗兰德斯互动分析系统（improved Flanders Interaction Analysis System，简称为 iFIAS；具体编码如表 2 所示）[2]，iFIAS 保留了 FIAS 部分传统的分析功能，以便更好地分析包含信息技术支持的数字化课堂。相比传统型弗兰德斯互动分析系统，改进型弗兰德斯互动分析系统具有突出的优点：它增加了信息技术应用编码，能够对教师提问类型、学生的主动行为加以区分，同时保留了传统型弗兰德斯互动分析系统对教学模式的判断（训练型 / 创新探究型）功能。在应用研究中，朱涵等研究者使用改进型弗兰德斯互动分析系统（iFIAS），分析盲校数学优质课堂教学中师生言语互动行为特征[3]。李荣侠、江琴娣则采用改进型弗兰德斯互动分析系统并结合培智课堂真实情况再次改进，以分析和总结培智语文课堂师生言语互动，课堂沉寂及信息技术使用的特征[4]。

表 2　改进型弗兰德斯互动分析系统 iFIAS

分　类		编码	内　容	
教师语言	间接影响	1	教师接收情感	
		2	教师表扬或鼓励	
		3	教师采纳学生观点	
		4	教师提问	4.1	提问开放性问题
				4.2	提问封闭性问题
	直接影响	5	教师讲授	
		6	教师指令	
		7	教师批评或维护教师权威	

① 顾小清，王炜. 支持教师专业发展的课堂分析技术新探索［J］. 中国电化教育，2004（7）：18-21.
② 方海光，高辰柱，陈佳. 改进型弗兰德斯互动分析系统及其应用［J］. 中国电化教育，2012（10）：109-113.
③ 朱涵，郭卿，刘飞，雷江华，朱楠. 盲校数学优质课堂师生言语行为互动的案例研究——基于改进型弗兰德斯互动分析系统（iFIAS）［J］. 中国特殊教育，2018（07）：41-47.
④ 李荣侠，江琴娣. 培智语文课堂教学师生互动研究——基于改进型弗兰德斯互动分析系统（IFIAS）［J］. 现代特殊教育，2019（22）：27-32.

续　表

分　类	编码	内　　　容		
学生语言	8	学生被动应答		
	9	学生主动说话	9.1	学生主动应答
			9.2	学生主动提问
	10	学生与同伴讨论		
沉寂	11	无助于教学的混乱		
	12	有益于教学的沉寂		
技术	13	教师操纵技术		
	14	学生操纵技术		

三、总结与教育建议

（一）树立"双主体"意识，适当减少指令

所谓"双主体"，是指教师和学生在"教"与"学"的双边活动中分别充当着教育主体和学习主体的角色，强调的是平等交互，具有教学相长意义的互生共进效果。在教学过程中，需要教师发挥主体性，正确认识学生的身心发展特点和规律，并以此为依据来确定教育目的、教学内容，选择合适的教学方法；需要学生树立主体意识，发挥主观能动性，在教师的引导下丰富认知，学会生存与发展。要想发挥教师的教育主体和学生学习主体作用，教师在必要时要适当减少指令，避免长时间的单向输出，应该观察特殊学生的行为表现，真正了解他们的兴趣与需要，从而设计出符合他们能力特点的教育内容。

（二）灵活运用教师语言，鼓励接纳儿童

新课程改革背景下，重视学生的主体性，强调要激发学生学习的能动性。教师不是权威者，而是学生学习和成长的引导者、支持者。教师表扬或鼓励的话语，更能激励特殊学生主动表达。在本研究的特殊学生集体教学活动中，特殊学生的言语行为明显偏少。究其原因，一方面，教师的直接言语所占比重明显较多，教师与特殊学生进行互动时，更长时间使用的是讲授式、指令式语言，特殊学生仅需要服从指令即可，不利于引导他们积极互动、自主参与；另一方面，特殊学生的言语能力相对较弱，在缺少鼓励性语言和表达机会的情境下，他们的言

语行为少之又少。

因此，教师首先应当把握好教学的节奏，灵活运用多种言语行为与特殊学生积极互动，既要让他们在讲授式的语言中获取新知，也要借助接纳式、鼓励性的语言，吸引特殊学生的参与和学习的兴趣。其次，教师要控制好讲授的时间，及时反馈特殊学生的回应并注重引导他们主动思考，将直接言语与间接言语结合起来，逐步树立其学习主体意识。

（三）注重师生情感交流，创设良好氛围

师生言语的互动，不仅是知识的传授和行为的指导，最重要的还有情感的表达和交流。本研究发现，多数特殊学生集体教学活动的师生情感氛围融洽，教师能够在特殊学生回应之后做出积极回应，常常用表扬、激励的方式与他们互动，能够表现出更加接纳的态度。特殊学生在融洽的环境中也更大胆地表达自己，积极参与。师生融洽的教学氛围也透露出新时代教师的教育观。以发展的眼光看待特殊学生，注重特殊学生的潜能开发，而非仅仅关注他们的缺陷。教师需要结合每名学生的个别化教育计划，为他们制定合适的发展目标，避免整齐划一或者简单地降低教学难度。教师需要灵活地分层教学、动态调整教学策略，在结合不同能力水平的特殊学生教育需求的基础上与他们进行互动，使得所有特殊学生都能获得发展和进步的机会，不断超越其最近发展区。

（四）重视教师提问价值，创新问答方式

教师提问，是师生言语互动的重要策略。教师提问的频率、提问的类型会直接影响到学生的回答情况，进而影响师生互动的质量。因此，教师发挥封闭性问题的引导价值的同时也不能忽视开放性问题的作用，但开放性问题的提出也需要注意方式和方法。一是，基于特殊学生的年龄特点进行提问。教师可以随着特殊学生年龄的增长，适当增加开放性问题。比如，逐步改变教具的呈现方式，由低年级的实物到中年级的图卡，再到高年级的图文。二是，基于特殊学生的个体差异提问。对语言能力较强的特殊学生，教师可以多采用开放性问题；而对语言能力较弱的，教师则要发挥激励的教育作用，必要时给予一定的提示。三是，提问之前，教师要引导特殊学生理解教学内容，注重提问的生活化、情境性。四是，教师要在提问之后及时评价和反馈，可以结合教学目标和特殊学生的具体行为进行评价，激发和强化他们的学习动机，营造良好的师生言语互动氛围，提升学生课堂参与质量。

第二章

培智学校学生的课堂参与情况

培智学校又称"辅读学校",是智力落后教育的办学形式之一①。自1994年国家教委颁发《关于开展残疾儿童随班就读工作的试行办法》后,培智学校学生由轻度智力残疾学生转变为中、重度智力残疾及其他发展障碍的学生②,培智学校学生的障碍类型主要包括智力障碍、自闭症、脑瘫、唐氏综合征、多重障碍等。不同障碍类型的学生在课堂参与方面的表现既有共性,又有一些各自独特的特点或特殊性。其中,共性主要体现在各类障碍学生的课堂参与均受其障碍程度、智力发展水平、心理特征等因素的影响;特殊性体现在各类障碍学生的课堂参与因其障碍类型的不同表现出较为明显的差异。整体来看,培智学校学生的课堂参与行为大致包括主动参与、被动参与、拒绝参与等几种表现。

其中,主动参与的学生,其内在学习动机较强,课堂专注度较高,能够独立自主地投入课堂学习活动中。当教师开展课堂提问、组织班级活动等互动性教学活动时,主动参与的学生能够主动举手回答问题或主动要求参与课堂活动,而不需要通过教师的指导或辅助引发其课堂参与行为。

被动参与的学生,有的需要在教师的语言引导下参与课堂,有的则需要在教师的肢体引导下才能够参与。前者在教师下达课堂学习任务或教学指令时,通常不能主动参与或回应,而是需要教师通过点名提醒或语言引导才能参与其中。有的学生在参与课堂学习活动前,需要教师进行心理上的支持和疏导,以帮助其舒缓或克服面对课堂学习任务的畏难心理,这种心理上的疏导也属于语言引导的范畴。后者则是只有在教师通过肢体动作加以辅助或引导时,才能产生课堂参与行为。如果教师只是呼喊学生的名字或进行口头上的语言引导,学生通常难以回应教师的指令,也不会产生实际的课堂参与行为。以引导学生参与课堂为目的的肢体动作包括但不仅限于拉着学生的手、在学生面前晃动教学物品以吸引其注意力等行为。

拒绝参与的学生,其课堂配合度低,会明确表现出拒绝参与课堂的行为。这些行为主要包括忽视教师指令、身体回避、哭闹等。即使当教师通过口头语言和肢体动作进行引导时,这部分学生也难以产生课堂参与的意愿和行为。有些拒绝参与的学生,甚至会在课堂上表现出破坏课堂规则、扰乱课堂纪律的行为。这些

---

① 朴永馨. 特殊教育词典 [M]. 北京:华夏出版社,2015:313.
② 王辉,王雁. 对我国大陆培智学校课程建设问题的几点思考 [J]. 中国特殊教育,2015(01):16-21.

行为通常包括制造噪声、随意讲话、随意离座、攻击他人、自我伤害等。这些行为会使课堂学习环境发生明显改变，迫使教师不得不将注意力从教学活动转移到这部分学生身上，从而干扰或妨碍正常的教学进程。

　　培智学校学生的课堂参与情况会受到障碍类型、障碍程度、学校教育环境、课堂学习内容难易程度、教师课堂教授方式等多种因素的影响，因此，部分学生在不同的时间点或时间段、在不同的学习环境下，其课堂参与行为会发生一些变化。也就是说，在不同的情况下，学生表现出的课堂参与行为可能会有所不同。

　　本章将从智力障碍、自闭症、脑瘫、多重障碍等不同障碍类型学生的角度出发，对他们的课堂参与情况进行进一步的阐述。

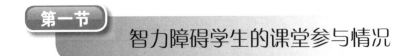

智力障碍学生的课堂参与情况

（一）智力障碍学生课堂参与的整体情况

　　智力障碍是指人的智力明显低于一般人水平，并显示适应行为障碍[①]。总体而言，智力障碍学生的课堂参与以主动参与和被动参与为主，其中主动参与课堂的人数占比最高。少部分学生缺乏课堂参与意愿，在课堂上往往呈现拒绝参与的状态。

（二）智力障碍学生课堂参与情况的分析

1.智力障碍学生的课堂参与行为会受到其障碍程度的影响

　　主动参与的智力障碍学生，之所以具备较强的课堂学习积极性和主动性，很大一部分原因在于这些智力障碍学生的障碍程度较轻，注意力稳定性较好，情绪管理与控制能力较强。这些能力是培智学校学生充分参与课堂学习的重要先备条件。通常情况下，主动参与课堂的学生有较强的学习动机和学习能力，对学习有着浓厚的兴趣，且能够较好地遵守课堂秩序，悉心听从教师的教导。因此，这部

---

① 方俊明.特殊教育学［M］.北京：人民教育出版社，2005：200.

分学生能够相对轻松地在课堂学习中获得成就感和愉悦感，这些因素都能够促使其表现出积极主动的课堂参与行为。

拒绝参与的智力障碍学生虽然整体上占比不多，但普遍障碍程度较重。这部分智力障碍学生大多语言理解和表达能力较弱，甚至可能存在无语言的情况，这直接严重影响了该类型学生学习能力的发展。也有一部分学生由于难以适应和融入班级环境，在心理上存在隔阂，尚未对教师和同学敞开心扉，因而在课堂上一直表现出拒绝参与的态度。这种情形的出现往往会导致教师无法准确判断学生的能力水平。当教师低估学生的能力时，可能会采取降低学习任务难度等举措来促使学生参与。但由于学习任务的难度与学生的能力不相符，因此，这无形中又进一步减少了该类学生参与课堂互动的机会，从而导致其拒绝参与课堂学习，形成恶性循环。此外，还有一部分学生虽然具备一定的学习能力，大多数情况下也可以在教师的语言引导或肢体引导下被动参与课堂，但当其遇到难度较大或者不感兴趣的学习任务时，就会表现出拒绝参与的行为。这种情况下，即使教师为其提供了相应的引导或辅助，通常他们也不愿意参与课堂学习，而是表现出明确的拒绝态度。

2. 智力障碍学生的课堂参与会受到其注意力水平的影响

被动参与的智力障碍学生，往往存在注意力长期不集中的现象。究其原因，首先，这部分智力障碍学生注意的发展水平仍然较低，注意的集中性和稳定性较差，难以完成从无意注意向有意注意的转变，无法将注意力长期维持在学习内容上，而是经常表现出注意力涣散的学习状态。部分学生甚至在课堂上绝大部分时间都是侧身坐着或者面朝后坐，只有当教师进行提醒时才会将注意力短暂地转移到课堂任务上，但过一会儿就又恢复之前的姿势。其次，这部分智力障碍学生注意的分配和转移能力较差，难以根据课堂教学任务的变化而将注意力从一个对象转移到另一个对象。因此，他们也很难在教师组织一个新的教学活动时主动地参与进来，而是需要教师通过进一步的引导，才能促使他们参与。此外，由于无意注意在智力障碍学生的注意中占优势，因此，智力障碍学生往往过于依赖外界新颖、有趣的刺激。如果教师组织活动的方式或课堂学习的内容无法激发学生的学习兴趣和注意力，那么学生也就不会表现出积极主动的课堂参与行为。

3. 智力障碍学生的课堂参与行为会受到其心理特征的影响

智力障碍儿童普遍存在意志薄弱、缺乏持久性、受挫时容易放弃努力的意志特征，以及自信心不足、期望值偏低的人格特征，因此，即使是能够主动参与课堂的智力障碍学生，在面对难度较大的学习任务时，也会产生畏难心理。有时候，一些学习任务在教师看来难度较为适宜，但可能对智力障碍学生而言仍存在一定的难度。例如，由于知觉恒常性较差，当同一事物置于不同环境中时，智力障碍学生可能会无法辨别。例如，教师在黑板上板书的内容，如果在课本上出现，智力障碍学生就很有可能认不出来。基于智力障碍学生的上述心理特点，教师需要深刻地了解并敏锐地观察到学生心理状态的变化，通过恰当的方式方法加以引导，激发学生的学习动机，从而促使其参与到课堂学习中。

拒绝参与的智力障碍学生中存在一部分故意扰乱课堂的学生。他们通常忽视教师的批评，甚至还可能以跟教师对着干为乐。他们的内在学习动机普遍不强，自我控制能力相对较弱，课堂纪律性差，没有建立起良好的课堂规则意识。除此之外，有的学生扰乱课堂的严重程度会依据教师行为特点的不同而有所不同，即在男教师和较为严厉的女教师的课堂上较少出现课堂扰乱行为；而在脾气比较好、态度比较温和的女教师的课堂上，课堂扰乱行为的发生率明显更高。

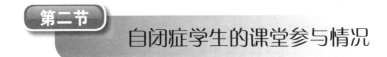

第二节　自闭症学生的课堂参与情况

（一）自闭症学生课堂参与的整体情况

自闭症是一种以持续性的社会交往和沟通障碍、重复刻板行为及狭隘兴趣为核心特征的神经发育性障碍[1]。自闭症学生较少主动参与课堂。大多数自闭症学生在课堂上处于被动参与的状态，也有一部分学生表现为拒绝参与。另外，大多数自闭症学生的课堂参与行为在不同的环境下会有所不同。有的学生有时需要在教师的口头引导下被动参与课堂，有时又需要在教师的肢体引导下才能够被动参与。有的学生有时会表现出拒绝参与的状态，但有时又能够在口头或肢体引导下被动参与课堂。

---

[1] American Psychiatric Association. The Diagnostic and Statistical Manual of Mental Disorders: DSM-V [M]. Washington DC: American Psychiatric Publishing, 2013：50-59.

（二）自闭症学生课堂参与情况的分析

1. 自闭症学生的课堂参与会受到其障碍程度的影响

能够主动参与课堂的自闭症学生往往障碍程度较轻。这部分自闭症学生虽然在社会沟通交往、口语表达、认知发展等方面存在一定的缺陷，但对其课堂参与的主动性影响并不大。主动参与的自闭症学生通常情绪状态较为稳定，学习的内在动机较强，师生互动过程中的配合度较高，对各类学习内容的接受度也较高，这些因素对其表现出积极主动的课堂参与行为起着重要作用。

2. 自闭症学生的课堂参与会受到其注意力水平的影响

被动参与的自闭症学生大多存在注意力分散的问题，因此，需要教师提供一定的语言或肢体引导，以帮助其将注意力转移到学习活动上。部分自闭症学生注意力分散是因为其本身的注意水平较低，难以在一段时间内维持有意注意。参与课堂学习活动时，若不经教师适时提醒和引导，他们的注意力时常会不自觉地转移到与学习无关的事物上。部分自闭症学生也会因为课堂上的学习内容对其来说过于简单，而难以保持注意力的集中和稳定。这部分学生的认知能力相对较强，家长对早期干预也较为重视，从学前期到学龄期对学生进行了大量的康复训练。由于学生基本已经掌握了教师课堂教学的内容，因而在参与课堂时很难提起学习兴趣。还有部分自闭症学生在集体教学环境下和一对一的个训环境下会表现出不同的注意力水平。在集体教学环境中，教师难以全程关注同一名学生。当教师没有给予关注时，这部分学生的注意力就不再集中在课堂学习内容上，继而会表现出游离于课堂学习之外的状态。相较而言，在一对一的教学环境下，教师能够始终保持对一名学生的高度关注，学生也能够保持相对较好的注意水平，学习效果也会明显不同。

3. 自闭症学生的课堂参与会受到其核心障碍特征的影响

除了受注意力的影响之外，自闭症学生的社会交往和沟通障碍、重复刻板行为及狭隘兴趣等核心障碍特征，也会对其课堂参与行为产生影响。部分自闭症学生对声音的敏感性较低，常常表现出对周围发生的事情毫不在意的态度，导致教师难以通过口头语言引导其参与课堂。另外，部分学生在课堂中表现出明显的语言重复现象，即面对教师的提问，只会机械式地重复教师的问题，而不能通过思考对问题进行适当回应，这直接影响了学生参与课堂的质量。在课堂教学过程中，有的学生表现出明显的刻板行为，具体表现为常常在课堂上自言自语、念动画片里的台词等。教师需要时常提醒，才能使其安静地听讲。但是这种安静的状态也只能维持较短时间。还有一部分学生只对特定的事物非常感兴趣，只有当课堂教学活动涉及其感兴趣的特定事物时，他们才会有较强的学习主动性和积极性。更为严重的是，还有少部分学生有撕书、吃纸的行为，这不仅直接导致学生缺少完成课堂学习任务的纸质物品，而且还会使教师在组织这类活动时会尽量避免让这部分学生参与。这样一来，他们在特定活动中的参与机会就会非常少，也就谈不上课堂参与度了。另外，还有部分自闭症学生存在一定的攻击行为，导致班级同学对其非常疏远，致使其难以融入班级和课堂。甚至有时候，教师为了避免其攻击行为伤害到班级中的其他同学，会将其座位安排在离其他同学较远的位置。出于安全考虑，有些需要小组或团队合作的课堂学习活动，也无法让有攻击行为的学生参加，这往往对学生参与课堂的积极性有着负面的影响。

4. 自闭症学生的课堂参与会受到其学习能力的影响

认知能力、理解能力、动手能力等学习必备能力的发展水平也对自闭症学生课堂参与的主动性有着很大的影响。有的学生虽然课堂参与的主动性不强，但在理解学习内容或活动规则的情况下，还是能够在教师的语言引导下参与到活动中的。对于无法理解教师要求的学生，教师就不能仅通过语言引导来促使其参与课堂，而应考虑采用肢体辅助的方式进行引导。此外，有部分学生由于自身能力较弱，参与课堂的注意集中性和稳定性较差，教师只有通过增加声音的响度，同时做出比较明显的肢体动作，例如用力地晃动卡片，才能够使其将注意力转移到学习任务上。上述情况下，学生的课堂参与行为往往表现为被动参与。

5. 自闭症学生的课堂参与会受到其情绪的影响

除了上述几个因素之外，情绪也对自闭症学生的课堂参与有着重要的影响。由于自闭症儿童会表现出不适宜的、异常的、激烈的情感反应，遇到不顺心的情况时，也容易出现哭闹和尖叫等行为，因此，课堂扰乱行为在自闭症学生中的发生率相对较高。当自闭症学生的情绪由于外界环境或自身心理、感知觉等因素产生剧烈波动时，他们很有可能会表现出课堂扰乱行为，从而拒绝参与课堂。有的自闭症学生虽然具备一定的学习能力，但当其情绪状态较差或不稳定时，即使课堂学习内容在其学习能力范围之内，也难以投入其中，因而，他们也会表现出拒绝参与的态度，有时甚至会扰乱课堂。因此，对自闭症学生而言，稳定的情绪是其参与课堂的必备条件之一。

第三节
脑瘫学生的课堂参与情况

（一）脑瘫学生课堂参与的整体情况

脑瘫是指从出生前至新生儿期间各种原因导致的非进行性脑损伤引起的中枢性运动功能障碍与以姿势异常为主的综合征，常伴有智力低下、癫痫、语言障碍、听力低下、视觉异常、行为异常等多种症状[①]。大部分脑瘫学生在课堂上能够主动参与，但其中存在一部分学生有时会出现被动参与的情况。少部分脑瘫学生会表现出拒绝参与的课堂扰乱行为，但其中也有一部分学生有时能够在教师的语言或肢体引导下被动参与课堂学习。只有极少数障碍程度较重的脑瘫学生，只能够表现为拒绝参与课堂的状态。

（二）脑瘫学生课堂参与情况的分析

1.脑瘫学生的课堂参与会受到其智力发展水平的影响

从脑瘫儿童整个群体的人数比例上来看，约有三分之一的脑瘫儿童智力在正常范围之内或者超出正常范围，另有三分之一存在轻度认知缺陷，还有三分之一存在中度到重度智力障碍。虽然培智学校大部分脑瘫学生会受到智力发育的影响，致使其在认知、语言、思维、情绪控制等多方面的发展受限，但是其中有相当一部分学生的智力障碍程度并不是非常严重，因此，在课堂上能够主动参与其中。

2.脑瘫学生的课堂参与会受到其肢体障碍的影响

脑瘫学生由于存在肢体障碍，从小缺乏与同伴玩耍和娱乐的机会，再加上与外界接触的机会较少，因此，会导致他们形成较为敏感、孤僻、自卑的性格特点。这种性格特点往往会降低其参与课堂的动机和主动性。部分脑瘫学生在回答教师提问时，无论是否能够说出问题的答案，总是习惯性地回答"不知道"。从课堂参与的角度来看，这样的回答实际上表现出的是学生拒绝参与的态度。因

---

① 胡莹媛. 脑性瘫痪定义的历史沿革［J］. 中国康复理论与实践，2003（05）：5-6.

此，肢体障碍引发的性格或心理的变化，会直接影响脑瘫学生的课堂参与水平。

另外，由于肢体障碍会导致脑瘫学生行动不便，因此，在教师组织涉及精细动作和大运动的学习活动时，脑瘫学生往往难以充分参与其中。这就导致脑瘫学生在面对该类学习活动时，课堂参与的积极性往往较低。相较而言，脑瘫学生对通过口头表达即可参与的课堂学习活动具有更高的参与度。在课堂教学中，有些活动需要手、眼、脑共同协调配合才能完成，有些活动需要学生离开座位才能完成，还有些活动需要跑跑跳跳，这对学生的精细动作和大运动水平都有一定的要求。对那些没有肢体障碍的学生来说，只要能够理解活动规则，明确学习内容，就能够完成这些学习活动。但是对脑瘫学生而言，他们存在身体姿势失调、自身无法控制身体运动等功能性限制，因此，即便他们完全理解活动的规则和学习的内容，有时也难以顺利完成这些学习活动。有的脑瘫学生可能因为手指无力而无法握笔，有的可能因为不能独立行走而无法参与许多体育活动，有的可能在活动中产生的挫败感远远多于成就感。因此，肢体障碍对他们参与课堂产生了重要的影响。这时候，教师给予的支持和辅助就显得尤为重要。

3. 脑瘫学生的课堂参与会受到其家庭教养方式的影响

部分脑瘫学生表现出拒绝参与课堂的行为，这与其家庭教养方式有一定的关系。教养方式为宠溺型的家长，常常担心孩子在学校里会因为行动不便而无法适应学校生活，担心孩子出现情绪不佳、饮食不适应等问题，因此，很少送孩子来学校。有的家长即使送孩子来学校，也会跟孩子说只上两节课就回家。这就导致学生一到第二节课的下半段就开始吵着要回家，表现出明显地拒绝参与课堂的行为。这种情况下，孩子无法融入课堂环境，自然也就无法有效地参与课堂。还有部分家长对孩子的宠溺体现在心疼孩子力量弱，就不让孩子自己动手做事情。但这恰恰是剥夺了孩子在家锻炼的机会，也让孩子失去了动手操作的兴趣。这就导致这部分学生在面对动手操作类的活动时，表现出较低的课堂参与积极性。

教养方式为放任型的家长，则较少在孩子身上花费心思和精力。这类家庭通常以隔辈养育为主，孩子的主要照顾者是家里的老人。但是老人体力有限，缺乏科学的教育方法，对孩子的威慑性也比较低，导致这部分脑瘫学生的课堂规则意识较差，学习的内在动机很低，常常表现出拒绝参与课堂的行为，甚至有时还会扰乱课堂。放任型教养方式有时还会间接导致学生的课堂参与出现随年级升高而逐渐倒退的情况。有的学生在低年级时，由于年纪尚小，教师还能够帮助其建立一定的课堂规则。再加上低年级学习的内容难度不是很大，以学生自身的能力水平还能够学会，因此，整体的课堂参与还是比较积极主动的。但是随着年级的升高，尤其是到高年级段之后，良好的行为习惯在家庭环境中没有得到保持，知识和技能的学习难度又超出了学生的能力范围，再加上学生的自我意识越来越强，教师帮助其重新建立课堂规则的难度也越来越大，导致学生在课堂上出现到处乱跑、脱离课堂的行为表现，其课堂参与情况与低年级相比明显退步。

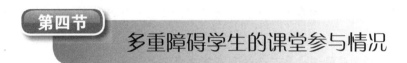

第四节　多重障碍学生的课堂参与情况

（一）多重障碍学生课堂参与的整体情况

多重障碍学生指在生理、心理或感官上有两种或两种以上障碍合并出现状况（如盲聋、智力落后兼肢体障碍等）的学生[1]。多重障碍学生的课堂参与情况与发生在其身上的各项发育障碍的共同作用密切相关。整体来看，相较而言，智力障碍伴有癫痫、智力障碍伴有多动症、智力障碍伴有听力障碍等类型的多重障碍学生具备较好的课堂参与情况，大多能够主动参与课堂或在教师的语言引导下被动参与。但是智力障碍伴有听觉和视觉双重障碍、智力障碍伴有结节性脑硬化及癫痫、智力障碍伴有结节性脑硬化及生理性暴躁、自闭症伴有脑瘫等类型的多重障碍儿童，课堂参与情况整体来说较差，大多表现为拒绝参与，少数可以在教师的肢体引导下被动参与课堂。

（二）多重障碍学生课堂参与情况的分析

1. 多重障碍学生的课堂参与会受到其障碍程度的影响

课堂上能够主动参与和在教师语言引导下参与的多重障碍学生，其障碍程度往往相对较轻。这些学生所罹患的生理、心理或感官障碍对其学习能力虽然造成一定的影响，但是并没有使学生丧失学习的能力，因此，他们还是能够以较为积极的态度参与到课堂学习中。这部分学生以智力障碍伴有癫痫、智力障碍伴有多动症、智力障碍伴有听力障碍等类型为主。

---

① 朴永馨.特殊教育词典［M］.北京：华夏出版社，1996：330.

课堂上拒绝参与的多重障碍学生往往障碍程度较重，学习能力较差，甚至有的学生身患三种障碍，如既有智力障碍，又伴有结节性脑硬化和癫痫。这部分学生由于障碍程度较重，智力发展的缺陷较为明显，导致其学习能力非常弱，因而难以参与到课堂学习活动中。部分学生虽然不会出现课堂扰乱行为，但是整节课都处于游离状态，完全不参与课堂学习。还有部分多重障碍学生情绪稳定性较差，无法参与课堂学习活动，且常常表现出课堂扰乱行为。而且这部分多重障碍学生的课堂参与情况，通常不会因为课堂学习内容或教学活动形式的不同而发生变化。

2.多重障碍学生的课堂参与会受到其障碍类型的影响

对多重障碍儿童而言，从影响儿童学习和发展的严重程度来看，可以将其所罹患的各类生理、心理或感官障碍进行主要障碍和次要障碍的划分。对智力障碍伴有癫痫的儿童来说，影响其学习和发展的主要障碍通常是智力障碍，癫痫是次要障碍。在智力障碍的主要影响下，这部分学生会表现出与仅罹患智力障碍的学生较为相似的课堂参与行为。例如，他们大多数情况下情绪相对稳定，有的甚至可以整节课都非常积极。但部分学生参与课堂的积极性会受到情绪的影响，情绪状态较差时甚至会拒绝参与课堂活动。还有部分学生性格执拗，当其缺乏课堂参与的意愿时，教师通过各种方式都难以引导其参与课堂学习活动。此外，还有部分学生会依据教师的态度产生不同的反馈，例如，这部分学生在教师较为严厉时的参与度明显高于教师态度较为温和的时候。

除了受智力障碍的主要影响外，癫痫这一生理病症虽然对学生的学习和发展而言属于次要障碍，但是也会对学生的课堂参与产生一定的影响。例如，部分学生由于服用治疗癫痫的药物，药物的副作用会使学生在课堂上容易犯困，影响其课堂参与。还有部分学生会因为癫痫导致反应缓慢，肢体动作灵活性和协调性较差，在完成一些操作性任务或进行大运动时明显比仅患有智力障碍的学生更为吃力。此外，还有部分学生精细动作发展较差，无法完成握笔等对手部精细水平要求较高的学习活动。

智力障碍伴有多动症的学生在受到智力障碍影响的同时，也会受到多动症的影响。上课时常有小动作、注意力维持时间短暂、活动反应过度等是他们在课堂上的常见表现。这部分学生还有的会一直通过语言或肢体动作获取教师的关注。如果教师在课堂上对其关注度下降，会导致其产生更多与课堂无关的语言或动作。

　　智力障碍伴有听力障碍的学生，课堂上参与互动的积极性也会受到情绪的影响。如果教师对其说话的语气较为严厉，他们可能会产生哭泣、胆怯的行为表现，不敢再开口回应教师的问题；同时，由于受到听力障碍的影响，其习得语言的自然条件相对较差，在语言发展方面存在发音不清、构音不准、音量过轻等问题。这些语言发展的缺陷，导致教师在与学生进行对话和互动时，有时很难听清和理解学生表达的内容，也难以判断学生回答得是否正确。如果这时教师进一步地追问，就会对学生的自信心和积极性造成一定的打击，继而导致学生的课堂参与度降低。因此，对于这类情绪较为敏感、性格比较害羞、容易受挫的多重障碍儿童，教师需要了解学生的心理特征，并适当地保护学生的自尊。教师在没有听清学生的答案时，也可以尝试通过非口语的方式判断学生回答得是否正确。

　　3. 多重障碍学生的课堂参与会受到其障碍罹患时间的影响

　　多重障碍的学生，有的是先天性罹患两种或多种生理、心理或感官障碍，有的是后天才发展为多重障碍，抑或是随着年龄的增长，障碍程度逐渐加重，其各方面的能力也是逐渐减退的，而不是一开始就不具备一定的学习能力。相较先天学习能力就非常差的多重障碍学生而言，后者的课堂参与状况相对较好。

　　例如，有的学生是智力障碍伴有听觉及视觉障碍，但是其听觉和视觉不是先天就完全缺失的，而是随着年龄的增长，障碍程度逐渐加重。这种情况下，他们在视觉和听觉尚未完全丧失的时候，已经建立起一定的生活和学习经验，并且具备一定的语言能力和认知能力，因此，即使在视觉和听觉逐渐丧失的情况下，还是能够在课堂上参与部分学习活动。也就是说，在他们情绪较为稳定的情况下，往往能够在教师的肢体引导下被动参与课堂。对这类学生而言，视觉与听觉的双重缺失是影响其课堂学习的重要因素。如果想要提高这类学生的课堂参与，就需要想方设法补偿他们在听觉感受和视觉感受方面的缺陷，帮助其利用触觉、动觉等其他感知觉来辅助语言理解和交流，从而进一步认识和感知世界。

第三章 提升培智学校学生课堂参与度的教学策略

培智学校学生课堂参与情况直接影响其学习成效。相关研究指出，由于学生的障碍类型、障碍程度、知识基础、学习习惯、学科特征、教学设计和教师授课技能等的影响，学生课堂参与问题依然是课程教学研究中需要重点关注的问题之一。同时，随着时代的变迁和学生需求的不断演变，以及课程内容的更新，课堂参与的有效策略也在不断发展。因此，旨在提高培智学校学生课堂参与的教学方法研究具有重要的现实意义。本章将探讨一系列策略，激发学生的学习兴趣，增强他们的课堂参与度。

第一节　基于知识物化的策略

　　"知识物化"是指通过将抽象的学科知识与具体的实物结合起来，利用学生的直观感受来促进学习的具体策略。这种教学策略可以有效调动学生的视觉、听觉、味觉和触觉等感官，生动有趣地呈现学习内容，从而提高学生在课堂上的学习兴趣。这里的"物"可以包括以下几种类型：一是学生身边的实物，如常见的真实生活用品等；二是购买的教学具，如各种日用品的模型等；三是教师自制的物品，如教师根据课程内容和学生学情，利用已有材料制作更能满足教学需要的辅助教学具。知识物化强调知识与日常生活的紧密联系，以生活实物（或实物模型）为媒介，以学科知识为核心，以知识掌握为主线，帮助学生由具体到抽象地学习课程内容。

一、知识物化的意义

　　由于培智学校学生以具体形象思维为主，思维较为刻板，缺乏灵活性和独立性，这些认知特征限制了教师语言讲解的效果。因此，知识物化策略通过将抽象知识与具体实物结合起来，为他们提供了一个直观的学习方式。一方面，知识物化策略有助于学生通过熟悉的物品和情境来理解新概念，从而促进他们更好地理解和掌握知识。另一方面，知识物化策略还能够促进学生的多感官参与，通过视觉、听觉、触觉等多种感官的协同作用，增强学习体验，提高记忆效果。

二、知识物化的依据

《培智学校义务教育课程标准（2016 年版）》中提出："要重视学生的功能改善，充分利用支持策略和辅助技术满足其特殊的学习需求，为学生健康发展、融入社会打下基础"、"充分利用学生熟悉的识字情景、生活环境和已有的生活经验，运用多种识字教学方法和形象直观的教学手段，培养学生识字的兴趣与主动性"。知识物化的理念恰好与上述标准提及的"支持策略""辅助技术"和"形象直观的教学手段"不谋而合。因此，知识物化是实现这些教育标准要求的有效策略。

三、知识物化的分类与功能

（一）知识物化的分类

知识物化的分类可以按照实物的抽象程度进行划分，从具体的物品逐步向更抽象的概念过渡。

1. 实物类

生活化是培智学校课程的重要特征之一。具体而言，一方面，培智学校教材涉及大量的日常物品。另一方面，教师经常直接使用各种实物来辅助教学。例如，在学习手套相关知识时，教师会在课堂上展示各式手套（如连指、分指和露指等）。这不仅能够激发学生的兴趣，还便于他们观察、触摸和试戴，增强理解与识记。

2. 模型类

模型在某些学科（如数学课、康复课和科普课等）的教学中扮演着重要角色。这些模型不仅具有实物的直观和真实性，还具有耐摔、耐磨和可重复使用的特点，并且能够突出局部特征，满足课程学习的需求。举例来说，在学习刷牙时，使用牙齿模型可以让学生触摸、直观地观察牙齿的分布，并掌握刷牙的顺序。同时，允许学生从不同角度观察和操作，可以使他们更深入地理解模型所代表的实物。

3. 图片类

当实物难以直接呈现时，图片成为有效的替代工具。例如，当学习《东方明珠电视塔》时，直接带领学生到陆家嘴实地观察较为困难。另外，部分实物由于体积较大，难以搬运到课堂中展示。例如，在讲解《我所居住的小区》时，涉及小区门口或高楼等景观，这些场景在课堂中无法直接呈现。面对这样的挑战，教师常常会通过检索相关图片，并将其制作成学习图卡。这些图卡还可以进行设计加工，添加文字、拼音等内容。学生在观看这些图卡时，会更容易地将图卡中的场景与他们自己所见过的实物联系起来，从而加深对知识的理解。

4. 场景类

知识物化的应用范围不仅包括社区自然资源，还涵盖了社会文化资源的利用。社区自然资源方面，教师往往会利用各种自然景观和材料来丰富学生的学习体验。例如，图书馆、博物馆、美术馆、青少年宫、文化宫，以及动植物园、公园、商店、社区、村庄等校外资源都可作为学习的场所。南方地区的教师会利用海域组织学生进行游泳、沙滩排球和足球等活动，而北方地区的教师则会利用雪原组织学生进行滑雪、滑冰和滚雪球等活动。社会文化资源方面，教师可以利用优秀的传统文化和现代文化资源来丰富学科教学内容，包括民俗、民间工艺、古建筑、视觉影像、艺术作品、历史文化遗迹、非物质文化遗产、文体活动、节庆、纪念日、重大历史事件、传说、故事、影视和戏剧等。充分利用当地的民俗文化和社区场所、自然风景和人文名胜等环境资源，可以为学科教学提供丰富的背景和实践机会。

5. 科技类

多媒体技术在课堂教学中的应用越来越受到重视。教师会利用信息技术创造虚拟的学习空间，根据教学内容和学生的个体差异，选用学生生活中常见的影视、广播、网络等多媒体资源，为学生提供视听结合、声像一体、形象性强、信息量大、资源丰富的教学资源。同时，教师要注重将先进的生活科技知识融入课程内容，引导学生适应时代的发展。

（二）知识物化的功能

1. 提高学生的学习兴趣

实物或真实的情境能够更容易地激发学生的学习兴趣。相较于教师的语言讲授，实物能够更直观地引发学生愉快的情绪，使他们将注意力集中在学习内容上。这种情况下，学生对知识的探究欲望也会被唤醒。

2. 帮助理解抽象知识概念

学科知识中涉及许多抽象概念，而通过实物将这些抽象概念具体化有助于学生更好地理解。培智学校的学生可以在观察实物的基础上，逐步理解抽象概念的含义。此外，实物形象化的特点也更有利于学生记忆抽象知识，相比于纯文字概念，学生更容易记住实物的形象。

3. 丰富学生的知识学习方式

实物或真实的情境为学生提供了更多的学习方法，使他们不再完全依赖教师的讲解。学生可以通过仔细观察或实践操作等方式，与实物进行互动，从而更好地理解和掌握知识与技能。这种过程中还包含了探究性学习，学生在实践中不断探索，从中获得更深层次的理解。

四、知识物化的应用

（一）名词的学习

名词是语言中表示人、地、事、物等名称的词语，对学生来说，直接接触和观察实物有助于他们对名词的理解和记忆。例如，在学习"课桌"这个名词时，教师可以通过展示实际的课桌，让学生观察其特征、形状和用途，从而加深对这个名词的理解。通过直观的实物呈现，学生可以更加直观地理解名词所代表的事物。

（二）抽象概念的学习

抽象概念通常比较难以理解，而知识物化可以帮助学生将抽象概念具体化。例如，在学习"坠落"这一抽象概念时，教师可以通过实物演示的方式让学生亲身体验。举例来说，教师可以拿起一个沙包并放手让它自由坠落，学生通过观察这一过程可以更清晰地理解"坠落"这一抽象概念，从而加深对其含义的理解。

（三）操作技能的学习

学生学习操作技能时，实物的使用可以帮助他们更好地掌握技能步骤和方法。例如，在学习食物储藏的操作技能时，教师可以引导学生观察和操作真实的冰箱。通过观察冰箱的不同部分和温度区域，学生可以理解为什么某些食物需要放在冷冻室，而另一些食物需要放在冷藏室。此外，通过实际操作冰箱，学生能够更好地掌握食物储藏的技能，并在实践中不断提升。

五、知识物化的注意事项

（一）素材源自学生的实际生活

教师应充分利用家庭、班级、校园和社区等资源，挖掘适用于课程学习的实物。这些实物经过筛选、改造和创新后，能够创设生活化情境，使学生能够在真实的生活实践中感知知识、丰富体验，并有效参与其中，从而发展学生的知识应用能力。通过这样的方式，所呈现的实物能够更好地满足学生的学习需求，让他们体验生活、感受生活，积累丰富的生活经验，增强感性认知。

（二）素材基于学生的兴趣意愿

课堂中呈现的实物应基于学生的兴趣和意愿，尊重学生的学习主体性，鼓励他们自主参与课堂学习。采用学生喜欢的素材，尤其是与学习主题相关的素材，能够激发学生的观察与思考，进而不断提高学生的参与度。例如，在生活语文课上，教师可以根据学生的兴趣，选择与课文内容相关的实物进行展示或讨论，如故事中的道具或角色。

（三）素材灵活变通运用

实物在课堂中的运用应充分考虑教师的智慧，同一实物可以以多种形式呈现，以满足不同主题内容的学习需求。例如，教师可以挖掘运动器材的多功能性，例如，栏架不仅可以用来跨栏，还可以作为钻越的障碍或踢小足球的球门。

（四）素材以操作练习为核心

培智课堂的学习强调在"做中学"和"学中做"，注重知行统一、手脑并用。因此，实物操作功能的运用应以操作练习为核心，学生从操作、体验、探究和解决问题的过程中获得直接经验，改善身心功能，提高知识和技能的运用能力，塑造良好的道德品质，促进身心发展。例如，在手工课上，教师可以通过让学生动手制作工艺品，如折纸、剪纸等，来加深他们对工艺制作过程和原理的理解。

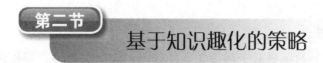

第二节　基于知识趣化的策略

知识趣化策略是指通过将学习内容与有趣的活动结合起来，激发学生的学习兴趣，引导他们主动参与课堂活动的教学策略。

一、知识趣化的意义

　　培智学校学生在感知觉方面的能力通常不如典型发展的儿童，有意注意发展缓慢，而无意注意占据优势地位。这些认知特征要求教师采用更具吸引力的教学方法。知识趣化策略能够唤醒学生的情感共鸣，引导他们主动参与学习，从而提高课堂参与度。因此，知识趣化对于培智学校学生至关重要，它不仅可以增加他们学习的乐趣，还可以帮助他们更好地理解和吸收知识。

二、知识趣化的依据

　　《培智学校义务教育课程标准（2016年版）》中提出："在教学中尽可能贴近生活，以活动和游戏为主提高教学趣味性"、"教师可以适时采用游戏教学法，用具有趣味性的益智游戏，把抽象的知识、枯燥的技能训练与游戏结合起来，引导学生在娱乐中学习，激发他们对信息技术知识的学习兴趣，提高教学效率"。从这些教学建议中，我们可以看出，"激发学生的学习兴趣"是教师需要重点关注的内容之一。

三、知识趣化的分类与功能

（一）知识趣化的分类

1. 有趣的物品

　　在日常生活中，有些物品本身就具有一定的趣味性。例如，宠物常常因为它们可爱的外表而受到人们的喜爱。在教学中，教师可以选择一些有趣的物品来激发学生参与学习活动的兴趣。例如，在康复训练课中，教师可以使用弹跳小青蛙这样有趣的实物，让学生观察跳跃这一动作技能，并通过跟着小青蛙学习跳跃，掌握运动技能。

2. 有趣的场景

　　创设有趣的学习场景对于激发学生的学习兴趣至关重要。根据课程内容，教师可以精心布置学习场景，将学生带入实际或模拟的情境中。这样做会让学生感到新奇，激发他们的求知欲。比如，在康复训练课程中，学生学习精细运动时，教师可以运用学校果蔬市场的场景，引导学生学习采摘花生，从而激发学生的兴趣。

3. 有趣的活动

课程内容的学习通常与具体的活动相结合。培智学校常采用趣味化的生活体验活动或游戏活动来让学生轻松愉悦地学习主题内容。在设计体验或游戏活动时，教师需要全面考虑活动的内容、角色、情节等因素，使其尽可能与学生的生活经验接轨，从而激发学生的学习兴趣。

（二）知识趣化的功能

1. 保持学生的有意注意

培智学校学生对感兴趣的事物或活动往往更能集中注意力。这种有趣的学习方式能够让学生在学习过程中自发地保持注意力，不需要教师频繁地提醒或督促。例如，在学习动植物相关的课程中，教师可以引入宠物来展示不同动物的特点和习性，学生会对这些可爱的小动物产生浓厚的兴趣，从而更加专心地学习相关知识。

2. 诱发学生的主动参与

培智学校学生通常更依赖直接的心理体验来激发学习意愿。因此，教师需要通过趣味化的活动内容或形式来吸引学生主动参与。例如，在绘画手工课中，教师可以设计一场有趣的手工比赛，让学生自愿组队参与，从而激发他们的学习热情和合作意识。

3. 提高学生的识记效率

培智学校学生通常识记困难，因此，教师需要设计能够留下深刻印象的学习内容，以提高他们的识记效率。通过有趣的形象或活动形式，可以更好地激发学生的学习兴趣，让他们更轻松地掌握知识。例如，在生活适应课中，教师可以设计一些与日常生活密切相关的任务和活动，比如模拟家庭清洁打扫，让学生体验家务劳动的重要性和技巧，这样的实践体验能够使他们更容易地记住相关的生活技能。

四、知识趣化的应用

（一）趣化导入

在课堂教学中，导入环节在引发学生学习兴趣并切入学习主题上发挥着关键作用。教师通常以学生感兴趣的实物或活动为切入点，以促进他们的参与和专注。例如，在唱游与律动课《拔萝卜》的导入环节中，教师采用了一个自制的大萝卜模型，引导学生扮演老爷爷、老奶奶和小姑娘等角色，生动地展示了儿歌内容。这种趣味化的导入方式能够有效地激发学生的学习兴趣，有助于他们更好地理解和投入主题内容的学习之中。

（二）趣化难点

每节课都有学习的重点和难点，尤其是处于学生最近发展区的内容，会对他们的学习造成一定的困难。为了帮助学生克服这些困难，教师可以采用一些趣味化的方法，来化解知识点的难度；同时，为学生建立起学习的支架，也能帮助他们更好地理解和识记新知识。例如，教师可以运用磁性正方体教学具来教授学生关于正方体的特征，如六个面大小相等。

（三）趣化练习

在培智学校学生的知识学习过程中，练习环节的重要性不言而喻。然而，考虑到学生识记能力的不足及模仿操作练习能力的薄弱，这一环节的设计变得尤为关键。学生通常需要通过反复地练习来巩固新知识和技能，这意味着教师必须精心设计练习内容，以确保学生能够持续地参与和掌握所学内容。然而，培智学校学生往往缺乏耐心和持久性，这为教师增加了挑战。因此，为了激发学生的兴趣并促使他们持续参与练习，教师需要提高练习的趣味性和吸引力。例如，教师可以采用蔬菜拓印的方式引导学生进行练习，学生不仅可以认识到不同颜色的花朵，而且还可以在有趣的环境中进行练习，从而增强他们对学习的兴趣和参与度。这种有趣的练习方式有助于培养学生的耐心和持久性，使他们更加愿意投入学习中。

（四）趣化应用

在日常观察中，我们观察到许多女学生对玩具娃娃表现出浓厚兴趣，并且热衷于进行娃娃着装游戏。基于这一认知，针对生活适应课程中包含帽子、手套和衣服等方面的学习内容，教师在安排课后生活应用任务时，应充分考虑到应用练习的趣味性。尽可能采用富有趣味性的活动任务，以便学生能够将新学到的知识有效地应用到实际生活中。

五、知识趣化的注意事项

（一）明确知识趣化目的

教师应避免仅仅追求趣味性而忽略主题内容的学习。趣味活动的设计应充分考虑到学生的学习反应，并防止学生兴趣偏移。例如，当设计数学趣味游戏时，教师需要确保游戏不仅有趣味，还能促进学生对数学知识的理解和掌握。

（二）把握知识趣化分层

班级中不同类型的学生对事物或活动的兴趣存在差异，尤其是一些孤独症学生可能有着独特的兴趣爱好。在实施趣味化教学时，教师需要根据学生的学习特点进行个性化的分层设计，以满足不同学生的需求。例如，在语言课上，教师可以根据学生的兴趣爱好设计不同形式的趣味化活动，如故事阅读、角色扮演或绘画创作等，从而激发每个学生的学习兴趣和参与度。同时，教师还应考虑到学生活动中的分层化反馈指导，确保每个学生都能够在自己感兴趣的活动中学习和探索，从而使课堂更具有意义。

（三）遵守社会生活规范

在组织趣味化互动时，教师应重视社会规范，避免活动对学生产生不良影响。例如，在心理辅导课上，教师引导学生进行报纸撕裂宣泄时，需要明确告知学生这种行为仅适用于特定情境，不应在其他场合模仿，以免产生不良行为习惯。

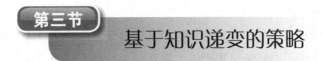

第三节　基于知识递变的策略

知识递变是指通过逐步提升学习活动难度、增加知识要点变式、丰富学习任务形式等方法提高学生课堂参与度的教学策略。

一、知识递变的意义

知识递变的意义在于通过逐步增加学习活动的难度和丰富学习任务的形式，

在提高学生课堂参与度和学习效果的同时，不断提升学生面对各种挑战时的适应能力。这种教学策略能够促使学生面对更具挑战性的任务，培养其解决问题的能力和创新思维，从而提升其学习动机和学习成效。通过知识递变，学生可以逐步建立自信心，培养自主学习的能力，更好地适应未来的学习和生活挑战。

二、知识递变的依据

《培智学校义务教育课程标准（2016 年版）》中提出："学生获得知识，必须建立在自己思考的基础上，可以通过接受学习的方式，也可以通过自主探索等方式。"这表明了学生学习应该注重思维的主动参与和探索的过程。课程标准还指出："引导学生扩大生活经验范围，丰富语言积累，丰富形象思维，逐步发展抽象思维。"这意味着学校教育应该促进学生全面发展，从生活经验中汲取养分，培养形象思维和抽象思维的能力。此外，课程标准还要求："运用有关的知识与方法解决日常生活的简单问题，培养学生的问题意识、应用意识，积累学生的数学活动经验，提高学生解决现实生活问题的能力。"通过运用知识递变的策略，丰富学生形象思维，发展学生抽象思维，同时，通过知识递变策略的应用，学校可以促进学生的问题意识和解决实际问题的能力，符合教育的发展方向。

三、知识递变的分类与功能

（一）知识递变的分类

1.知识同层级变化

知识同层级变化是教学中常见的策略，其核心是在保持学习任务难度相近的前提下，通过变化学习内容的呈现形式，激发学生的思维和学习兴趣。例如，在学习 10 以内的加法时，教师经常采用不同数字相加的练习，这种练习对学生的能力要求保持不变，但又不限定于同一个数字，这种变化激发了学生的思考和心理运算的能力。通过反复练习，学生逐步掌握了 10 以内加法这一运算技能。在这个过程中，教师变化的是数字的呈现形式，例如，在学习的早期阶段，教师可以利用实物进行加法计算，例如，让学生计算 2 个苹果加 4 个苹果等于几个苹果。随着学生的熟练程度增加，可以逐渐过渡到直接使用数字进行运算练习。这一过程充分体现了知识递变的教学策略，即通过逐步增加学习任务的难度和变化形式，促进学生的学习和技能提高。

2. 知识难度递增变化

在分层教学中，教师常采用知识难度递增的方法，根据学生的能力水平设置不同难度的学习任务。例如，在康复训练课程中，针对学生的注意力训练，教师可以使用舒尔特方格，从 3×3 逐步增加到 10×10 的难度，让学生逐步挑战更复杂的任务。通过这种方式，学生不仅能够逐步提升技能，还培养了解决问题的思维方式和竞技精神，增强了学生的自信心和学习动机。

3. 知识跨学科融合

培智学校学生在进行跨学科融合学习时也常采用知识递变的方式，在学生原有的知识基础上，逐渐渗透其他相关知识，使学生潜移默化地掌握这些知识。例如，在劳动技能课程中，学生学习制作葱油饼，不仅涉及制作葱油饼的步骤和操作要点等劳技知识，其中还可以渗透葱油饼是圆形的、有厚薄的、有大小的等相关的生活数学学科知识，以及葱油饼是圆溜溜的、香喷喷的等相关的生活语文学科知识。这种跨学科融合不仅丰富了课程内容，还提高了学生的学科综合能力和跨学科应用能力。

（二）知识递变的功能

1. 提高学生的思维能力

尽管培智学校学生普遍存在一定程度的智力障碍，但培养他们的创新思维能力仍是重中之重。通过知识递变的教学方法，教师引导学生进行思维活动，激发他们动脑筋、尝试解决问题的意愿，并体验到深度学习的乐趣，从而逐渐提升学生的思维水平。

2. 增强学生的竞争意识

在学习过程中，培智学校学生也积极参与同伴之间的竞技活动，首先完成任务的学生会感到自豪和满足，并激发他们继续挑战的愿望。通过设置具有挑战性的知识递变任务，可以有效地培养学生的竞争意识，激发他们追求成功的动力。

3. 培养学生的自豪感与胜任力

对培智学校学生而言，自尊心和能力感的培养尤为重要，因为他们常常面临更多的歧视和排斥。通过知识递变的教学方式，教师为学生提供了与同伴进行学习较量的机会，从而让他们体验到成功的喜悦，逐渐建立起自信心，增强自尊心与胜任感。

四、知识递变的应用

知识递变在应用时，教师需要结合学生的学习需求和兴趣，设计具有情境感的任务，以激发学生的学习动力。在这个过程中，教师应根据课程标准和学生学习情况进行任务分解，遵循"小步子，多循环"的原则，引导学生逐步达成教学目标，让他们在解决问题的过程中体验到学习的乐趣，获得成就感。

（一）以增减数量进行知识递变

在课堂教学中，通过增减学习知识点的数量可以调整学习的难度。例如，在康复训练课程中，对学生进行记忆力训练时，教师逐步增加数字的数量，从2个数字、3个数字一直到11个数字，难度逐渐增加。当学生面对较少的数字时，他们通常能够轻松应对，这会显著提升他们的自信心。然而，当遇到更具挑战性的记忆任务时，教师会及时提供记忆策略，例如，将数字分成模块进行记忆，从而降低难度。这种渐进式的学习方式更容易被学生接受，并且能够有效地提升他们的学习效果。

（二）以变换形式进行知识递变

教师可以通过改变课堂学习形式，逐步增加学习的难度，促进学生的思维深度和应用能力。例如，在康复训练课程中，对学生进行注意力训练时，教师采用了不同形式的活动，如打地鼠、走迷宫和使用曼陀罗卡片等。每种形式都有不同的难度，需要学生进行更多的思考和操作，从而提高他们的参与度和学习效果。

（三）以任务进阶进行知识递变

任务进阶是培智学校学生喜爱的学习方式。例如，在生活适应课程中，教师通过游戏让学生练习学习任务，如认识手套。在任务一中，呈现的是学生常见的"分指手套"，任务难度较低，学生容易完成。随着任务的递进，任务二中呈现"连指手套"，任务三中可能出现强干扰项，如"分趾袜子"。这种递进式的任务设计有助于学生逐步掌握相关知识，并增强学生的学习动力。

五、知识递变的注意事项

（一）筛选知识递变素材

知识递变策略的实施通常依赖具体的教学活动，因此，在选择活动素材时应当充分考虑学生的日常生活背景。教师可以从学校课程、家庭生活或社区环境等方面获取资源，设计丰富多彩的递变式练习实践活动。例如，在教学生活常识时，教师可以引导学生通过实地考察超市中的商品价格来学习货币计算，从而将课堂知识与实际生活结合起来，增强学生的学习体验和应用能力。

（二）掌握知识递变难度

教师需要精准地评估学生的起点能力，以确保递变过程中的难度适宜，逐步增加任务的难度，使学生在挑战中感受到成长和进步。例如，在学习数学加法时，教师递增加法的难度，从简单的 10 以内加法逐渐过渡到更复杂的两位数相加，以确保学生能够逐步掌握技能并保持学习的动力。

（三）设置分层递变任务

由于培智学校学生具有高度的个体异质性。因此，教师应根据学生的能力水平设置分层的知识递变任务。通过详细的评估，教师可以将学生分为 A、B、C 三组，并为每个小组设计适合其能力水平的任务。例如，在进行阅读理解训练时，教师可以根据学生的阅读水平设置不同难度的阅读材料，以满足不同学生的学习需求。

第四节　基于多感官刺激的策略

多感官刺激是指教师利用学生多个感官系统来使其获取新知识和技能，以提高学习效果和课堂参与度的教学策略。

一、多感官刺激的意义

培智学校学生在感知方面存在着与正常儿童不同的特点，包括感受性慢和范围狭窄。与正常儿童相比，智力障碍学生的感知觉能力普遍较弱，因此，他们需要更多的刺激来感知和理解新知识。此外，智力障碍学生的思维更倾向于具体形象的思维，即更多地依赖具体的事物形象或表象进行思考，而不太擅长抽象思维。因此，多感官刺激对于智力障碍学生的学习具有重要意义。一方面，在教学实践中，通过多感官刺激的方式，教师可以创造丰富多彩的学习主题，让学生通过视觉、听觉、味觉、嗅觉和触觉等多种感官来感知和体验学习内容。这样的教学方式不仅能够激发学生的学习兴趣，还可以提高他们对学习内容的认知准确性、灵活性、协调性和综合性。例如，引导学生通过观察、品尝和触摸不同的食物，来学习食物的特点和营养成分，或者通过观察和触摸植物，来学习植物的生长过程和特征。另一方面，多感官刺激还有助于集中学生的注意力，培养良好的学习习惯。通过引导学生积极参与多感官体验活动，可以促进他们的身心和谐发展，提升他们在学习中的自信心和学习动力。因此，多感官刺激不仅是一种教学方法，更是一种符合智力障碍学生特点的教育策略，有助于优化他们的学习效果和成长发展。

二、多感官刺激的依据

《培智学校义务教育课程标准（2016 年版）》中提出："数学教学活动应充分采用多感官并用，激发学生兴趣，调动学生积极性，启发学生思考，引导学生自主学习，鼓励学生合作交流，使学生能够真正理解和掌握基本的数学知识与技能，获得基本的数学活动经验"、"要遵循学生身心发展规律，注重感官机能训练和感官功能代偿，从学习最基本的自我服务劳动技能入手，打牢基础，再逐步过渡到学习家务劳动技能、公益劳动技能和简单生产劳动技能"。根据上述指导意见，教师应根据学生的身心发展规律，结合多感官刺激的原则，通过科学、合理、有效的教学实践，创造多感官学习情境，使学生能够通过感知、体验和参与等多种方式进行课程内容学习，以实现缺陷补偿和潜能开发，为学生适应社会及终身学习与发展创造最基本的条件。

三、多感官刺激的分类与功能

（一）多感官刺激的分类

1. 多感官探究

在培智学校的课堂教学中，采用多感官探究的方式具有重要的实践价值。相比于传统的讲授式教学，探究式教学更能够激发学生的学习兴趣和主动性。例如，在劳动技能课中，学生学习调料的章节时，教师可以引导学生通过多感官参与来感知调料的特性。学生可以用视觉观察调料的颜色和形态，用鼻子闻气味，用舌头品尝口感，甚至用手触摸调料以感受其质地。通过多感官的探究，学生可以逐一感知每种调料的特性，更加深入地理解和记忆学习内容，同时也更容易保持学习的主动性。

2. 多感官合作

多感官合作体现了学生在学习过程中多个感官的协同作用。这种合作可以分为两个层面。首先，是同一名学生多个感官的合作学习。举例来说，在唱游与律动课中，学生学习《小白云》这首儿歌时，教师可以利用多媒体展示天气情况，并出示白云或乌云的形状、颜色等。学生通过视觉和听觉的合作来理解歌词的内容。其次，是多名学生多个感官的协作学习。在实际教学中，学生通过分工合作完成任务。例如，在生活语文课中，学生给一段故事配音，其中一名学生观察人物口型，另一名学生根据情节鼓掌，还有学生用香水制造氛围等。学生通过相互协作，运用多种感官参与学习，从而更好地理解和表达学习内容。

3. 多感官表现

培智学校的学生利用多种感官通道来表现自己的学习成效。这种方式是学生在学习过程中充分运用视觉、听觉、触觉、嗅觉和味觉等多种感官，通过绘画、手工制作、口头表达等形式来展示他们对学习内容的理解和掌握。例如，在唱游与律动课中，学生学习儿歌《乐器歌》时，可以通过画画、制作乐器模型、模仿乐器的声音等方式来表现自己对歌曲的理解和感受。通过多感官表现，学生能够更加生动地展示学习成果，同时也增强了对学习内容的记忆和理解。

（二）多感官刺激的功能

1. 激发学生学习兴趣

多感官刺激在课堂教学中起着重要的激发学生学习兴趣的作用。学生对于感兴趣的物品常常表现出强烈的好奇心和探索欲望，他们渴望亲自观察、触摸和体验，以增加对学习内容的理解和记忆。例如，在生活语文课中，当教师呈现自制的雪花模型时，学生通过观察雪花的形态（如六边形、白色）和触摸其质地（如凉凉的）等直观的学习方式，有助于直接激发他们对学习的浓厚兴趣。

2. 丰富学生相关知识

多感官刺激有助于学生获取更广泛的相关知识，丰富学习的内容。通过多种感官参与学习，学生能够更全面地理解和掌握知识，提高知识的应用效果。例如，在生活适应课中，学生通过观察、触摸、品尝包子和馒头，深入了解它们的形状（如圆圆的）、质地（如软软的）和口感（如有馅料、没馅料）等特征，从而丰富了他们关于这些食品的知识。

3. 提高学生动手能力

在学习过程中，学生使用触觉、嗅觉和味觉等感官进行感知时，往往需要进行动手操作。学生通过触摸、嗅闻或品尝等方式，积极地参与学习过程，从而加深对学习对象的理解。这种多感官的学习方式不仅改变了学生在课堂上久坐不动的状态，也激发了学生的主动性。学生走出座位，用手触摸和探索新知识，从观察、触摸和嗅闻中获得对知识的理解和记忆。随着这种学习方式的不断实践，学生的动手能力得到了显著的提高。

四、多感官刺激的应用

在运用多感官刺激时，要充分发挥学生的优势感官。举例来说，大多数培智学校的学生在视觉觉察方面具有优势，他们更容易理解直接看到的实物，因此，在培智课堂中，视觉刺激的运用具有重要意义。同时，教师还应该注意学生的弱势感官。例如，许多孤独症学生在听觉方面表现不佳，有些学生对声音缺乏反应，不回应他人的讲话，也很少主动交谈。另外，部分孤独症学生对声音却异常敏感，可能会出现激烈的情绪反应等。因此，教师在运用多感官刺激时需要特别关注这些问题，确保学生能够得到适当的支持和关注。

（一）根据学生特点应用多感官刺激

培智学校学生之间存在较大的个体差异。因此，在应用多感官刺激时，教师需要根据不同班级学生的特点进行有针对性的调整。例如，对学生进行学情分析之后，教师发现该班学生对音乐特别感兴趣，并且最近学习了一首儿歌《找朋友》，而心理课的主题正好涉及人际交往。因此，教师可以利用这首儿歌从学生的听觉感受入手，吸引学生参与到学习主题中来。同时，通过与学生握手等触觉接触，调动学生的情绪，提高课堂的参与度和学习效果。

（二）根据学科特性应用多感官刺激

学科特性对于多感官刺激的运用也有一定的影响。在培智学校的课程设置中，大部分学科会用到视听觉刺激策略，而一些特定学科（如康复训练、劳动技能、艺术休闲等）则会涉及触觉、味觉和嗅觉等其他多种感官刺激。学科的特性有助于教师更好地设计和应用多感官刺激活动。例如，在劳动技能课中，学生制作凉拌黄瓜时，需要通过触觉、味觉来判断调料的放置和味道的协调，这样的活动设计更贴近学科特性，促进学生的多感官参与和学习效果的提升。

（三）根据学习内容应用多感官刺激

在运用多感官刺激时，教师应以确定的学习目标和内容为主导。教师需要依据不同的学习目标和内容来选择学生熟悉的学习资源，设计适宜的多感官参与活动。例如，在一节高年级的生活语文课上，学习内容是关于梅花的课文。教师可以带领学生到校园观察梅花，通过视觉观察（如梅花是粉红色的、有五片花瓣）、触觉感受（摸一摸梅花薄薄的花瓣）和嗅觉体验（闻一闻梅花是有清香的），让学生更加全面地认识梅花。通过这样的多感官参与活动，学生能够更深入地理解课文内容，提高学习的质量和效果。

五、多感官刺激的注意事项

（一）注意学生的个人安全

特殊学生往往伴有各种健康问题，如过敏或哮喘等。在运用多感官刺激时，教师应进行充分的前期调研，并与学生家长进行详细沟通。特别是在涉及嗅觉和味觉的活动中，如果了解到某名学生对花粉、海鲜或花生等存在过敏情况，就需要调整活动方式。此外，有些学生可能对某些动物或皮毛有恐惧，接触后可能引发不良情绪反应。因此，教师在设计活动时必须充分考虑这些因素，并确保在保障学生安全的前提下进行教学活动。

（二）注意学生良好生活习惯的培养

在进行多感官刺激学习活动时，教师应关注学生的良好生活习惯的培养。教师应给予正确的示范，引导学生养成良好的饮食习惯和安全意识。例如，在进行品尝活动时，学生应先征得大人的许可，并确保食物的安全性。同时，教师还应教导学生正确的品尝方式，避免烫伤或因不喜欢的味道而引发不良情绪。此外，在触摸物品时，学生也应注意安全性，避免接触可能造成伤害的动物或物品。教师应重视学生良好生活习惯的培养，帮助他们养成安全、健康的生活方式。

第五节　基于正向评价的策略

"正向评价"是指在课堂中以学生的意识感受为主体，通过教师给予肯定和鼓励等评价策略，来激发学生积极学习状态的教学策略。值得指出的是，在进行正向评价时，教师应清楚地说明学生因何种优秀表现而受到肯定，正向评价的奖励形式可以包括语言表扬、奖励贴纸或实物奖励等。

一、正向评价的意义

多项研究已经证实，正向评价有助于提高学生的课堂参与度。其基本目的在于激发学生积极的学习态度，并有效改进教学效果。通过检查、诊断等功能，教师能够及时发现学生学习中存在的问题，并协助他们不断完善学习过程，从而提高教学质量。此外，正向评价不仅能激发学生的学习兴趣，引导他们纠正错误，增强自信心，拓展情感体验，而且能为他们与教师的互动提供契机，促进学生的社会性发展。

此外，正向评价也在日常生活中发挥着重要作用，促使学生将学到的知识和技能应用到实际生活中。通过学习课程，学生逐渐提高了生活和社会适应能力。教师可通过与家长交流或引导家长进行正向评价，提倡在生活情境中突出解决问题的教学评价。这不仅有助于进一步增进亲子关系，也有利于学生自信心等积极品质的培养。

二、正向评价的依据

《培智学校义务教育课程标准（2016年版）》提出："重视学生的积极情感体

验。教师引导学生积极参与活动，体验学习的快乐与满足，调整情绪，尝试表现个性与创意，自由表达情感。""评价应依据生活语文课程标准中的学习目标、内容要求和个别化教育计划，针对不同学生的学习特点和身心发展情况，采取合适方法，力求准确反映学生的学习水平和学习状况。评价应充分尊重个体差异，始终坚持生活导向，充分发挥评价的多种功能，适时提供多种支持，恰当运用评价方式，真实反映学生发展轨迹。"因此，教师在进行正向评价时应关注学生积极情感的培养，评价内容应紧密围绕课程标准和学生的学习需求，同时，应注重评价方式的差异化和多样性，以更好地实现评价的激励和引导功能。

三、正向评价的分类与功能

（一）正向评价的分类

1. 语言类评价

口头语言评价是教师常用的正向评价方式之一，通过口头表扬学生的优秀表现，如"回答得非常出色""你的答案非常精彩，展现了认真学习的态度""你的发声优美动听，老师十分欣赏"等，以激励学生继续保持良好的学习状态。

书面语评价则多采用奖励卡、课件呈现等方式，学生可以直接阅读到肯定的文字，例如，在数学练习中，教师利用多媒体课件展示练习内容，学生正确完成后，屏幕会显示"你真棒"等鼓励文字，以增强学生的自豪感。

2. 代币类评价

这类评价常使用各种代表奖励的贴纸或代币，如"大拇指贴纸""五角星贴纸""小红花贴纸"等，甚至根据不同课程内容设计个性化的代币，如"一块比萨""一双手套""一个篮球"等，鼓励学生积极参与学习活动，并根据获得的代币数量给予进一步奖励，如担任一天的值日班长等。

3. 奖励物评价

在培智学校，奖励物评价是一种有效的激励方式，教师会奖励学生学习用品、小玩具或零食等，以表彰学生在课堂中的优秀表现。例如，一位语文教师在每次课上都会携带小饼干，根据学生在课堂上的发言和朗读等记录，及时对表现良好的学生进行奖励，以激发学生的学习积极性。

4. 展示类评价

教师为每名学生制作名片贴，包括学生的头像和表现，在黑板的右侧设立优秀学生展示榜，每天根据学生在课堂中的表现更换名片贴，并拍照发送给家长，以激励学生争取成为"最佳表现""最快进步"或"最大努力"的学生。同时，教师还会抓拍学生认真学习的样子，制作成"最美身影"展示在班级的照片墙上。此外，教师也会展示学生的优秀作业或作品，以正向评价鼓励学生的努力和成就。

（二）正向评价的功能

1. 激励学生主动参与课堂学习

通过正向评价，教师能够激发学生的内在动机，促使其积极参与课堂学习。学生竞争意识被唤起，渴望成为受到表扬或奖励的对象，从而自发地投入学习活动中，并在获得正向评价时体验到学习的愉悦和乐趣。

2. 帮助学生明确努力学习方向

教师运用正向评价，能够针对学生特定的行为表现进行集中、有针对性的肯定和奖励。这种明确的反馈帮助学生清晰地认识到自己受到赞扬或奖励的原因，使其更加明确自身的学习方向。被表扬或奖励的学生会深刻记住所获得的肯定，并努力维持这种良好的学习行为，而其他学生也会受到榜样的影响，积极追求获得正向评价。

3. 督促学生维持良好学习状态

教师的正向评价能不断强化学生良好的学习行为，促使其坚持或进一步发展。例如，当教师称赞学生的端坐状态时，学生会刻意保持良好的坐姿，并在面对其他诱惑时回想起教师的赞扬，以维持良好的学习状态。这种督促作用通过正向评价得以实现，帮助学生养成持续努力学习的习惯。

四、正向评价的应用

（一）以问题干预为目的

在培智课堂中，学生的课堂参与问题普遍存在。例如，个别学生会出现随意离座、晃动桌子、大声叫喊等行为，这些行为直接影响了课堂的参与效果。基于正向评价的应用，教师不应直接批评这些不良行为，而是通过表扬良好行为来间接影响这些学生。尤其是对于这类学生，教师可以走近他们，通过表扬旁边坐姿端正的学生等方式来改善学生的参与状况，以好的示范来引导学生。

（二）以行为保持为宗旨

教师应针对课堂中表现良好的学生，以及偶尔表现出色的学生，尤其是后者，及时进行正向评价是非常有益的。通过对学生良好行为的肯定，使学生明白教师关注并重视自己的表现，这将成为他们保持良好学习状态的主要动力。

（三）以发展目标为核心

每位学科教师都期望班级学生能够达到一定的课堂学习状态。在备课时，教师会为每个层次的学生设定参与学习的目标。通过正向评价的方式，教师可以在学习的不同环节为学生树立正面的榜样，激发学生的积极性。例如，在投掷沙包的活动中，教师可以对学生说："你的脚完全踩在脚印上，做得很出色！我给你一个'小沙包'贴纸作为奖励。"这样的正向评价不仅激励了受到表扬的学生，也鼓励其他学生模仿他们，从而促进学生掌握学习的关键要点。

五、正向评价的注意事项

（一）及时性评价

在对培智学校学生进行评价时，教师应注重评价的及时性和明确性。鉴于培智学校学生的记忆特点，评价应尽早给出，以确保其对自身行为的记忆和理解，并且评价时应清晰地说明评价的依据和原因。此外，可以采用实物或示例等方式来加强评价的可视化效果，例如，通过手指指向学生的作业本来强调其整洁的字迹。

（二）差异化评价

教师应以公平和客观的态度对待学生之间的差异，并且通过深入观察学生的学习过程和实际表现，了解其个体差异和学习发展轨迹。教师应根据每名学生的独特情况和学习进步情况，差异化地选择合适的正向评价方式，并确保评价的针对性和个性化，以最大限度地发挥评价的效益。

（三）多主体评价

教师的评价虽然在学生中具有一定的影响力和权威性，但培智学校的学生还需要与同伴和家长等多方主体进行互动和交流。因此，在进行正向评价时，教师应积极利用班级学生和家长等多方资源，拓展评价的参与主体，以丰富评价的视角和内容。例如，可以组织学生群体性地表扬表现优秀的同学，或者邀请家长参与评价活动，以增强评价的社会性和影响力，对学生的学习参与和发展产生更积极的促进作用。

第六节　基于人际魅力的策略

"人际魅力"是以学生的沟通交往为媒介，通过改变人的因素来改善学生课堂参与的教学策略。其中，人的因素涵盖了教师、同学、家长和社区志愿者等多个方面。具体来说，教师的影响包括教态、语言、肢体动作、着装和性格特征等方面；同学的影响包括语言、行为和同伴关系等方面；家长的影响涉及养育态度、语言风格、行为习惯和处事原则等方面；社区志愿者的影响则包括态度、行为和性格特征等方面。

一、人际魅力的意义

在培智学校的教育目标中，社会适应能力的培养被视为至关重要的任务。特殊学生的社会适应能力被分为个人适应、家庭适应、学校适应和社区适应四个模块，其中，家庭适应、学校适应和社区适应模块中包含了"家庭人际""学校人际"和"社区人际"维度。这表明，人际交往能力是评价特殊学生社会适应能力的重要标准之一。特殊学生在社会人际互动中常常面临各种挑战，包括好奇、不解、受到歧视、排斥和同情等。这种异样的对待和言行可能对他们的心理造成伤害，导致他们对与陌生人接触产生畏惧和抵触。尽管如此，特殊学生同样具有亲社会的天性，他们渴望与人交往互动，响应他人的友好和关怀。因此，在培智学校的课堂中，通过改变课堂人际因素来影响学生的参与情况具有重要意义。教师的积极态度、友好互动和善意关怀可以促进特殊学生的课堂参与和学习情绪，营造积极的学习氛围，有助于提高他们的社会适应能力和人际交往技能。

二、人际魅力的依据

《培智学校义务教育课程标准（2016 年版）》提出："以主题活动为主要形式开展活动，促进学生在与社会和他人的和谐互动中提高应对能力。在综合性学习中应注意培养学生主动积极参与的态度和合作精神"、"教师可根据目标、内容、条件、资源、学生需要等，因地制宜地选择教学形式，如情景模拟、角色扮演、游戏竞赛、小组讨论、体验分享、合作探究等，创设适宜的学习情境，帮助学生获得体验与感悟，发展其解决生活实际问题的能力"。课程标准在强调培智课堂的生活化、活动性的同时，重视学生与他人的交往互动，提倡在培智课堂中合作式、竞技式学习的应用，帮助培养培智学校学生的社会适应能力。

三、人际魅力的分类与功能

（一）人际魅力的分类

1. 教师的魅力

（1）着装

学生对教师的着装颇为关注，在教师穿着光鲜亮丽的新衣服进入教室时，学生会发表赞美之词，表现出愉悦的情绪。教师的着装不仅能够为课堂营造良好氛围，拉近师生关系，还能够通过吸引学生的注意力和增加喜爱度以促进他们的课堂参与。因此，教师在选择着装时应考虑学生的反应，采用他们喜欢的颜色和款式，甚至根据学习内容进行个性化着装，以激发学生的兴趣和参与度。例如，在圣诞节期间的课程学习，教师可以采用与节日主题相关的着装，如，穿着圣诞老人的服装和配饰，以此激发学生的学习热情。此外，教师还可以将着装上的一些配饰作为课堂学习表现的奖励物，从而促进学生的积极参与和学习动机。

（2）语言

在课堂教学中，教师的语言表达会对学生的心理感受产生重要影响。学生更倾向于与语言轻柔、礼貌的教师交流，并且教师清晰明了地传达知识点对学生学习效果的影响至关重要。因此，教师可以通过提升自身的语言表达能力来改进课堂教学质量。例如，教师可以使用鼓励性的语言（如"你的朗读很有感情"），以及明确的指导性语言（如"让我们一起来回顾一下上节课的内容"）。这样的语言表达有助于建立积极的学习氛围，提高学生的学习参与度和效果。

（3）教态

教态是指教师在课堂上通过各种非语言手段所表现出的教学姿态，包括目光、表情、手势、站姿、走动及声音的变化等。这些微小的细节对学生的影响巨大，例如，教师的亲近行为可以增加学生的愉悦感，眼神的注视可以促使学生保持端正姿态，声音的变化可以增强学生的专注度。因此，教师的教态在课堂教学中具有重要作用。

（4）情绪

情绪稳定、良好的教师更容易赢得学生的认可。笑容可掬的教师能够吸引学生的靠近，而教师在课堂教学中展现出的积极情绪状态对于学生的参与意愿具有至关重要的影响。学生对一门学科的喜爱程度不仅取决于学科本身的吸引力，还在很大程度上取决于教师的情感态度，他们希望从教师身上得到安全感、接纳态度和真诚的鼓励。因此，教师应在课堂教学中保持良好、稳定的情绪状态，以激发学生的学习热情和参与度。

2. 同伴的魅力

（1）消除不良影响

在培智学校的教学环境中，学生易受同伴言行的影响，尤其在课堂中，当教师提出问题并得到学生回答时，其他学生可能会直接模仿或简单重复第一个学生的答案。针对这种情况，教师在引导新知识时须注意避免负面言行的出现。特别是在提问学生时，应根据学生的学习情况调整提问顺序，以消除可能导致消极影响的情况，从而使得学生的课堂参与更具有效性。

（2）塑造积极形象

教师可以通过分组学习和同伴指导学习等方式，充分利用学生之间的优势资源，树立起优秀典型，供其他学生模仿学习。具体来说，教师可根据教学内容和学生情况，选取几名接受能力较强的学生进行重点培训，然后委以重任，请他们在课堂上指导其他同学学习。这种做法能够壮大学习指导力量，促进学生之间的互助，进而帮助学生通过反复学习和练习逐步提升，共同取得进步。

3. 家长的魅力

教师可以邀请学生家长来到课堂，共同开展亲子课程学习，并协助完成学习任务。例如，结合课程内容和家长的职业背景，让家长承担一部分课程任务，如角色扮演等。这种做法能够有效地调动学生的学习积极性。举例来说，在劳技课中，家长穿着厨师服装、戴上厨师帽进入课堂，为学生展示制作果盘的技巧，学生会感到特别兴奋，甚至会对家长的职业产生好奇，积极参与学习，并对家长的专业技能表示钦佩，这也将提升学生的课堂参与效果。

4.志愿者的魅力

根据国家课程标准的要求，教师应充分利用社区资源，开展培智教育。教师可以与专业人士和热心人士建立广泛联系，邀请他们参与学校活动，观摩课堂教学，并与学生共同开展活动，帮助学生巩固和练习所学知识，弥补教师难以兼顾每个学生的不足之处。此外，教师还可以组织学生走进社区，参与实际的社区活动，与专业工作人员合作，体验社区活动的知识和技能。这种新奇的学习环境及专业人员的引导将为学生提供更具吸引力的学习场景，从而激发他们更积极主动地参与学习。

（二）人际魅力的功能

1.培养学生良好的情绪

教师应通过调节自身情绪、优化语言表达和改善教学态度等方式，树立起良好的积极榜样形象，创设轻松愉悦的课堂氛围，提供内容清晰、有趣的课程及多样丰富的活动形式，从而有助于培养学生良好的情绪。

2.发展学生优异的行为

在课堂教学中，教师可以通过运用人的因素影响学生学习，采取积极的影响方式，使学生接触到正确的行为和优秀的表现，潜移默化中为学生营造优良环境。在良好情绪的状态下，学生会模仿学习他人的行为，逐步发展自己的良好行为习惯。

3.提高学生人际交往能力

人的因素应用为学生创设了丰富的人际交往环境，尤其是教师、家长和社区志愿者等成人，更容易变通互动方式。他们应适时引导学生关注学习内容，体验积极人际交往的美好，从中学习交往的知识与技能。通过多次互动的巩固练习，可以促进学生人际交往能力的积极发展。

四、人际魅力的应用

（一）学生学习主题的切入

教师可以通过自身的表情、语言和肢体动作，巧妙地引导学生进入学习主题。例如，在一堂心理健康课上，学习主题为"快乐"。教师可以微笑着走进教室，用欢快的语言欢迎学生，并伴随着欢迎的手势动作。随后，教师可以询问学生老师的情绪如何，引导学生留意教师的情绪，从而直接切入学习主题。此外，教师还可以通过装饰服装的形式引导学生进入学习主题。例如，在一堂生活适应课上，学习主题为"生活中常见的水果"。教师可以穿着一件纯色的衣服，并在衣服上粘贴各种水果的图片。这样的装扮能够迅速吸引学生的注意力，并促使他们直接进入学习主题。

（二）学生学科爱好的培养

学生通常会对一位受欢迎的教师及其所教授的学科产生偏好，因为他们喜欢教师创设的温馨合作的学习氛围。这种偏好促使学生更加专注于学习，从而加深对知识与技能的掌握。随着学习的成功体验增多，学生的学科学习胜任力得以培养，形成良性循环，进而激发学生对该学科的热爱。

（三）学生交往能力的发展

教师应注重课堂学习中的人际因素，创设更多的榜样示范、同伴合作和友好互动的活动场景，为学生提供更多的交往机会。学生可以与教师、同学、家长及社区志愿者近距离接触，从而学习更多的交往知识与技能。通过实际的交往互动，学生可以进行试错和自我修正，逐渐掌握与他人交往的技巧，从而提升自己的交往能力。

五、人际魅力的注意事项

（一）注意人的负面影响

在课堂环境中，教师需要特别关注人际因素对学生可能产生的负面影响。例如，某些教师可能认为过于容易相处的教态会导致学生不听话，课堂管理变得困难。在这种情况下，教师需要注意良好的教态、语言与课堂管理之间的关系，以避免不良后果。此外，在同伴合作时，同伴的语言和指导方法对合作伙伴的影响也至关重要。教师应避免使用伤人自尊的语言，例如"这么简单都不会做"，而应在组织合作学习之前提供培训和辅导，以确保合作学习的顺利进行。

（二）防止偏离学习的主题

教师关注人际因素的目的是改进课堂教学，这一核心思想不容改变。因此，教师需要避免让其他因素夺取学习的主导地位，以防学习主题的偏离。例如，当邀请家长进入课堂时，教师需要防止家长与学生或其他学生做与学习无关的活动。在这种情况下，与家长进行细致的沟通显得尤为重要，甚至可以清晰地告知家长协助完成的任务等。另外，当带领学生走进社区时，如，到地铁站，教学生学习乘坐地铁时，教师需要考虑地铁站的各种设施和工作人员对课程内容学习能提供哪些帮助。教师应该确定哪些设施和人员是学生乘坐地铁所需的关键，以及如何引导学生进行有序的活动，以确保地铁站的资源利用符合课程内容的学习需求。

第四章

提升培智学校学生课堂参与度的教学案例

巧妙利用自制教具，调动学生参与课堂

——以生活数学《1～10 的数序》一课为例

一、案例背景

生活数学对培智学校学生而言是一门极具挑战性的学科，它的重点是考验学生的逻辑思维能力，而培智学校学生恰恰在这方面是特别薄弱的。教师在教学的过程中要时常去思考如何将这门学科中抽象的概念具化、生活化，从而帮助这些学生进行思维训练。

《培智学校义务教育生活数学课程标准（2016 年版）》指出："在教学活动中，要重视多种教学方式的综合运用，强调板书演示、实物教具和学具的合理运用，有效利用计算机信息技术资源，重视学生的实际操作与实践，让学生有效地参与到各项数学学习活动中。"实物教具在学生学习的过程中起到了举足轻重的作用，培智学校学生如果一味地被动接受知识，必然会对知识缺少深入的了解，致使课堂效率低下。教师要以学生为主体，培养他们自主探究、实践操作的动手能力，巧妙地在课堂教学中利用一些自制教具。这样，既满足了学生主动操作、探索的学习需要，又能以生动有趣的课堂活动来调动学生参与课堂的积极性。

《1～10 的数序》一课选自二年级第一学期中第四单元的第 9 课，主要目标是让学生理解 10 以内数的含义，学习按照 1～10 的顺序为数字排序，通过体验、操作、练习等方式掌握数序的概念，建立以数字为标准的顺序感，养成数学来源于生活并运用于生活的观念。下面，就以该课为例，阐述如何引导学生通过操作自制教具，在课堂中逐步提升数学学习兴趣。

二、问题分析

本节课所执教的班级是二年级 1 班，共有 8 名学生，5 名男生及 3 名女生，分别为 2 名脑瘫学生、4 名孤独症谱系障碍（以下简称孤独症）学生和 2 名智力障碍学生。教师采用了识数测试、课堂观察、练习表述等方法，对学生的数学学习基础、学习特点进行了评估，具体分析如下：

表 1　学情分析

组别	姓名	学习基础描述		学习特点
		学业基础	本课学习基础	
A	张 × ×	能对所学知识理解和掌握，能达到预设的教学目标，但由于先天障碍，动作较迟缓，书写困难	认识数字 1～10，会独立正确地进行点数	学习态度端正，能积极思考，养成了较好的学习习惯。但思维的表象化导致体验不深刻，在教师的引导下才能联系生活实际发散性思考
	金 × ×	数学基础非常好，有较强的逻辑分析能力，由于先天障碍，发音模糊且声音轻		学习态度一般，对学习缺乏热情，常伴有不耐烦的情绪，需要多次提醒后才能改正
B	薛 × ×	数学基础较好，能在提示下完成大部分的教学内容，但较为被动，注意力分散	认识数字 1～10，在少量引导下能正确地进行点数	学习态度较为端正，但对学习缺乏热情，上课的专注度不够，多为被动地接受教师的任务
	季 × ×	能够完成部分教学内容，但多为主动模仿和跟说，无自我思考和分析，由于先天障碍发音较差	在提示下能指认数字 1～10，并在少量引导下能正确地进行点数	学习态度端正，上课的专注度不够
C	王 × ×	只能跟读，注意力很分散，须时刻关注提醒	大部分能在引导下跟读数字 1～10，跟着教师复述进行点数	学习态度端正，但课堂专注度很低，注意力难以长时间维持，参与学习积极性不高
	鲁 × ×	能跟读，但多为只发出一两个音节		

续　表

| 组别 | 姓名 | 学习基础描述 | | 学习特点 |
		学业基础	本课学习基础	
C	杨××	在教师、同伴的帮助下能够进行跟读、点数，注意力很分散，须时刻关注提醒		
	刘××	由于先天障碍，连跟读也较为困难	跟着教师倾听、感受课堂活动	

　　在上述的分析中可以直观地看出学生之间的个体差异性是非常大的。在本课中，不同层次的学生要通过体验、操作、练习等方式掌握数序的概念，参与到本堂课的学习中，完成分层教学目标。

　　得益于生活水平的提高及家长对孩子学业情况重视程度的提高，部分学生从小在家中就已经提前接触了一些培智课本的学习内容，家长也常会在购物网站上购买部分数学启蒙教具，导致课堂中有些经典好用的教学具失去了其该有的新鲜度，课堂效果大打折扣。A层学生由于教学内容的简单化容易失去学习动力，而B、C层的学生由于自控力、专注力、情绪稳定力差，无法积极地参与数学活动。所以，如果在教授《1～10的数序》这一课时，单一地出示数字卡片想必难以吸引学生的注意力，甚至会让课堂变得枯燥乏味。学生更想去探索的是新鲜的事物和有趣的活动环节，教师就需要发挥自身的教学机智，将自制教具巧妙地融入教学活动，更要在教学环节中进行合理化利用，力求在完成分层教学目标的前提下起到一定的辅助作用，以达到最佳的教学效果，调动学生参与课堂的积极性。

三、案例描述

（一）教学目标确定

　　本节课在学生已有经验的基础上展开，学生对数字1～10已经十分熟悉，但是前面的课程学习着重于对数字表示数量的认识，数字还有另外一个重要作用就是表示顺序，需要用学习过的数字去引导学生观察、发现，学习新的知识点，再结合生活中的经验，来发现数字的深层含义，最终运用于生活。

　　基于上述的课前问题分析和教学内容特点，笔者确定了《1～10 的数序》第一课时的教学目标：

　　1. 理解 10 以内数的含义，学习按照 1～10 的顺序为数字排序。

　　2. 通过体验、操作、练习等方式掌握数序的概念。

　　3. 建立以数字为标准的顺序感，养成数学来源于生活并运用于生活的观念。

（二）教学片段分析

课堂片段 1　情境游戏

　　师：同学们看，教室里挂钥匙卡的架子跌落了，有些钥匙还留在架子上，但有些散落了一地。你们发现卡片上除了不同颜色的钥匙图案外还有什么吗？

　　生：有数字！

　　（在黑板上贴上自制钥匙架，上面留下 2 和 6 的数字卡片。）

　　师：这些带有数字的卡片原本是按照今天我们学习的 1～10 的数字顺序摆放在架子上的，但是现在架子上只剩下了几个数字，请你们仔细观察，说一说，还剩下哪几个数字？

　　生：还剩下了 2 和 6。

　　师：说得真棒！兰兰想帮老师将钥匙卡按照卡上的数字顺序重新整理摆放在架子上，但是现在她好像遇到了难题，因为其他散落在地上的卡片被调皮的天天藏在了教室的各个角落，请同学们帮帮她吧！谁愿意先来？

　　（课前将其他的数字卡片藏在教室的各个位置。）

　　由于找到卡片需要按照数序推理判断空缺的数字，第一个寻找数字卡片的难度最高，之后难度依次降低。故先请 A 生独立在教室里寻找一张并将卡片摆放到对应位置，说出这个数字前面是几，后面是几，为后面的同学起到引领示范的作用；B 生尝试自己找卡片，如果找不到再由教师辅助，在少量提示下正确摆放并尝试说前后的数字；C 生则是在教师带领下找卡片，跟指、跟说前后的数字，无语言表达能力的学生在教师带领下参与、倾听。

培智学校学生注意力非常分散，普通的摆放卡片任务难以引起他们的兴趣。所以，在这个环节教师设计了一个分层情境游戏，这样不同层次的学生都能够积极主动地参与课堂。在寻找卡片的过程中，其他学生想要提醒、帮助，也一下子就能让整个课堂的氛围变得"活"起来了。

在游戏中，C层的学生图图（鲁××）给大家留下了深刻的印象，在教师的记忆中，他是一个经常上课神游，且跟读都只能发出一两个音节的学生，但是在这个游戏中，他的表现异常活跃，不仅不需要教师的辅助带领，独自迅速地找到了卡片并正确摆放，还意犹未尽地想去找下一张卡片。可见培智学校学生的潜力是无穷的，光靠平时的观察和印象往往会忽视一名学生的学习能力水平。

课堂片段 2　分组任务

师：我们今天分成了皇冠组和爱心组两个小组，在刚刚的学习中两组同学都表现出色，为你们的组里赢得了不少奖励。接下来老师想给同学们布置一个任务，你们有没有信心完成最后这个终极任务？

生：有！

师：请小组长拿出桌子里的任务板，我们先来看一看，任务板上贴有一条条随意放置的长条拼图碎片，上面除了有我们一会儿要完成的图片中的一小部分，还印有1～10的数字。老师想先请你们数一数，拼图碎片一共有几块？

生：1，2，3……10，一共有10块拼图碎片。

师：那么数好之后就请你们两组进行组内合作，将10张长条拼图碎片按照1～10的数字顺序排列拼接，分别完成这两幅拼图，拼完之后我们一起来展示交流一下，看看都拼出了一幅什么样子的图片。

两组分别合作完成拼图，教师巡回指导，在学生遇到困难时给予少量提示，比如：提醒可以从数字几开始拼，或者带有数字几的拼图碎片应该放在第一个，它的后面是哪个碎片？同时鼓励A、B层的学生协助C层的学生一起拼图，小组间互相帮助。完成后两组先交换任务板互评，再由教师点评总结。

分组任务的设计侧重的是学生在团队合作过程中的交流互助，特别对孤独症孩子而言是非常需要的，能够培养他们与同学之间同伴关系的建立。多次这样的经验后，班中的集体默契度也会得到显著提升。

任务中，教师设计的两幅拼图分别是教材中天天和伙伴过生日的图片，还有班里鑫鑫（杨××）过生日的集体照。以学生较为熟悉的场景为媒介制作成教具融入课堂活动能有效提升教学效果。

鑫鑫是个内向的小男孩，在A、B层同伴的踊跃帮助下在参与活动的过程中感受到了完成任务的喜悦。而其他学生明显也在趣味活动中兴致满满，收获颇丰。

（三）教学内容评价

本堂课整体的内容编排合理，教师在教授的过程中突出了以学生为主体地位的原则，紧紧围绕着能按照1～10的顺序为数字排序的教学重点精心设计了不同的教学环节，且与教材紧密结合，积极设计了不同的自制教具，融入构思奇妙的不同情境视频、互动游戏、分组活动，使整堂课形式丰富，创意十足。学生在参与课堂的过程中对各类自制教具产生了浓厚的兴趣，提升了他们的互动体验，并且能够使学生在轻松愉快的氛围中学习知识。

四、效果与反思

（一）巧用自制教具，力求脱离媒体教学局限性

传统的数学教学课堂围绕着数字去学习是单一、枯燥、乏味的。信息化时代的来临，使得近年来年轻教师更多地选择用多媒体的方式呈现教学内容，培智学校的生活数学课堂更是适合这样的模式，因为本身培智学生的专注度就比较差，在课堂活动设计中使用多媒体技术能够最快、最直接地吸引他们的注意力。

虽然多媒体技术胜在直观、沉浸式和互动式的信息传递体验，但在课堂中教师不应摒弃教具，而是要自己开发制作创意教具，同时挖掘自制教具的价值，因为教具所带来的操作体验感是多媒体呈现无法提供的。本课的情境游戏中，学生先在课件上观看了钥匙卡架子跌落的情境，再回到现实中，利用教师制作的实物教具进行操作。这个游戏有效地将情境、媒体和自制教具结合，而不是单一地使用课件的演示。学生在找藏起来的卡片时也展现了较高的积极性，特别是C层的学生也更乐于参与数学活动，甚至挖掘出了他们身上令人意想不到的学习能力和天赋。所以，作为教师要善于思考多种教学环节的可行性，而并非局限于单一

的教学手段。

（二）巧用自制教具，着重激发培智学校学生探究欲

在学生成长的过程中，玩具是必不可少的，而教具在学校中的作用类同于学生喜爱的玩具，起到了一定的益智作用。与传统教具的应用方式不同，自制教具一般是需要有应用场景的，更具有针对性，可以满足不同学生的特定需求。多数教师时常根据搜索参考，然后按部就班地仿制教具。但作为一名教师要增强自身的创新意识，根据本班的学生个体基本情况、教学需要及培智学校学生的学习情况等多方面因素综合考量，设计出一个适合自制教具的活动场景，让学生实践探究，在活动中做到"寓教于乐"。

活动本身就是具有娱乐性的，能使学习的气氛变得轻松、欢快，从而使学生的注意力能够放在课堂上。针对智力障碍学生注意力集中时间短的特点，本节课以自制教具为基础，创设多类游戏活动促使学生保持较为持久的学习动力，利用分层实施、生生互动的方式，让学生说一说、找一找、摆一摆、拼一拼，进行自主探究，在操作的过程中提升了学生的学习兴趣、动手操作能力，保证学生的学习效率。

（三）巧用自制教具，逐步攻克课堂教学重难点

培智学校学生往往在学习碰到难点的时候就容易产生一定的逃避心理，他们想要表现优秀后得到教师的表扬，而不想收到类似"不对""再想想"诸如此类的评价，这种"怕犯错"的心理往往不利于知识的渗透理解。对课堂教学中重点难点的理解，不能限制在书本上，要把抽象的东西用练习具体化，无形地将难点细化在活动中。

本节课的难点是要初步了解1～10的数序中每个数字的前后分别是几。尽管在前面的新授环节学生对这部分内容已经有了一定的了解，教学中也利用了教师先说、学生再尝试说的方式，但是由于数字过多，这块内容还是没有深入学生的记忆中。所以，在情境游戏和分层任务的巩固环节中，教师要不断利用自制教具的影响，给学生强化意识，在丰富趣味的练习中逐步攻克难点，让学生多做多说、多练多学。

因此，自制教具值得每一位培智学校的教师去积极探究、创造，为学生提供更充分的教学资源，以丰富的教具结合学习活动，提升他们的自主探究能力和学习动力，力争让培智学校学生在快乐的实践操作中掌握知识并运用于生活。

关注学生生活实际　融课本知识于现实生活
——以三年级生活适应《这里是我的家》一课为例

一、案例背景

在培智学校的课堂中，低年级学生由于能力较弱，且伴随着各种情绪问题和行为问题，使得他们在课堂上的专注度和参与度逐渐下降。低年级的学生在适应课堂生活方面也存在一定的困难。他们需要更多的时间来理解课堂规则和适应课堂节奏，一些学生可能因为自卑、焦虑或其他情绪问题而害怕在课堂上表达自己的想法和意见。另一些学生可能存在行为问题，例如，注意力不集中、多动、冲动等，这些问题也可能导致他们在课堂上的参与度较低。为了解决这些问题，教师需要关注学生的情绪和行为问题，并采取适当的措施来提高他们的课堂参与度。

《培智学校义务教育生活适应课程标准（2016 年版）》（以下简称"课标"）将生活适应分为"学校生活""个人生活""家庭生活""社区生活""国家与世界"这五个板块，其中《这里是我的家》属于家庭生活板块。课标明确指出低年级学生需要达到的目标是"了解家庭的居住环境，具有初步的环境维护和安全意识"。初步认识自己的家，并知道遇到困难时如何寻求帮助。在落实这节课的目标时，教师普遍面临低年级学生课堂参与度不高的问题。这主要是因为课堂教学没有将课本知识与学生个人能力和生活实际结合起来，未能将课程内容融入日常生活中。这导致学生难以理解课堂内容，缺乏学习兴趣，从而影响了他们的课堂参与度。例如，多数教师在生活适应课堂中没有联系学生的生活实际帮助学生明晰家的概念，对家庭地址和家长电话的教学中也仅要求学生进行死记硬背。因此，教师在教学过程中应该更加注重与学生的实际情况结合，将课堂内容贴近学生的日常生活，以提高学生的学习兴趣和参与度。

通过对《这里是我的家》学生课堂参与度低的教学困境的剖析，笔者总结了自身对这一课时的教学实践，以期为培智学校学生课堂参与度的提升提供借鉴和启示。

二、问题分析

《这里是我的家》一课的教学对象为我校三（3）班的9名学生（6男3女）。其中，4名孤独症，5名智力障碍。根据本班学生的生活自理能力、认知情况和学习能力，笔者将他们分成A、B、C三层进行教学，其中，A层包括：何××、李×；B层包括：王××、费××；C层包括：金××、田××、尧××、管××、董××。

该班学生整体能力差异较大。A层学生在认知、语言表达与生活自理能力方面表现突出，且情绪稳定，故课堂参与度较高。相比之下，B、C层学生各项能力相对较差，且C层学生存在语言表达能力欠缺或者口齿不清的情况。这两个层次的学生在课堂上表现出较多的情绪行为问题，上课注意力也较为分散，故课堂参与度较差。尽管已经是三年级，但他们仍对课本上的人物与情景不够熟悉。他们在集体教学中的回应也很少，只有在教师走到跟前进行一对一互动的时候才会注视教师并回答问题。然而，在展示学生家庭生活照片、合照和视频时，可以观察到这两个层次的学生能够注视屏幕，课堂参与度显著提高，对教师提出的问题也有更积极的回应。

除了上述共性问题外，学生的个体差异性也较大。如何让每名学生参与课堂学习也是一个十分重要的问题，需要提供支架式教学来处理集体和个别支持的关系。田××、尧××两名同学是孤独症学生，他们在课堂中的情绪行为问题较为严重，例如，田××会突然走出座位，敲打头部，并伴有较大的喊叫声；尧××则经常发出叫喊声，影响其他同学的学习。然而，通过教师的安抚和教育，这两名学生能够回归课堂，并对视频、照片等做出一定的反应，能够把他们分散的注意力拉回课堂。金××、管××和董××这三名学生能力较差，且没有语言表达能力，但情绪问题较轻，能够安静地坐在座位上完成课堂学习。然而，如何让他们在课堂上有所收获，并将所学运用到实际生活中，是笔者日常授课中较为困扰的问题。其余学生在课堂中表现良好、情绪稳定，但学习积极性不高。如何激发这部分学生的积极性，使其更主动地参与课堂活动，并能将学到的知识运用到实际生活中，同样是一个具有挑战性的难题。

综上所述，该班学生在日常课堂参与中主要存在如下几个问题：① 学生上课注意力分散，课堂参与度较低；② 学生集体教学中的回应少，需要采用一对一的方式互动；③ 学生的个体差异性大，部分学生情绪行为问题较严重，很难参与教学活动。

三、案例描述

（一）课前，基于学情设计贴近学生生活的教学活动

对于培智学校学生，尤其是孤独症学生，由于其独特的认知方式和沟通障碍，传统的教学方法往往难以奏效。因此，课前的准备工作显得尤为重要。为了确保教学内容能够更好地与学生的生活实际相结合，教师需要在课前与家长进行充分沟通，包括学生的喜好、家庭住址、电话号码，以及要来家里的照片、小区的照片、回家路上的照片等。特别是对本节课《这里是我的家》来说，教师可以将本课时需要掌握的重难点"知道家人（父母或祖父母等）的电话号码，清晰说出自己家的地址"与学生日常生活场景联系起来，帮助他们将抽象的课本知识与身边熟悉的事物关联，进而更好地理解和掌握。

同时，由于学生间的个体差异很大，教师需要在具体的教学目标下实施个别化与差异化教学，详见表1。

表 1　教学目标

	具 体 目 标
A 组	1. 可以独立说出自己的家庭住址与父母长辈的电话号码 2. 具有安全意识，能够在必要时（某些生活情境中）提供自己家的相关信息
B 组	1. 能在少量（图片或语言）提示下说出家人（父母或祖父母等）的电话号码，读出自己家的地址 2. 具有一定安全意识，能够在必要时（某些生活情境中）提供自己家的相关信息
C 组	1. 会读家人（父母或祖父母等）的电话号码，能跟读自己家的地址 2. 能够在必要时（某些生活情境中），根据语言提示提供自己家的相关信息（如出示"通信卡"）

在教学活动的设计方面，则强调生活化、实用性和趣味性。例如，教师可以根据学生的日常生活情境，设计一些模拟真实场景的游戏或任务，让学生在模拟的环境中学习和实践。这样的教学方式不仅能够提高学生的学习兴趣，还能帮助他们更好地理解和运用所学知识。此外，教师还可以利用视觉辅助工具、图片和实物等教学资源来帮助学生更好地理解教学内容。

因此，为了满足培智学校学生的学习需求，笔者在课前准备工作与教学活动设计中充分考虑了学生的实际情况和个体差异，特别关注生活化、实用性和趣味性等要素。通过这样的教学设计，可以帮助培智学校学生激发学习兴趣，提升课堂参与度。

（二）课中，设计情景并采用支架式教学逐步推进教学活动

在针对培智学校学生的教学中，课中的教学实施是关键环节。为了更好地帮助学生理解和掌握知识，笔者采用情景设计和支架式教学的方法，步步推进教学活动。下文将对这两种方法在教学过程中如何具体落实进行详细阐述。

1.设计情景——课堂导入

课堂片段 1

乐乐：大家好，我是乐乐，我住在幸福小区一单元601室，欢迎你们来我家做客，我也很想去你们家里玩。

师：你们欢迎吗？

生：欢迎。

乐乐：可是我不知道你们家在哪里呀，你们能告诉我吗？

学生回答（说自己家的小区等）。

师给予反馈。

师：通过同学们的介绍，乐乐大致知道你们家在哪里了（教师依次取出学生"小区门口"的图片，一边说"李×的家在……"，一边把图片粘贴在白板上相对应学生的头像后面）。

乐乐：我很高兴知道了同学们的家在哪里，但我又很担心过段时间把你们家的地址给忘记了或者记混了，我想请你们帮忙制作一个纸质的"通信卡"。

师：你们愿意帮助乐乐制作一张纸质的"通信卡"吗？

在课堂实际教学中，该情景导入取得了预期效果。乐乐是书本上陪伴了学生三年的小伙伴，是学生熟悉的面庞，无论是生活适应课、生活数学课还是生活语文课都有乐乐的身影，是学生在日常生活中很熟悉的存在。同时，借乐乐的口邀请大家去乐乐家做客，并表达出想去同学们家的心愿，很好地引出学生的回答，大家都迫不及待地想邀请乐乐到自己家里玩，积极性很高。之后，乐乐向大家寻求帮助，制作一张通信卡来帮助记忆各个同学的地址。这个引导自然地引入了新的学习内容，实现了内容的层层递进，呈现出富有逻辑性的教学过程。

2. 支架式教学——探究新知

课堂片段2

师：乐乐到天天家里玩了一天，可太开心了，可是突然忘记回家的路了，你们猜猜乐乐会做什么？（PPT出示通信卡，如下图）

学生回答：

李×：打电话叫爸爸妈妈来接回家。

王××：打电话。

师：没错，乐乐会打电话给自己的爸爸妈妈，让他们来接他。那李×，如果你碰到这样的情况，你会怎么样？

李×：我也会打电话给我的妈妈。

（PPT出示同步通信卡，点击图片，出示通话界面与学生家长的照片）

师：非常棒，那我们一定要记住家长的电话号码。这个信息非常重要，可以帮助我们马上联系到自己的父母。所以，我们要记住这个电话号码，在需要的时候背出来。你们行不行？

学生回答：行！

师：那李×，你能背出自己妈妈的电话吗？来老师这里打电话！

学生上前拨打电话。

老师分层指导学生识记电话号码（采用"重复诵读"的记忆策略）

A层：自己拨打电话。

B层：选出自己家长的照片，并跟读电话号码。

C层：指一指通讯卡图片，知道自己身上有电话号码，遇到困难时请别人帮忙打电话。

组织活动：请举手的学生在"通信卡"上填写。其他学生在教师的协助下，抄一抄，贴一贴，读一读。

在实际教学过程中，支架式教学是促进学生逐步掌握知识的重要手段。支架式教学是指教师在教学过程中为学生提供一系列的支架或辅助工具，帮助学生逐步构建知识体系。对培智学校学生而言，支架式教学尤为重要。教师可以根据学生的实际情况和需求，设计不同难度的任务和问题，通过逐步引导和提示，帮助学生逐步深入理解和掌握知识。通过创设贴近生活的情景和提供逐步引导的支架，教师可以帮助学生更好地理解和掌握知识，进而提高他们的课堂参与度。

（三）课后，横向联结其他学科、同步推进家校合作

课后，结合学生课堂学习的实际情况，进行反思与总结。尽管笔者已尽力引导学生深入理解所学知识，但在与他们互动的过程中，还是观察到了一些值得深思的现象。学生在短短的35分钟教学时长内对新授知识虽有所掌握，然而，为了确保学生全面掌握知识，需要将其在课后融入学生的生活中，多维度地运用所掌握的知识。因此，横向联结其他学科及同步推进家校合作成了必然的需求。

1. 横向联结其他学科

课后，笔者有意识地引导学生将所学知识与其他学科进行关联。具体而言，教师成功尝试了横向联结其他学科的方法，涉及生活语文课、生活数学课和班队会课等。例如，在生活语文课《我生活的小区》中，教师出示学生小区图片，并鼓励学生用所学的新知来说一说自己的家庭地址和电话号码。在班队会课上，教师重现了学生在小区游玩的场景，并让他们再次表述了自己的家庭地址和电话号

码。在生活数学课上，教师展示了学生家的小区照片和与家长在小区游玩的视频。学生不仅复习了数学课上所学的数数技能，还在实践中进一步加深了对家庭地址和电话号码的认识。这样的横向联结有助于学生在多元化的学习情境中培养自己的综合能力。

2. 同步推进家校合作

此外，笔者也在课后与家长保持密切沟通，共同制订教学计划和目标，确保学生在家庭和学校中都能得到有效的辅导和支持。通过本堂课的学习，每名学生都有了自己的通信卡。课后，在班级群中与家长进行沟通，鼓励学生在家复述通信卡上的内容，强调信息保密的重要性，以提高学生对课本知识的理解和运用。通过学生、教师、家长三方共同努力，加深学生对课本知识的理解与应用。

综上所述，针对培智学校学生的课后教学应当注重学科联结和家校合作。通过跨学科学习和家长的参与，将课本知识融入日常生活的方方面面，更好地帮助学生掌握课本知识。

四、效果与反思

在充分研读了课标的基础上，笔者在教学的设计与实施上都做足了准备工作。课前，深挖学生实际生活，并基于学情设计贴近学生生活的教学活动；课中，根据学生实情设计生动有趣的情景，并采用支架式教学逐步推进教学活动；课后，横向联结其他学科，将课本知识进行串联，并同步推进家校合作，巩固学习成果。通过这些努力，较好地提高了教学的成效，但还是有需要改进的内容。

（一）教学成效

1. 结合生活实际，创设情境

课标中明确指出："在自然情境中学习，学生在体验、操作、探究和解决问题过程中获得直接经验。"在片段 1 中，根据课前所掌握的学生信息进行情境创设，让学生在自己熟悉的情境中进行思考学习。这种情境创设有助于激发学生的学习兴趣，促使他们更主动地参与学习。其次，将课本知识与日常生活结合起来是一种有效的教育方法。引导学生观察、思考生活中的实际问题，能够提高他们的学习兴趣和主动性。此外，将抽象的理论知识与日常生活结合起来，可以使知识变得更加具体和形象，有助于学生深入理解课本内容。最后，鼓励学生将所学知识应用于实际问题，也是促进他们理解和应用知识的关键环节。通过这样的教育策略，学生不仅能够掌握课本知识，还能培养解决实际问题的能力，为未来的学习和生活打下坚实的基础。

2. 根据学生实际能力，搭建支架分层教学

课标中还建议："在教学过程中要处理好集体教学和个别支持的关系。"根据每名学生的实际情况，教师为他们搭建了不同层次的学习支架，以适应他们的学习进度和能力水平。在片段 2 中，根据学生的能力进行了分层，并从难到易逐步搭建了学习支架，确保 A 层到 C 层的学生都能积极参与课堂教学活动。同时，让后一层的学生能够从前一层学生的练习中获得启发，并得到更多的辅助和支持，从而更好地参与到课堂中来。通过这样的教学方法，让整堂课能够面向全体学生，满足他们不同的学习需求，促进他们的个性化发展。

3. 将课本知识融入日常生活有助于培养学生的实际应用能力

学习的最终目的是要将所学知识应用于实践。通过将课本知识与生活实际结合起来，可以为学生提供更多实践机会，让他们在亲身体验中锻炼自己的应用能力。这样培养出来的学生不仅能够掌握理论知识，还具备了解决实际问题的能力。本堂课中的"通信卡"让学生在日常生活中可以运用所学知识解决实际问题。这种结合实际应用的教学方法有助于学生学以致用，将抽象的理论知识转化为实践技能。

（二）须改进的内容

1. 进一步加强情境创设的真实性和生动性

虽然本堂课结合了学生的生活实际进行情境创设，但有些情境可能还不够生动、真实，未能完全激发学生的情感共鸣。在今后的教学中，还须更加注重情境创设的细节，利用多媒体手段、实物展示等方式增强情境的感染力，让学生更加深入地融入情境中。

2. 进一步完善支架搭建的层次性和针对性

在本堂课中，尽管进行了分层教学，但支架搭建的过程可能存在一些层次不够分明、针对性不够强的问题。在今后的教学中，还须更加关注不同层次学生的需求，根据他们的特点和需求进行更有针对性的支架搭建，让每名学生都能在适合自己的支架中获得成长。

3. 需要进一步加强课堂互动和交流

在本堂课中，虽然注重了学生的参与和互动，但在某些环节上，学生的参与度还有待提高。特别是练习与拓展环节，C 层学生的注意力仍不够集中，不能很好地关注到教学活动。在今后的教学中，笔者将更加注重课堂氛围的营造，通过多样化的互动方式激发学生的学习兴趣和积极性，促进师生之间的交流与合作。

综上所述，关注学生生活实际、将课本知识融入日常生活的教育策略是一种行之有效的方法。在未来的教学中，笔者将继续坚持并不断完善这一策略，努力为学生创造更加生动、实用的学习体验。

知识技能物化　提高课堂参与度
——以九年级（上）劳动技能《制作葱油饼》一课为例

一、案例背景

　　劳动技能课程是一门以学生获得积极的劳动体验、形成良好的劳动意识和劳动习惯、掌握生活必备的劳动技能、提高社会适应能力为目标，且以实践学习为特征的必修课程。本课程以劳动项目为载体，充分利用有效资源，通过多种途径引导学生体验和实践，获得服务自我、服务他人、适应社会的劳动知识和基本的劳动技能。它要求学生在亲身实践的直接经验中获得劳动技能和劳动体验。学生在劳动过程中动手动脑，提高感觉动作水平，发展认知能力和沟通交往能力，形成自信乐观的生活态度，进而促进身心康复。

　　劳动技能课程目标中提出："学生掌握自我服务劳动、家务劳动和公益劳动的知识与技能；认识常见的材料和工具，掌握简单的加工技术；初步掌握一门简单的通用生产技术；初步了解残疾人劳动就业的相关知识和求职的方法、技巧；学生能协调运用肢体和感官参与活动，观察和分析事物；具有对劳动技能进行模仿和实际操作的能力；改善认知功能，提高精细动作水平和交流合作能力；自觉遵守劳动安全规则；养成良好的劳动习惯；初步具有独立或半独立生活的能力……"从该目标的描述中可知，劳动技能课程既涉及劳动知识与技能的学习，又包含劳动意识和良好意志品质的培养，而培智学校学生在劳动技能课程学习过程中存在的困难也是显而易见的，如知识、技能和意识等理解、识记和应用困难，意志力薄弱等。同时，一项劳动往往又包括多个步骤，需要培智学校学生习得多种能力（如粗大、精细运动等）。因此，为了帮助培智学校学生理解课程内容，辅助学生进行实践练习，提高学生课堂的参与度，教师如何把课程中抽象的劳动知识、技能、意识和品质具象化，变成学生能够看得见、摸得着的实物是课堂改进的方向之一。

二、问题分析

九年级共 20 名学生，其中，智力障碍学生 6 名，孤独症谱系障碍（以下简称孤独症）学生 5 名，脑瘫学生 2 名，多重障碍 5 名，唐氏综合征学生 2 名。

表 1　学情分析

学生姓名	障碍类型	分层教学	（智力障碍程度）
刘××	多重障碍	C 层学生	极重度智力障碍
李××	多重障碍	C 层学生	极重度智力障碍
赵××	多重障碍	C 层学生	极重度智力障碍
唐××	多重障碍	B 层学生	重度智力障碍
苏××	多重障碍	C 层学生	极重度智力障碍
沈××	孤独症	C 层学生	极重度智力障碍
凌××	孤独症	C 层学生	极重度智力障碍
李××	孤独症	C 层学生	极重度智力障碍
朱××	孤独症	C 层学生	极重度智力障碍
吴××	孤独症	C 层学生	极重度智力障碍
周××	脑瘫	C 层学生	极重度智力障碍
吴××	脑瘫	B 层学生	重度智力障碍
杨××	唐氏综合征	C 层学生	极重度智力障碍
杨××	唐氏综合征	C 层学生	极重度智力障碍
潘×	智力障碍	B 层学生	重度智力障碍
孙××	智力障碍	A 层学生	中度智力障碍
孙××	智力障碍	A 层学生	中度智力障碍
倪××	智力障碍	A 层学生	中度智力障碍
孙××	智力障碍	A 层学生	中度智力障碍
钱××	智力障碍	C 层学生	极重度智力障碍

　　学生在劳动技能课堂中整体参与情况主要如下：一是主题差异化参与，即不同的学习主题下学生的课堂参与情况不同，学生对概念性学习的课堂参与度普遍偏低，对操作性内容的课堂参与度较高，此外，学生对学习食物相关的劳动技能的课堂参与度较高。二是障碍类型差异化参与，几种障碍类型学生比较，孤独症学生的课堂参与情况最差，脑瘫学生的课堂参与情况最好；此外，学生的课堂参和情况与其智力障碍程度有明显关系，即智力障碍程度较轻的学生，其课堂参与普遍较好。三是教辅具运用差异化参与，劳动空间的布置、辅助教学具的运用对学生的课堂参与情况也有明显影响，如在单一的技能练习下，学生的课堂参与情况较差，极易出现注意力不集中等学习问题。四是知识难易差异化参与，学生课堂参与度在课堂知识太难或者太易的情况下都不高，在对学生个体而言，具有一定挑战性的学习任务下更好。

　　在劳动技能课堂中，学生参与情况出现了几个突出问题。首先，学生更倾向专注于实物或操作，而忽视教师的讲解与示范。因为劳动技能课程通常需要借助具体场景或教具来进行，所以确保学生在各个环节有效参与是教师需要重点关注的问题之一。其次，在参与学习活动时，培智学校学生较难严格按照操作步骤进行。当特定场景中存在许多无关刺激时，他们容易按照自己的意愿去"玩"，而不是按照任务要求进行操作，这导致课堂参与的效果不佳。最后，当涉及劳动任务的分工合作时，培智学校学生更依赖教师的提示。然而，教师的提示方式也会对学生的参与产生不同的影响。培智学校学生往往更关注于活动本身，而不太关注教师的语言提示，导致教师的语言提示对他们的活动参与激励效果不明显。

　　针对这些问题，教师可以采取一系列措施来提高学生的参与度和效果。比如，利用更生动有趣的教学方法吸引学生的注意力，设计更具挑战性和趣味性的活动以激发学生的兴趣，以及通过适当的引导和鼓励，帮助学生建立正确的学习态度。

三、案例描述

（一）导入形式：以实物引发兴趣，激发学生关注学习主题

　　课堂的导入形式多样，能够激发学生的主动参与是关键。在劳动技能课程中，教师常用的导入方式之一是借助实物，通过把主题内容以实物的形式呈现的方式，便于学生直观理解，进而激发学生的学习意愿。

　　本节课的学习主题是《制作葱油饼》。多数学生都吃过葱油饼，但如果教师

仅直接告诉学生这节课需要学习制作葱油饼，多数智力障碍学生的学习兴趣难以被立刻调动起来。因此，教师在这节课的导入环节利用"葱油饼"的实物，请学生观察、品尝，明白这节学习的主题内容是"制作葱油饼"。

课堂片段 1

师：你们能猜出来这个盒子里装的是什么吗？（呈现一个漂亮的盒子，盒子外面根据学习主题进行装饰，图案简洁清晰，其中包含卡通小人在吃葱油饼）

师：大家可以走近观察或者闻一闻。

生（A层学生）：（走到盒子旁边，观察盒子的外观，趴在盒子上闻一闻）盒子是饼。

师：你们刚才看到盒子上画了什么？

生（B层学生）：有小女孩。

生（A层学生）：小女孩手里拿着一块饼，我还闻到了饼的香味。

师：我们来看看盒子里到底是什么（打开盒子）。

生（A、B层学生）：真的是饼。

师：（教师把盒子中的四盘饼分别摆放在讲台上）请同学们观察这四盘不同的饼（大葱油饼、小葱油饼，厚葱油饼、薄葱油饼）的特点，告诉老师你的发现。

生（A层学生）：老师，这个饼很大，这个饼很小。

生（A层学生）：这个饼很厚，这个饼有点薄。

生（A、B层学生）：饼都是圆形的。

生（C层学生）：（跟读）……

师：这些饼的形状都是圆形的，它们有的大（手指向大的），有的小（手指向小的），请同学们再仔细观察一下，这些饼里放了什么？

生（A、B层学生）：绿色的小葱。

师：对了，这里面放了小葱，我们把这种饼称为"葱油饼"，你们想尝一尝吗？

生（A、B、C层学生）：想。

师：指出你想品尝哪种？

生（A、B、C层学生）：（指出自己想吃的那种饼）我想吃这种。

师：（戴上一次性手套，把葱油饼切成小块，请学生戴上一次性手套，分给学生）请好好品尝一下。

生（A、B、C层学生）：（吃葱油饼）好吃。

师：这些葱油饼很好吃，你们想学会制作吗？我们这节课来学习制作葱油饼吧！

生（A、B、C层学生）：好的。

师：由你们来决定，我们先学习制作这四种饼的那一种。

生（A、B层学生）：（选择自己想制作的那种饼）制作小的葱油饼。

师：好的，下面我们开始制作葱油饼（根据多数同学的选择，确定一种葱油饼的制作方法）。

教师在导入环节通过葱油饼这一实物，把班级学生的学习兴趣调动起来了。学生在课堂参与中通过观察葱油饼实物的形状、厚薄和闻气味，对葱油饼有了初步的认识，能够把"葱油饼"这一名称与实物密切联系起来，加深理解与记忆。同时，该教学设计并不局限于让学生坐在座位上，而是请学生亲身观察、触摸、嗅闻和品尝葱油饼，让学生动起来，在其主动探究的过程中，逐步把握知识之间的关联。另外，教师根据学生自身的喜好，让学生选择学习的内容，这使学生的学习兴趣更浓。最后，教学设计中对实物的运用至关重要。如果学生仅凭想象力而不看到实物，可能会导致误解。举例而言，如果学生随意选择做小的葱油饼，但没有实际见到小的葱油饼，那么他们可能会做出与期望不符的成品，这将影响课堂知识与技能的巩固。因此，确保学生能够观察、感知和实际操作相关实物，有助于提高他们的理解和技能水平。

（二）新授环节：以实物破解难点，帮助学生理解抽象概念

在《制作葱油饼》这堂课中，存在几个难点需要注意。首先是和面环节，其中涉及面粉、水和盐的比例问题。只有比例适中，才能制作出口感良好的葱油饼。许多成年人在制作葱油饼时，依赖生活经验，大致估计需要加入多少面粉、多少食盐，以及根据面团的状态来控制加水的量。然而，这种相对抽象的生活经验并不容易直接传授给学生。因此，教师可以将这些抽象的生活经验具体化，例

如指导学生在多少克面粉中加入多少克食盐，以及加入多少毫升水等。

其次，葱油饼制作的流程也是一个难点。如果流程混乱，或者发酵时间不足等情况发生，都会直接影响到饼的口感。因此，教师在教授葱油饼的制作过程中需要注意将葱油饼的制作流程直观化，以便学生能够清晰地理解每个步骤。这包括提醒学生揉面团至光滑，将面团擀制成适当厚度的长方形（以确保饼的口感和质地），并适量放置葱花等细节。这些微小但关键的知识点需要教师精心设计教学内容，以帮助学生准确把握要点。

最后，葱油饼的煎制过程至关重要。它可以采用两种不同的煎制方式：一种是使用平底锅，另一种是使用电饼铛。在平底锅中煎制葱油饼需要学生自行调节火候，并根据饼的颜色判断是否煎熟，这是一种相对复杂的生活经验，不太容易直接传授给学生。因此，教师需要耐心指导学生，让他们逐步掌握这些技巧，确保他们能够熟练地完成葱油饼的煎制过程。

综上所述，教师在教学葱油饼制作过程中需要注重细节，将抽象的概念具体化，并耐心指导学生掌握关键技巧，以确保他们能够成功制作出口感良好的葱油饼。在此情境下，考虑到本班学生已经学习过电饼铛的使用方法，本节课选择采用电饼铛进行葱油饼的煎制。为了应对课程中的难点，教师采用了"实物＋图卡"的教学方法，分解知识点，以学生更易接受的方式呈现，帮助学生更好地参与完成学习任务。

1. 物物比照，图卡标志

教师在教授学生活动环节，面粉本身是一个学生感兴趣的物品，但是多数学生更喜欢"玩"面粉，怎样把学生的学习兴趣转移到正确使用面粉上是关键。于是，教师借助厨房专用精准电子秤和量杯，以及制作有流程特征的标志图卡，如① 面粉 200 克，② 食盐 1 克，③ 30 毫升温水。当材料都准备齐全后，教师就以实物的形式开始实例教学，呈现出面团应该被揉成怎样的状态。

① 面粉　200 克	② 食盐　1 克	③ 温水　30 毫升

图 1　标志图卡

课堂片段 2

师：同学们请看这是什么？（出示一个揉制光滑的面团）

生（A、B层学生）：面团。

师：请观察一下它的形状，摸一摸它的外表，并说一说。

生（A、B层学生）：它是圆形的。

生（A、B层学生）：光光的。

师：这就是制作葱油饼需要的面团样子，下面我们来一起制作葱油饼的面团吧！

生（A、B、C层学生）：好的。

师：请同学们按照这个提示准备材料（教师依次呈现图卡标志，边呈现边领读图卡上的文字）。

生（A层学生）：①面粉200克……

师：为了帮助你们准确测量面粉、食盐和水的量，老师给你们准备了两个有趣的用具（出示厨房专用精准电子秤和量杯，并简单示范使用一下）。

师：你们想不想试一试？

生（A、B、C层学生）：想。

师：那么请先认真观察老师下面的操作示范。

教师依次取出面粉和食盐，用电子秤称量，并放入面盆中，接着用量杯量取30毫升水，缓慢倒入面粉中，同时，用筷子顺时针匀速搅拌成面絮，之后，用手反复抓取面絮，以揉制成光滑的面团。

生（A、B、C层学生）：我也来试一试。

师：请A层学生先模仿练习。

A层学生模仿教师示范进行练习。

……

在这个环节想激发学生的参与兴趣，教师不仅采用了好玩的电子秤和量杯、生动直观的面团等，还采用了趣味的面盆，如在面盆的外面贴上学生喜爱的卡通形象及学生的大头贴（卡通形象和大头贴尺寸不宜过大，避免引起过度关注），增加学生对这个工具的青睐和接纳度，每一个知识点都与具体的实物联系起来，并通过丰富的实物形态吸引学生兴趣，促使学生能够主动准确掌握相关要点，提高学生的学习效率。

2. 参照流程，逐步推进

在劳动技能课程中，记忆操作流程是难点之一，于是，在这节课教师采用操作流程记录卡的形式，帮助学生逐步完成操作步骤，不仅设计趣味的流程图，并且在流程图下面设置了记录格，即当学生准备进行这个流程操作的时候，先在该步骤下面的记录格中打"√"，这样一方面提醒学生当前一步在做什么而下一步又该做什么，另一方面也帮助记录学生已完成的进度，避免出现操作错乱的问题，这种直观物化的形式也一定程度增加了活动的趣味性，激发学生主动参与。

课堂片段3

师：请两名学生组成一组，一个负责制作葱油饼，一个负责记录流程卡（教师分给每组一个操作流程记录卡）。

师：下面跟着老师一步一步制作葱油饼，请取出每组之前已经和好的面团。

生（A、B层学生）：第一步取出饧好的面团（A层学生取出面团，B层学生在操作流程记录卡的面团下面打"√"）。

师：把面团放在案板上，取出擀面杖（教师在示范这些步骤时，也在自己的操作流程记录卡对应步骤的下面打"√"）。

生（A、B层学生）：第二步把面团放在案板上，取出擀面杖（两个学生一起读出步骤内容，A层学生操作，B层学生记录）。

师：把面团擀成长方形，厚度与常用盘子的厚度相似就行（教师拿一个常用盘子与自己擀好的面饼进行比较，以此粗略估量面饼的厚度）。

生（A、B层学生）：面团擀制成长方形，厚度与盘子相似。

师：小葱切成小段，每段的长度与勺柄厚度相近（指出不锈钢勺子的勺柄）。

生（A、B层学生）：把小葱切成小段。

……

在这个学习环节中，教师采用了逐步打卡的形式向学生传授操作流程，以避免出现重复操作或遗漏步骤等问题。流程卡的内容不仅对学生的学习起到了提示作用，而且以图卡的形式直观生动地将劳动步骤串联起来，有助于学生理解和记忆新知识。在操作环节中，涉及一些细节问题，比如面饼的厚度和小葱的长度等。培智学校学生可能会难以理解教师所说的"擀薄"到底有多薄，因为他们的变通能力通常比普通儿童弱。因此，为了满足这样的教学需求，教师可以利用身边常见、易获取的实物作为参照物，请学生以此物为标准进行操作。这样一来，学生对操作概念的掌握将会更加准确。

3. 择物适宜，降低难度

教师可以充分利用学生已有的知识基础，简化劳动环节或者降低劳动的难度，从而有效减少整个劳动技能学习的周期。在培智学校，学生的注意力容易分散，缺乏耐心。在本次课程设计中，选择使用平底锅还是电饼铛来教学生煎葱油饼，需要教师根据学生已有的基础进行综合考量。由于葱油饼的厚度各不相同，以及火候的大小等因素，在使用平底锅时对葱油饼的煎烤时间和翻面频率等都有一定要求，这增加了操作的复杂度，对培智学校的学生来说，学习起来需要耗费较长的时间。因此，改为使用学生之前已学过的电饼铛，在一定程度上能够化解学习难点。多数电饼铛不需要频繁翻面，只须设定好时间即可完成，而且在设置键上有明确的文字提示，这有助于学生更轻松地掌握操作方法。

课堂片段 4

师：同学们，葱油饼饼坯我们已经做好了，下面用什么煎烤呢？

生（A、B 层学生）：用平底锅。

师：用平底锅是个好主意，老师给大家示范一下（教师用平底锅煎制一个葱油饼，在制作过程中，给予语言提示，如先把锅加热，涂上食用油，之后把火关小，接着把葱油饼放入平底锅，每间隔 1 分钟进行翻面）。

A、B、C 层学生观察教师用平底锅煎制葱油饼。

师：使用平底锅煎制葱油饼步骤比较多（教师呈现煎制的流程），我们学习起来比较费时间，另外，火候大小不好控制，火大了饼很快就焦黑了，火小了面饼煎很久都不熟，还要不停地翻面，这样可能手会比较累。

　　师：我们是不是还可以选择其他的电器来煎制葱油饼？

　　生（A、B层学生）：我们家里是用电饼铛做的。

　　师：那这节课我们也来试试用电饼铛煎制葱油饼（出示电饼铛）。

　　生（A、B层学生）：老师，我们学过的，我会用电饼铛。

　　师：那你愿意帮助老师一起给大家做个示范吗？

　　生（A、B、C层学生）：愿意。

　　本次教学环节中，教师选择适宜的实物，指导学生进行操作学习。电饼铛是本班学生曾接触并学习使用过的电器。本次教学环节，教师选择电饼铛进行教学实践是出于以下两个方面的考虑：一是教师可以通过温故知新的方式降低该环节的学习难度。学生已经掌握的劳动技能，其操作的过程中较不易出错，成功煎制葱油饼的概率会更大，这能增加学生劳动学习的信心，起到良好的激励效果。二是熟悉的物品更易引起学生主动关注，提高学生的参与度。

（三）练习环节：以实物推进练习，辅助学生巩固应用知识

　　经过几个课时的学习，学生基本上掌握了葱油饼的制作方法，这时极易出现学习厌倦的状态，但是学生制作葱油饼的巩固练习还是很有必要的，技能的熟练掌握离不开大量的实践练习，怎样激发学生的主动参与呢？于是，教师从引入新物品入手，即增加新的教学辅具，为学生树立练习的目标。

课堂片段5

　　师：我们基本上学会制作葱油饼了，这节课还想不想继续做了？

　　生（A、B、C层学生）：想做。

　　生（A层学生）：都会做了，不想做了。

　　师：看老师今天给你们带来了什么（呈现一些漂亮的小纸袋）？

　　生（A、B层学生）：小纸袋。

师：你们仔细观察一下纸袋上的字（教师给每名学生发一个小纸袋）。

生（A、B层学生）：纸袋上印着"爸爸的葱油饼"。

生（A、B层学生）："妈妈的葱油饼"。

生（A、B层学生）：写着"奶奶的葱油饼"。

……

生（A层学生）："妹妹的葱油饼"是送给妹妹的吗？

师：可以送给妹妹呀，但是给她一个空空的袋子好吗？要不我们再做一些葱油饼，做好后装入这些袋子里，带回家送给妹妹好不好？

生（A、B、C层学生）：好，我要做。

　　教师在准备葱油饼纸袋时，可以根据学生的喜好对纸袋进行个性化的设计，每个学生都能够拿到适合自己的纸袋，以此为动力，学生会更用心地做葱油饼，争取做出最好的葱油饼送给自己的家人。这时，学生不再把制作葱油饼当成一个枯燥的学习任务，而是在努力实现自己的小愿望，把制作葱油饼当作一种幸福的劳动。

　　本节课分为导入环节、新授环节及练习环节，在每个学习环节，教师选择适宜的实物，引发学生主动关注学习内容，帮助学生理解学习的新知识与技能，从而提高他们的课堂参与度。

四、效果与反思

　　培智学校学生劳动技能课程的学习多半会经历这样一个过程，从最开始看到劳动工具或者材料时的新奇，跃跃欲试，到知识与技能学习过程中的"顾左右而言他"。他们往往只关注自己感兴趣的东西，易忽视教师的示范和讲解，进而导致练习过程中错误频出。为了保证培智学校学生在整个学习的过程中的有效参与，教师可以从把握实物选择及学习时机这两个方面，把课程知识、技能、意识和品质进行物化，吸引学生的兴趣，帮助他们理解与记忆，以及提高练习意愿。

（一）实物的选择要以充分的调研为基础

学校教育的目标在于提高学生的生活适应能力。劳动技能课堂通过采用实物教学来增强学生的学习参与度，实物的选择应考虑以下几个方面：首先，教学实物应选取学生日常生活中较为常见的物品，尤其是家庭中常用的物品，比如电饼铛。这样一来，学生学到的知识与技能就能够得到在家中实践应用的机会。其次，实物的使用方法应是学生已经部分掌握的。例如，使用袋子装葱油饼，学生知道这个袋子是用来装葱油饼的，基于这一基础，学生更容易进行下一步的学习。从心理层面上，这也更容易使学生接受学习内容，是提高学生主动参与的有效方法之一。最后，实物应是学生喜欢的东西。不同年龄段和障碍程度的学生对事物的兴趣有显著的差异。教师通过前期调研，可以充分了解学生的兴趣爱好，并在实物中融入相关元素。

（二）实物的运用要把握学习的时机

在每个劳动技能课程主题学习时，教师可能会设计多个实物作为教学的辅具，而每个辅具出现的顺序与时机都很重要。例如，本节课分为导入环节、新授环节及练习环节。在本节课中导入环节的"礼盒"和"各种葱油饼"、在新授环节的"厨房专用精准电子秤"和"量杯"，以及在练习环节的"印有图案或文字的葱油饼袋"等，都是教师根据每个学习环节的教学需要，运用适宜的实物，既要关注环节学习的内容，还要关注学生学习时的心理感受。正因为课堂活动参与情况很大程度上依赖学生的主观感受，一旦他们有明显的学习兴趣或者学习目标，就会去主动学习，所以教师运用实物教学具时，要密切关注学生的参与情况，根据学生的表现适时调整实物的种类或者使用方法，以做到物尽其用。

总之，实物运用是培智学校课堂教学中常用的一种辅助教学手段，它是基于培智学生认知特点而创生出来的，同时，由于课程内容的差异，学生知识基础的悬殊、学生生活环境的迥异等，对适宜实物的需求又千差万别，这就需要教师结合日常教学经验，慎重、精心选择教学实物，并根据课堂教学需要对实物进行改造等，以更好辅助课堂教学，实现提高学生课堂参与度的目的。

趣化教学活动　提高课堂参与度

——以生活适应《爱惜学习用具》一课为例

一、案例背景

《培智学校义务教育生活适应课程标准（2016 年版）》（以下简称"生活适应课标"）在教学建议中指出："在教学过程中，教师应注意观察学生的表现，并根据学生的反应改进教学。"为了切实改进教学活动，教师不仅需要掌握教学目标的达成情况，还需要对影响目标达成的因素进行深入分析。其中，学生的课堂参与度就是非常重要的影响因素之一。因此，教学过程中，教师要时刻关注学生的课堂参与情况，分析学生在课堂参与方面存在的问题与困难，并运用一定的策略，对教学活动加以优化，从而促进学生课堂参与度的提高，继而助推教学目标的达成。

集体教学环境下，为了提高学生的课堂参与度，教师可以从不同的角度选择不同的优化策略。其中，基于知识趣化的策略在生活适应学科的教学中颇具应用价值。所谓知识趣化，其核心思想就是通过增加活动的趣味性，提高学生的课堂参与度。而活动的趣味性又该如何增加呢？笔者认为，多样化的形式是教学活动趣味性的必备要素之一。生活适应课标中也提到："教师可以根据学生的需要，选择情景模拟、游戏竞赛等多样化的教学形式，从而帮助学生丰富课堂体验，以达到促进其生活适应能力发展的目的。"这一建议为知识趣化策略的应用提供了有力支撑。

那么，在具体的教学实践中，形式多样的趣味性活动有哪些设计思路，在课堂上又是如何发挥功效，提高学生课堂参与度的呢？本文将以生活适应学科一年级下册第 3 课《爱惜学习用具》中第 3 课时的教学为例，对这一问题进行详细阐述。

二、问题分析

《爱惜学习用具》第 3 课时的教学对象为我校一年级（1）班的学生。该班级共有 7 名学生，其中男生 5 名，女生 2 名。障碍类型分别为孤独症谱系障碍（以下简称孤独症）学生 1 名，唐氏综合征学生 1 名，智力障碍学生 5 名。根据学生学习本课内容的学习起点，笔者将其分为 A、B、C 三层进行教学。针对本课时的教学，具体的学情分析见表 1。

表 1　学情分析

学生分层	学生姓名	障碍类型	与本课时学习相关的已有能力
A 层	孙 ××	智力障碍	1. 已经认识并会使用常见的学习用具 2. 手部精细水平尚可，能够独立完成给笔套笔帽的任务 3. 有一定读图能力，能够将图片按照行为的对错进行归类 4. 能够判断两根铅笔的长短
	严 ×	智力障碍	
	丁 ××	智力障碍	
B 层	祁 ××	智力障碍	1. 认识常见的学习用具，但需要在提示或少量辅助下使用 2. 手部精细水平一般，能够独立套笔帽，但速度较慢 3. 有一定读图能力，能够判断图片中的行为是否正确，但需要在提示下归类粘贴 4. 能够在提示下判断两根铅笔的长短
	陆 ××	唐氏综合征	
C 层	郑 ××	智力障碍	1. 认识常见的学习用具，但无法独立使用 2. 手部精细水平较差，需要在辅助下给笔套上笔帽 3. 读图能力差，只能辨识图片中的物品，但不能理解图片中的行为 4. 无法判断两根铅笔的长短，只能在辅助下指认
	阚 ××	孤独症	

总体而言，该班级的课堂氛围相对稳定，学生对生活课有一定的兴趣。课堂参与方面，通过日常观察可以发现，在以教师讲授为主的环节中，学生经常出现心不在焉、注意力不集中的现象。如果教师没有及时提醒，部分学生就会开始在下面做小动作，甚至会自言自语。在传统的问答式互动中，只有少部分学生能够

做到主动应答，大部分都只有在被教师点到名字的时候才会回答问题。但是在互动型的课堂游戏活动中，学生的兴趣尤为浓厚，大部分都能够主动参与进来，相关环节中的课堂参与度普遍较高，而且任务的完成度并不会对他们的积极性产生明显影响。

除了上述共性的学习特点之外，有些学生在课堂参与方面存在个性化的问题。陆××和丁××在遇到难度较大的学习任务时，经常会出现畏难心理。陆××倾向于直接表示"太难了"，然后拒绝参与。然而，如果教师进行口头鼓励，她往往会愿意尝试。相比之下，丁××对口头鼓励不太敏感，只有在教师给出适当的提示时，她才会愿意参与进来。

阚××是一名孤独症学生，其情绪常常不稳定。在课堂上，他主要表现为被动参与，即使是他喜欢的活动，也很少展现出主动的意愿。因此，教师需要给予更多的引导和关注，以帮助他更好地参与学习活动。

郑××是一名情绪容易激动的学生。特别是当课堂上出现新奇的物品时，他会表现得异常兴奋。尽管他会积极举手，但由于能力受限，他只能在辅助下体验参与教学活动的过程，并不能独立完成学习任务。

针对每名学生的个性化问题，教师需要灵活运用不同的引导和鼓励方式，以促进他们更有效地参与课堂学习。对于畏难心理较重的学生，可以采用口头鼓励或适当提示的方式；对于情绪不稳定的学生，则需要更多的关注和引导；而对于兴奋易激动的学生，则需要在保持兴奋的同时，提供适当的辅助和支持，以确保他们能够有效地参与学习。

总而言之，该班级学生在课堂参与方面主要存在以下几个问题：① 在以教师讲授为主的环节中，容易注意力不集中；② 在传统的问答式互动中，大部分学生表现为被动参与；③ 部分学生存在畏难心理，往往逃避或拒绝参与难度较大的课堂活动；④ 当学生情绪不稳定或学习能力不足时，通常无法完成学习任务。

三、案例描述

为了使班级学生的课堂参与状况得以改善，基于上述分析，笔者结合《爱惜学习用具》第 3 课时的教学内容（爱惜笔和橡皮），从知识趣化的角度出发，设计了多个形式的趣味性教学活动，以探究趣化教学活动对提高培智学生课堂参与度的应用实效。

（一）趣味性教学活动在各教学环节中的设计

1. 课堂导入

本课时在导入环节中需要引出"爱惜笔和橡皮"的教学内容。考虑到班级

图1　铅笔、彩笔和橡皮

学生对传统的问答式互动兴趣不高，且大部分学生都表现为被动参与，不利于课堂教学氛围的调动，因此，笔者在该环节中设计了一个"魔法变变变"的活动。活动过程中，教师头戴魔术帽，手拿不透明的魔术盒，在魔术盒中放入铅笔、彩笔、橡皮等本课时需要用到的教学物品（见图1），引导学生通过从魔术盒中依次拿出物品的形式，揭示本课的教学内容。

通过"魔法变变变"的活动，导入环节能够在课堂伊始营造强烈的神秘感，激发学生的好奇心和学习动机，又能够明显改善学生在传统的问答式互动中参与度不高的问题，让学生高涨的积极性为后续教学活动打下基础。

2. 讲解爱惜笔的方法

该环节中，教师需要引导学生学习"写字不要太用力"和"不用时套上笔帽"这两个爱惜笔的方法。对能力较弱的学生，尤其是不具备书写能力的学生而言，套笔帽这一概念对他们来说相对比较陌生。而且套笔帽的动作对手部精细运动水平的要求相对较高，书写能力差的学生操作起来有一定难度。但要想让学生建立"不用时套上笔帽"这一概念，引导其进行实践操作是必不可少的。考虑到学生自身能力不足往往会降低其课堂参与度，笔者在这一环节中设计了一个"一分钟套笔帽"的趣味小游戏。

游戏的规则是每人一个篮子，请学生在一分钟之内将篮子中的笔全部套好笔帽。这样设计有几个好处：首先，这个趣味游戏是一个全员参与的活动，不管是主动型学生还是被动型学生，都必须参与其中。这就能够避免学生由于自身能力的原因拒绝参与。其次，游戏过程中，教师可进行巡回指导，尤其是针对能力弱的学生，可以随时提供必要的辅助。这样一来，学生的参与度也就能够得到保证。另外，计时类的活动不仅有趣，还能够营造一种紧张的氛围，帮助学生一定

程度上形成内驱力，从而有助于活动的推进展开。

3. 讲解爱惜橡皮的方法

针对这一部分的教学，笔者对教材内容进行了一定的调整。教材上以图片的形式提醒学生"用完再换新橡皮"。但是通过平日的观察，笔者发现，学生在使用橡皮时更多出现的问题是擦的时候太过用力，以及经常在橡皮上乱涂乱画，还有的同学会把橡皮掰成小块。基于这些问题，笔者将爱惜橡皮的方法调整为"手拿橡皮轻轻擦，不能随意掰和画"。

新授上述内容后，就进入了针对这两种方法的练习环节。此处笔者设计了一个完成操作板的趣味活动（见图2）。操作板上贴有若干使用橡皮时的图片，学生需要判断图片中的行为是否正确，并按照正误对图片进行归类。完成后，会请两名学生代表上前展示自己的操作板，并对判断理由进行阐述。活动过程中，教师会进行巡回指导，对能力较弱的学生及时提供帮助。

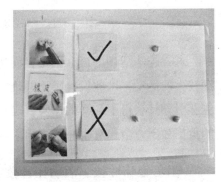

图2　操作板

在之前的新授环节中，师生之间的互动主要是教师讲授和师问生答这两种形式，这也就导致了学生的主导性不强，很容易出现心不在焉、注意力不集中的情况。如果不能及时抓回学生的注意力，其在后续环节中的课堂参与度也将大打折扣。因此，笔者在新授环节后紧跟着设计了这样一个完成操作板的趣味活动。该活动不仅能够促进学生手、眼、脑并用，从而调动其主观能动性，而且通过判断对错的形式，还能够引导学生将所学的知识加以应用，从而产生自己的想法，继而提高其在课堂上的主体地位。当学生成为课堂的主体，其课堂参与度自然也就随之提高。

4. 综合练习

当学生已经了解爱惜笔和橡皮的方法后，有必要通过综合练习的形式，对本课所学的内容进行统整和回顾。笔者在这一环节中设计了一个"我是小老师"的趣味活动。在该活动中，学生将转换身份，作为小老师批改一份习题（见图3）。习题的内容是判断两根铅笔的长短，并在长的铅笔后面打钩。如果学生拿到答案正确的习题，就只需要用铅笔在纸张下方的提示框内打一个对钩。如果拿到答案错误的习题，则需要用橡皮将已有答案擦掉，并在正确的括号内打钩。

比较两根铅笔的长短，在长的铅笔后面打"√"。

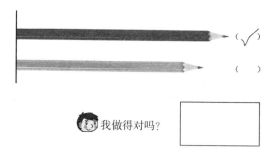

我做得对吗？

图 3 "我是小老师"环节中的习题

　　这一趣味活动的设计，一方面考虑到部分学生存在畏难心理，会拒绝参与难度较大的活动，因此设计了不同难度的活动规则。另一方面，学生视角的转换也能够引导其获得不一样的体验，当小老师为他人批改练习，既有趣又放松，内心的负担和压力会相对小一些，学生也会更乐于参与。

（二）趣味性教学活动在各教学环节中的落实

课堂片段 1

　　师：前两节课我们学习了爱惜书包和书本的方法，今天我们要学习爱惜什么学习用具呢？它们就藏在这个盒子里。

　　教师边说边晃盒子。

　　师：听，有声音！猜猜里面是什么？谁想来摸一摸？

　　教师请 2 名学生分别摸摸看，摸完猜一猜自己摸到的是什么，然后将其拿出来。

　　师：这是什么？

　　学生回答。

　　摸出一样物品后，教师转身将下一样物品放进盒子。再请学生继续摸和猜。

　　师：刚刚我们从盒子里摸到了铅笔、彩笔和橡皮。铅笔和彩笔有一个共同的名字，叫作笔。笔和橡皮都是我们学习上的好帮手，今天老师就带大家学习如何爱惜笔和橡皮。

实际教学过程中，该趣味导入活动取得了预期中的效果。学生对"魔法变变变"的活动形式非常感兴趣，纷纷踊跃尝试，课堂参与度非常高。除了活动形式本身对学生有着较大吸引力之外，魔法帽、魔法盒等道具对活动氛围的营造，也对该活动能够取得预期效果起着重要作用。

课堂片段 2

师：现在我们知道，笔用完了要把笔帽套好。那你们会套笔帽吗？

生：会。

师：看看是不是跟老师做的一样呢？

教师示范套笔帽。

师：笔尖和笔帽对对好，用力摁一下，笔帽就套好了。

师：现在谁想来试一试？

教师请 2 名 A 生上前示范，1 个套彩笔的笔帽，1 个套铅笔的笔帽。

师：老师这里有好多笔，都没有套笔帽（出示装有各种笔和笔帽的教具篮）。

师：我们来玩一个小游戏。每人一个教具篮，请大家在 1 分钟之内，把篮子里的笔都套上笔帽。能做到吗？

实际教学中，大部分学生能够在一分钟之内将篮子里的笔全部套上笔帽。因为笔的数量和类型是根据学生能力的不同有所区别的。能力较强的学生，篮子里不仅笔的数量较多，而且笔的类型也会更多样，铅笔、彩笔、中性笔都会出现。能力较弱的学生，笔的数量会适当减少，而且笔的类型以较粗的彩笔为主，方便学生操作。

这一趣味活动的设计确保了全员参与，并且教师在课堂上进行了及时的巡回指导，这样，不同能力水平的学生都能在活动中积极参与。此外，针对孤独症学生，笔者采取了一项特殊的策略：在下发篮子时故意不给他笔帽，以引导他主动发起对话，并提出要笔帽的要求。这一做法的目的是多重的。首先，通过让孤独症学生主动提出需求，有助于其建立自信心，培养主动参与的能力，这对于他在日常生活和学习中的发展都是非常重要的。其次，这种主动参与也为教师提供了更多的机会来与孤独症学生建立联系，促进师生沟通和互动。最后，通过引导学生参与到课堂活动中，可以增强其学习体验，提高学习动机和兴趣，从而更好地促进其发展和进步。这种针对性的策略不仅考虑了孤独症学生的个别化需求，也充分发挥了教师的引导作用，为全体学生提供了更有意义和有效的学习体验。

课堂片段 3

师：现在小朋友们学了新本领，挑战要来啦！老师这里有许多图片，请小朋友们判断一下，图片中是不是爱惜橡皮的行为呢？是的话，就把它贴在钩的旁边；不是的话，就贴在叉的旁边。谁想来试一试？

将操作板置于投影仪下示范，并说出判断理由。

1. 示范完成后，巡回指导学生完成操作板练习，并进行反馈评价。

2. 完成后拿 2 名学生的操作板利用投影仪进行展示。

在组织学生进行操作板活动时，不同能力水平的学生拿到的操作板对应着不同的难度。最终，学生的完成度都比较高，有的学生在自己完成的时候判断出现了错误，但是在最后的展示与评价环节中，经过教师和同学的提示，又进行了改正。能力较弱的学生在教师的辅助下，也能够动动小手，参与到练习活动中。虽然判断正误对他们来说比较困难，但是在辅助下参与活动、体验操作的过程，也是课堂参与的一种形式，而且是集体教学环境下非常必要的一种参与形式。

课堂片段 4

师：接下来老师给大家一个小任务。这里有一些小朋友的练习，请大家来当小老师，一起来批改一下（利用投影仪出示练习纸。示范：1. 比较两根铅笔的长短；2. 判断练习纸中填写的答案是否正确；3. 将错误的用橡皮擦掉并用铅笔填写正确答案；4. 把铅笔的笔套套好）。

师：你们愿不愿意做小老师来帮这些小朋友批一批呀？

教师给 A 生、B 生分发练习纸、带笔套的铅笔和橡皮。给 C 生分发笔和笔套，仅要求其套笔套。

师：小朋友们真棒，这么快就帮他们批好了。你们的铅笔用完之后笔套都套好了吗？举起来让老师看一看。哇！真棒！都套好了。那就请你们都放回篮子里收收好吧！

在这一练习活动中，学生不仅需要回顾和应用爱惜笔和橡皮的方法，而且还要对数学中"比长短"的方法加以运用。这样一来，能够帮助学生建立综合应用各学科知识的意识，培养其综合应用多学科知识的能力。但是，完成该任务的前提是学生已经具备了判断长短的能力。因此，考虑到学生能力水平的差异，笔者为 C 生设计了与 A 生和 B 生不同的活动任务，即 A 生和 B 生需要完成练习的批改任务，但 C 生只需要在辅助下练习套笔帽即可。在同一个趣味活动中，基于学生能力水平的不同，进行差异化的活动设计，也是进一步提高学生课堂参与度、保证课堂参与有效性的一种手段。

四、效果与反思

如上文所述，在《爱惜学习用具》第 3 课时的教学中，笔者基于知识趣化的策略，从提高学生课堂参与的角度，设计了 4 个趣味性的教学活动，分别是导入活动"魔法变变变"、练习活动"一分钟套笔帽"和"操作板判对错"，以及综合练习"我是小老师"。实际教学时，大部分学生在上述活动中的课堂参与都比较积极，少数能力较差的学生在教师辅助下也能够进行有效的参与，使得该课时的教学活动推进有序，教学目标达成度较高。趣味性的教学活动之所以能够促进培智学生课堂参与的提高，笔者认为主要有以下几个原因。

（一）以生为本的趣味活动能够满足学生的学习需求

培智学生在课堂上的学习需求往往体现在能力水平、性格特点、兴趣爱好等多个方面。能否在教学活动中满足学生的学习需求，将会对学生是否愿意参与到课堂中产生直接影响。因此，趣味性的教学活动并不仅具备有趣这一层属性，其核心思想还是以生为本，通过活动内差异化的设计，满足不同学生的学习需求，从而在班级范围内提高学生的课堂参与，助力教学目标的达成。

（二）形式多样的趣味活动能够调节课堂教学的节奏

培智学生的注意力容易分散，且持续注意的时间较短，这是他们参与课堂学习的显著特点，也是影响其课堂参与的主要因素之一。通过改变教学活动的形式，往往可以有效地吸引学生已经分散的注意力，重新引导他们关注课堂活动。通过多样化的趣味活动，将各个教学环节和内容相互连接起来，不断为学生带来新鲜感，使得教学过程动静结合，避免课堂变得单调乏味。这样一来，学生的兴趣得以激发，注意力得以维持，他们的课堂参与度也会自然而然地提升。

这种教学策略的核心在于灵活运用各种趣味活动，以吸引学生的注意力并促使其积极参与。通过结合不同形式的游戏、小组讨论、实践操作等活动，让学生在参与中享受学习的乐趣，激发他们的好奇心和求知欲。同时，教师的角色也至关重要，我们需要及时发现学生注意力分散的迹象，并采取相应的措施来引导学生重新投入学习中去。

总的来说，通过创造性的教学活动形式和灵活的教学方法，可以有效地提高培智学生的课堂参与度。这种教学方式不仅能够增强学生的学习效果，还能够提高他们的学习兴趣和积极性，为他们的全面发展奠定良好的基础。

（三）集体参与的趣味活动能够提高师生互动的频率

教学活动是师生积极参与、交往互动、共同发展的过程。在这一过程中，师生之间的互动对学生的参与动机有着直接的影响。传统的教学模式，即在以教师为中心的讲授模式下，教师的课堂互动对象往往偏向于那些能力较强、愿意表达的学生。这种情况下，能力较差或者内向的学生通常会缺乏参与的机会，从而影响其学习动机和学习效果。本次课程通过趣味化的教学活动来促进学生的课堂参与。这种活动能够在激发学生兴趣的同时，为所有学生提供平等的参与机会，与教师进行互动。

趣味化教学活动不仅能够提高培智学校学生的课堂参与度，还能够增强他们的学习效果。通过满足学生的学习需求、调节课堂氛围、增加师生互动频率，趣味化教学活动为学生提供了更丰富的学习体验，并且有助于其建立积极的学习态度和自信心。总的来说，趣味化教学活动是一个值得推广和深入研究的有效策略，可以为提高培智学校学生的学习参与度和学习效果提供建设性的参考。

以趣促学　提高课堂教学有效性
——以一年级绘画与手工《小花帽》一课为例

一、案例背景

　　绘画与手工课程是培养学生想象力和创造力的重要环节，然而，对智力障碍学生而言，这种抽象思维尤其具有挑战性。其中的理论知识常常让他们感到困惑和茫然。根据我国《培智学校义务教育绘画与手工课程标准（2016年版）》（以下简称"绘画与手工课程标准"），教师应创设适宜的条件，采用多样化的教学方法和趣味化的手段，激发学生的学习兴趣，引导他们积极参与活动，通过体验和操作获得美的直接感受，从而体验学习的乐趣与成就感。因此，如何使专业的理论知识变得生动有趣，让学生易于接受和理解，成为教师亟须思考的问题。

　　在教学过程中，教师应根据学生的特殊需求，采用灵活多样的形式和方法，鼓励他们观察、想象和实践，引导他们将绘画和手工学习转化为一种兴趣，从而使课堂教学更加有效。因此，教师需要尝试运用知识趣味化的教学策略，将复杂的问题简化，将简单的问题趣味化，以童趣引发学趣，以趣呼应学，从而激发学生对课程的积极性。

　　本文以《小花帽》一课的教学设计为例，探讨如何挖掘趣味性，提高培智学校低年级学生在绘画与手工课上的课堂参与度，以期逐步改善学生的学习状况。

二、问题分析

　　笔者执教的是一年级（2）班，共有7名学生，其中5名是男生，2名是女生。这个班级包括 2 名患有唐氏综合征的学生，2 名患有孤独症谱系障碍（以下简称孤独症）的学生，2 名智力障碍学生，以及 1 名脑瘫学生。他们带着一些迷茫和一些开心踏入了致立学校这个大家庭，成了这个班级的一部分。每当笔者准备上绘画与手工课时，他们总是显得很兴奋，也许是被五颜六色的画笔和彩纸所吸引，也许是因为可以在纸上随心所欲地乱涂乱画而感到高兴。但是，这种兴奋总是短暂的。当教师做示范或提出要求时，学生似乎完全不理会。课程中可以看到他们手中的彩纸被揉碎，蜡笔被折断，有的离开座位开始"散步"，有的干脆趴在课桌上提前休息。然而，这时上课时间还不到一半，接下来就是教师与学生之间一场漫长的"抗争"。

这些孩子大多数患有多重障碍。有些是脑瘫患者，手眼协调能力差；有些是孤独症患者，沉浸于自己的世界中；有些是唐氏综合征患者，上课容易分神……他们都面临着智障儿童普遍存在的困境：理解能力差，接受能力弱，注意力集中时间短，情绪不稳定等。根据他们的学业水平和学习特点（见表 1、表 2），笔者将他们分成三个层次。A 层学生的学习兴趣高，有主动求知的愿望，但容易分散注意力；他们的学习习惯良好，能够完成教师布置的学习任务，按照要求完成画作；他们具有一定的学习基础和较好的学习经验，已基本掌握了画线条、撕双面胶、粘贴等技能。B 层学生对学习有一定的兴趣，但注意力集中时间较短，学习习惯一般，需要在教师的指导下参与课堂学习。在绘画与手工课的学习方面，他们能够认识常用的作画工具，能在简化难度、辅助的条件下完成画线条、撕双面胶、粘贴等活动，但学习经验不足。C 层学生对学习兴趣不高，自我控制能力差，在课堂上经常沉浸在自己的世界里，学习主动性较弱，学习经验匮乏。他们需要在提供一定学习支持的情况下才能完成简单的任务和活动。

表 1　相关学业水平

模块＼姓名	A 韩	A 杨	B 刘	B 陈	C 王	C 刘	C 赵
画线条	☆☆☆	☆☆☆	☆☆☆	☆☆	☆☆	☆	☆
撕双面胶	☆☆☆	☆☆	☆☆	☆☆	☆	☆	☆
粘贴	☆☆☆	☆☆☆	☆☆	☆☆	☆	☆	☆
掌握的为 3 星；需要提示辅助的为 2 星；需要大量辅助完成的为 1 星							

表 2 学习特点

姓名	A 韩	A 杨	B 刘	B 陈	C 王	C 刘	C 赵
学习动机	强	强	强	一般	弱	弱	弱
学习效率	高	高	一般	一般	一般	一般	低
学习态度	非常积极	非常积极	积极	积极	一般	一般	不积极
学习效果	良好	良好	较好	较好	一般	一般	一般
课堂纪律	较好	一般	较好	一般	一般	较好	一般

三、案例描述

（一）立足生活，选编趣味性的教学内容

由于培智学校学生的感知能力较为有限，他们对信息的感知速度较慢，范围较窄，能力较为薄弱。面对一些事物时，他们并不具备主动感知的能力。因此，教师在教学中必须考虑到这一部分学生的实际情况，采取尽可能贴近生活的教学方式，以促进学生更好地感知教学内容。在没有统一教材的情况下，笔者以此为基础自编了《小花帽》一课。这一课被安排在冬季，当时天气寒冷，人们出门都戴上了帽子、手套和围巾，许多学生也不例外。因此，选择小花帽这个教学媒介既符合学生的生活认知基础，又建立了生活和绘画与手工课程之间的联系。

绘画与手工课程标准明确提出："低年级学生需要认识常用的绘画工具和常见的绘画颜色，运用点、线、图形、色彩，尝试使用各种纸材和其他媒材，通过看看、认认、涂涂、画画、做做等造型游戏活动，体验活动的乐趣。"本课将画、撕、贴多种方法结合起来，要求学生认识横线，会画横线，能够运用已有的撕和粘贴手工技能，进行小花帽的模仿制作。通过这样的多种造型活动，促进了学生的手眼协调能力，让他们体验到了活动的乐趣。此外，与单纯涂色相比，低年级的学生更喜欢利用多种工具和手法进行创作活动。因此，本课旨在以学生的生活认知为基础，运用不同的操作手法，激发学生的兴趣，从而延长有效学习的时间。

（二）把握分层，搭建趣味性的学习支架

培智学校的一个显著特点是学生之间的学习能力存在着较大的差异。由于学生的障碍类型和程度各不相同，导致他们在绘画与手工课程的学习上表现出明

显的差异。同时，教师制定的教学目标如果过高或过低都会影响学生的课堂参与度。因此，在课前对学生进行精准评估显得十分必要。根据学生的学业基础和学习特点，制定个性化的教学目标，逐步提升课程学习难度或简化内容，有利于弥补学生的缺陷，挖掘潜能，最大限度促进他们的发展。

在本课中，笔者制定了分层教学的学习任务单，针对不同学生的情况提出不同的教学目标。例如，在要求学生画横线时，对 A 层学生不做任何视觉提示；对 B 层学生要求在帽檐水平线上画两点，并提示他们将两点连起来形成一条横线；对 C 层学生提供虚线提示，让他们通过连接虚线来完成横线的绘制。这样的分层任务清晰明了，操作有趣，视觉提示激发了学生的积极性，避免了因任务难度过高而导致的抵触情绪，提高了学习效果。

在撕双面胶的步骤中，通过评估发现，A 层学生有能力独立撕开双面胶，而 B、C 层学生尚未掌握这个技能，也没有理解"撕"的概念。因此，笔者针对 B 层学生将双面胶的一角抠开，搭建了一个支架，简化了"抠"的动作，使得撕开双面胶变得轻松简单。对于 C 层学生，笔者采用了加长手柄的方式，在双面胶上添加一个小手柄，省略了"抠"的过程。这样有针对性的辅助和支架帮助能力较差的学生达到了相同的教学目标，同时也让他们在最近发展区获得了成功的体验，感受到了学习的快乐。

（三）巧用媒体与游戏，形成趣味性的学习氛围

1. 趣味导入，瞬时吸引

通过教学实践，笔者发现利用有色图片、实物、音频等生活资源和教具来设计教学环节，会让课堂更富有吸引力和感染力。在本课教学中，笔者通过截取学生最喜欢的动画片《小猪佩奇》的片段作为导入，让学生的注意力一下子被有趣的动画场景吸引，进入课堂学习的氛围中来。

课堂片段 1

师：冬天到了，天气越来越冷了，同学们都穿上了厚厚的衣服来保暖。我们的好朋友小猪佩奇也不例外，一起来看看他还戴了什么来保暖呢？

生：帽子、围巾和手套。

学生的注意力一下子被动画吸引过来，有一两名学生边看边说出了答案。

教师拿出一顶带有横线花纹的帽子。

师：老师这里也有一顶帽子，谁来当模特戴一下？

学生看到实物的帽子显得有些兴奋，纷纷举手，教师请其中一人上台。

师：看看××同学戴的帽子和小猪佩奇的帽子一样吗？

生：不一样。

小模特戴着帽子在讲台前走着台步，一下吸引了台下学生的目光。

师：哪里不一样？

生1：小朋友的帽子上面有横线。

学生2用手描了一下横线。

通过视觉上的直接对比，学生不难发现小猪佩奇的帽子上没有花纹，小模特的帽子上有花纹，是横线。

师：对，老师带来的帽子上有横线。我们今天就用横线来装饰一顶帽子，让它变得更漂亮！

……

用学生最爱的卡通动画引出本节课要学的内容，已经激发了学生的学习兴趣，笔者紧接着又让一名学生当小模特，这一互动环节更是让学生产生好奇，眼睛都不约而同地盯着模特戴着的帽子。随后通过对比，让学生自主探索，发现模特的帽子和佩奇的帽子的区别，用生动有趣的方式引出了要学习的知识点，让学生知道这节课要用横线装饰帽子。这样的导入环环相扣，结合信息技术搭建本节课的学习情境，以趣味性的元素集中学生的注意力，营造了活跃的教学氛围。

2. 趣味新授，快乐闯关

用横线装饰帽子是本节课的教学目标，笔者设置了找一找、摆一摆、画一画等学习活动，让学生自己动手感知，由浅入深地对横线有正确的认知，为进一步制作小花帽做好了充分准备。

课堂片段2

教师在多媒体上出示许多线条。

师：看看这里有这么多线条，谁来帮老师找找哪一条是横线？

学生纷纷举手，教师请学生上台指出。

师：快看！老师变出了一根绳子，谁能到黑板上摆一摆，把这根绳子变成一条横线？

学生看到凭空出现的绳子十分好奇，都跃跃欲试。

师：老师为每位小朋友准备了小黑板和绳子，你们在座位上自己试试吧！

拿到属于自己的小任务，学生都显得很高兴。他们不再是呆呆地看着其中一名小朋友演示，而是都能自己动起手来。

师：那么横线怎么画呢？来，我们一起举起小手，伸出手指，跟着老师画一画。

学生举起手跟着教师比画。

师：接下来我们在纸上自己画一画吧。

学生人手一份拿到属于自己的任务单，有序地操作起来。

教师首先引导学生进行整体感知，在各式各样的线条中识别横线，强调横线是指直直的、横向的线。接着，每名学生被要求动手进行横线的摆放。学生在拿到学具时表现得非常兴奋，纷纷尝试着摆弄横线。然而，能力较弱的学生在摆放横线时出现了问题，有的歪歪扭扭，有的横向不准确。为了解决这个问题，笔者通过多媒体展示学生摆放的横线，让他们观察并辨别哪些摆放是正确的，而那些错误的则请能力较强的学生帮忙进行纠正。A层学生热心地提供帮助，而B、C层学生通过这种互助方式进一步理解了"横线"的概念。前面的活动旨在为最终正确绘制横线做好准备。最后，根据学生的差异分发个性化的任务单，进行在纸上画横线的实际操练。

通过三个环节的闯关式训练，学生能够保持持续的注意力，通过观察、操作和体验逐步掌握画横线的技巧。有时候，简单的工具如一根小绳子或一个小黑板就足以吸引学生的兴趣。关键在于根据学生的认知特点，结合轻度、中度、重度智力障碍学生的情况，巧妙地简化或逐步提升课程学习难度。这样的趣味活动能够延长每名学生的有意识注意时间，促进对知识更深层次的理解，达到学习过程的循序渐进。

3. 趣味操作，妙趣横生

在绘画与手工课中，最大的乐趣当然源自创作的过程。在学生成功完成了画横线的任务后，教师进一步设计了多种形式的装饰，使帽子变得更加漂亮，有效地激发并延长了学生的制作兴趣。例如，学生在给帽子画上横线之后，被要求撕下预先贴好的双面胶，并粘上准备好的棉花。对学生来说，使用棉花作为制作材料是一次全新而十分新奇的体验，他们兴致勃勃地进行撕撕贴贴的活动。最后，教师进行了一个拓展，将事先准备好的一些小花贴纸作为奖励分发给学生。这不仅丰富了整体画面，也让学生意犹未尽，口中纷纷呼喊着"我还要，我还要"。

4. 趣味评价，欢乐无穷

在评价环节中，教师打破了常规做法，没有要求学生将作品贴在黑板上展示，而是让他们戴上自己制作的小花帽，围成一圈，随着音乐节奏转圈展示。在此过程中，教师提醒学生相互欣赏，看看谁的小花帽最漂亮。音乐停止后，教师让学生说说想法，促进他们的表达能力。考虑到低年级学生语言表达能力有限，笔者通过提问引导他们赞美他人。例如，"他画的横线是不是很直？""他帽子上的小花多吗？""他的帽子颜色漂亮吗？是什么颜色？"……对于不善言辞的学生，教师设计了粘贴评价的方式，让他们将小花贴纸贴在他们认为漂亮的帽子上。考虑到低年级学生活泼好动的特点，这样的展示增加了趣味性，同时也提高了评价环节的有效性。

在课程结束时，笔者以卡通动画为引，展示了佩奇滑雪的情境。教师说："现在我们可以戴着帽子跟着佩奇一起去滑雪了。"然后让学生跟着教师模仿佩奇滑雪的动作，在教室里一起滑动。学生享受着创作带来的快乐，感受到学习的愉悦和满足，个个脸上洋溢着笑容，有些甚至忍不住发出了咯咯咯的笑声。整节课在欢声笑语中落下帷幕。

四、效果与反思

（一）基于认知水平，趣化教学内容

教师如果将培智学校学生在生活中所接触和感知的事物运用于教学中，则能够吸引其注意力，逐渐唤起其参与教学、接受教师引导的兴趣，便于教学的展

开。本节课选取的帽子是学生常见的生活物品，建立起了生活和绘画与手工课程之间的联系。此外，本节课根据学生的能力水平和身心特点创设条件，采用多种材料和技法，如帽子形状的卡纸、棉花、小花贴纸，这些材料都让学生充满好奇、跃跃欲试。虽然画横线是本课的目标，但装饰帽子的方法不止这一种，教师将多种创作方法融入其中，给予学生多种发挥想象力的思路，让学生在动手操作的过程中体验美、表现美。

（二）基于学情分析，趣化分层教学

培智学校学生个体间的差异非常大，因此，课前的学情分析尤为重要。根据不同情况，将学生准确分层，通过分层教学，能满足轻度、中度和重度智力障碍儿童的基本需要，为每名学生搭建有效的学习支架，使他们都乐于积极尝试，从而不会产生畏难心理。比如本课评价环节的"粘贴小花"，考虑到低年级学生语言表达能力不足，有的甚至不会说话，笔者就通过设计动手粘贴的方式让他们感受创作的乐趣。这既是学生自我美化作品的一部分，也是自我评价的一个过程，他们乐在其中，而追求美、创作美的种子也在他们心中悄悄播下。

（三）基于教学目标，趣化教学活动

抓住孩子的特点，巧妙地将学生感兴趣的内容与教学结合起来十分重要，这样能达到事半功倍的效果。学习画横线本身是一个很枯燥的练习，仅凭教师的讲解学生难以领会。怎样让学生乐于学、主动学、积极学，这就需要教师的巧思妙想。在教学中，教师基于教学目标精心安排一些游戏活动和操作实践，使学生更充分地参与到教学活动中，既起到了学练结合、玩中学、学中悟的目的，也提升了课堂教学的有效性。教师也借助信息技术优化学习氛围，创设情境吸引学生的学习兴趣，更重要的是使学生体验到绘画与手工创作的乐趣。

为了更好地实施趣味性和创新性的绘画与手工教学，教师还可加强与其他学科的整合。例如，可以将美术与文学结合，通过创作绘本、插画等形式来表达文学作品的主题和情感；或者将美术与科学结合，通过科学实验和观察来创作具有科学意义的美术作品。通过与其他学科的整合，可以培养学生的跨学科思维和创新能力，体验绘画与手工带给我们的魅力。此外，艺术来源于生活，来源于自然，教师还可带领学生走出教室，让他们观察自然，感受生活中的美好，激发他们的好奇心和探索欲望。基于亲身感受的创作将使学生的作品更加生动、真实，充满生命力。

创设智趣课堂 提高学生课堂参与度

——以信息技术《我会用键盘》一课为例

一、案例背景

《培智学校义务教育信息技术课程标准（2016 年版）》（以下简称"信息技术课程标准"）指出："培智学校的信息技术课程应着眼于满足学生适应信息时代的需求，充分尊重学生个体差异，并帮助学生树立信息技术安全意识，促使学生更好地融入社会。"该课程旨在帮助学生运用信息技术提高学习能力、改善生活质量，并更好地适应社会发展。

深入研读信息技术课程标准，我们可发现培智学校信息技术课程具有以下特性：技术性、支持性、实践性和发展性。在教学过程中，教师应根据学生的身心发展特征和教学目标、内容、对象和条件等因素，灵活运用传统的讲解、启发和演示等教学方法，同时也可以大胆尝试新的教学方法，科学有效地进行教学，以体现课程的双重价值。基于知识趣味化的教学策略，可以提高学生的课堂参与度并增加课堂活动的趣味性。这种教学策略能够创造更有趣的教学环境，帮助学生理解和掌握信息技术知识，增强他们在课堂上的体验感和成就感，激发学习兴趣。

目前，上海市浦东新区致立学校学生的障碍程度日渐严重，理解能力差，动手操作能力弱，课堂参与度低。然而经过教学实践，笔者发现采用知识趣味化的教学策略可以显著提高高年级学生在课堂上的参与度，并有效地达成教学目标。以《信息技术》第二册第四单元《我会用键盘》为例，本文将谈论如何通过采用知识趣味化策略的方法来促进学生参与课堂。

二、问题分析

（一）学生情况分析

在培智学校的信息技术教学中，笔者经常面临以下问题：由于学生智力障碍程度不同，一些学生对信息技术课程缺乏兴趣和学习动力；学生可能感觉信息技术学习困难，产生畏难情绪，影响学习效果；实际操作电脑时，学生可能遇到各种技术难题，例如，键盘操作不熟练、打字速度较慢等；每名学生的学习能力、学习风格和兴趣点都有所不同，需要教师提供个性化的教学支持。

本班为上海市浦东新区致立学校六年级（3）班，共有9名学生，他们存在不同程度的智力障碍。其中包括2名孤独症谱系障碍（以下简称孤独症）学生、2名唐氏综合征学生、1名脑瘫学生，其余均为纯智力障碍学生。根据《信息技术课程标准》的要求，培智学校的信息技术课程应特别关注学生的个体差异，科学评估学生的特殊需求，并针对不同程度和不同类型的智力障碍进行教学。因此，笔者对班中每名学生进行了详细分析。

表 1　学情分析

评 估 条 目	A层			B层			C层		
	陈×绮	顾×	姜×晴	杨×宇	韩×佩	焦×俊	叶×轩	吴×晨	黄×轩
认识计算机的基本组成	★★★	★★★	★★★	★★	★	★	★	★	★
认识键盘的基本分区，学习正确的操作姿势和击键方法	★★★	★★★	★★	★	★	★★	★		★
认识操作系统界面	★★★	★★★	★★	★	★	★	★	★	★
掌握窗口的基本操作	★★★	★★★	★★★	★	★	★			★
掌握适用的中文输入（使用语音、手写工具输入）	★★★	★★★	★★	★		★	★		★

★★★表示学生能独立完成

★★表示学生需要简单的协助或口头提示才能完成

★表示学生需要较多协助或身体辅助才能完成

无★表示学生尚未发展该项能力

通过详细评估，我们可以发现六（3）班的学生之间存在较大差异。笔者根据学生现有学习水平将他们划分为 A、B、C 三层，其中 A 层学生能力最强，C 层能力最弱，B 层能力居中。在《我会用键盘》单元中，A 层学生可以了解键盘的作用和区分，掌握正确的操作姿势和击键方法，B 层学生能够在教师的提示或简单协助下，完成教师要求的大部分操作，C 层学生需要在教师的带领下完成操作。

（二）基于学情，教材分析

依据信息技术课程标准，本单元的教材编写分为四个小节：初识键盘，认识主键盘区，认识功能键和基本指法。其中，前三个小节是一级水平，涵盖了学生的生活需求和易于掌握的基本内容，而第四个小节则是拓展内容（带有"*"），主要面向能力较强的学生。在本单元的第二小节"认识主键盘区"中，学生需要了解字母键和双字符键，并学会使用键盘输入字符。A 层学生已经了解字母键和双字符键，并能够熟练地用键盘输入字符；B 层学生认识字母键和双字符键，在教师的引导下能够使用键盘输入字符；C 层学生需要在肢体辅助下使用键盘输入字符。

然而，这节课的教学内容相对枯燥，仅仅讲解键盘知识和使用方法可能让学生感到乏味，失去兴趣，导致课堂参与度低。此外，学生普遍存在课堂注意力不集中、缺乏专注度的问题。因此，笔者采用了知识趣味化的教学策略，以提高学生的课堂参与度。通过趣味化和个性化的方式激发学生的学习兴趣，降低学习难度，提高实践操作能力。通过设计有趣的任务和活动，可以帮助学生建立自信心，鼓励他们勇于尝试和探索，从而在信息技术课程中取得更好的学习成果。

三、案例描述

通过对学生的评估，笔者对本班学生有了更充分的了解，从而为学生制定了更符合实际的教学目标，并选择了更有效的教学方法。在教学过程中，笔者采用了知识趣味化的策略来提高学生的课堂参与度。

（一）趣味情境激发兴趣

在信息技术课程中，创设趣味情境是提高学生参与度的有效途径。通过将课堂内容融入有趣的场景中，可以激发学生对知识的兴趣和好奇心。采用生活化、趣味性的案例，使学生能够更好地理解和接受所学的信息技术知识。利用情境化教学，学生能够更深入地参与到课堂学习中，增强学科的吸引力，从而促使学生更积极地投入学习。

 例1

　　键盘故事会。教师通过电脑播放一段动画故事，讲述一位勇士在电脑王国中使用键盘的冒险故事。故事中，这位勇士通过键盘解决一系列问题来拯救电脑王国，而这些问题都需要使用键盘上的不同按键来解决。故事中穿插互动环节，当勇士遇到困难时，教师可以暂停故事，进行互动。教师询问学生："如果是你们，那应该按什么键位去帮助这位勇士呢?"故事结束后，教师展示真实的键盘，带学生认识键盘。在新授中继续沿用情境，带领学生认识键盘，在巩固练习中设计与键盘使用有关的闯关游戏，让学生帮助勇士闯过难关，最后拯救电脑王国。

例2

　　迷失的键盘宝藏。教师事先在教室内布置好隐藏的"宝藏"——用彩色卡纸制作的键盘按键，代表不同的字母和符号。学生分成若干小组，由A层学生带领B、C层学生，每组根据教师提供的线索，这些线索可以是键盘上的字母或者数字，让学生在教室内寻找这些宝藏。每找到一个宝藏，学生需要识别出它是键盘上的哪个按键，并将其放置在指定的位置。教师再根据学生找到的宝藏数量和质量给予奖励，以增加游戏的趣味性和竞争性。游戏结束后，教师引导学生总结键盘上的按键布局，如字母区的顺序等，加深他们对键盘布局的理解和记忆。

　　通过创设故事会和寻宝藏等趣味情境，成功激发了学生的学习兴趣，提高了学生在课堂上的参与度。当学生的注意力分散时，利用情境的方式可以将他们重新引导回课堂。趣味情境不仅让学生享受游戏的乐趣，还能让他们更直观地学习和记忆键盘布局，为后续的打字练习打下坚实基础。

（二）提高频次巩固基础

在教授信息技术基础知识时，提高学生的操作频次至关重要。与其他学科不同，信息技术更强调实际操作和技能应用。其他学科通常要求学生先理解概念，然后才能将其应用于实际问题，而信息技术更注重学生对计算机实际操作的掌握，这需要他们具备较强的动手操作和实际运用能力。

因此，为了更好地教授信息技术，教师可以采取增加学生操作计算机次数的方法。通过让学生频繁地实践，他们可以更深入地理解课本上的理论知识，并将其应用于实际情境中。这样的教学方法不仅有助于提高学生的技能水平，还能增强他们对信息技术的兴趣和学习动力。

在信息技术教学中，理论知识和实际操作同样重要。通过增加操作频次，可以更好地促进学生对信息技术基础知识的掌握和应用能力的提高。在本教学案例中，A 层学生的实际操作次数和难度被增加，以巩固他们在课堂上所学的基础知识；B 层学生在笔者的指导下进行了反复的操作练习；C 层学生在笔者的帮助下也对相同的练习进行了多次实践。通过增加操作的频次，有助于学生更加熟练地掌握键盘的操作方法，加深对课程内容的记忆，从而提高课堂参与度。教学设计合理，使学生能够在实践中不断提升操作技能，确保他们对基础知识的理解更为深刻。

（三）竞赛活动推动参与

引入竞赛活动是激发学生参与的有力手段。设立键盘输入速度比拼等竞赛活动，以激发学生的竞争心理，提高他们在课堂上的积极性。这样的竞赛不仅能够增强学生对课程内容的关注度，还能培养团队合作精神。通过竞赛，学生在积极参与中感受到学科的乐趣，从而更愿意展现自己的能力。例如，在"打字大作战"这一教学环节中，教师在 PPT 上制作两个有趣的怪物角色（如图 1），怪物身上标有字母或数字，引导学生通过打字的方式打败怪物角色。教师可以通过一段对话引入活动。

师：同学们，我们的电脑世界里有两只邪恶的怪物，它正在威胁我们的网络安全。但是，我们有强大的打字小英雄，那就是你们！只要你们通过打字的方式打败怪物，就能拯救电脑世界！

输入框

输入框

图 1

学生分为两组通过打字的方式"打败"怪物，每打对一个字母或数字，怪物就会消失一部分。

教师在活动过程中鼓励学生。

师：大家加油，每个字母和数字都是对怪物的致命一击！让我们一起消灭它！

当怪物被完全打败时，教师进一步鼓励学生。

师：恭喜大家，你们成功地拯救了电脑世界！你们都是打字小英雄！

该环节把不同能力水平的学生平均分在两个小组，并布置相同的任务，以小组竞争形式进行学习，从而通过竞争意识激发他们的学习兴趣。在活动过程中，学生不仅能够提高课堂参与度，还能增强成就感，并培养团队合作精神和自信心。

（四）游戏活动提升实效

利用游戏活动作为课堂教学手段，能够有效提升学科实效。通过设计有趣的计算机游戏，让学生在娱乐中学习，提高他们对课程的兴趣。这样的游戏活动不仅能够吸引学生的注意力，还能够促使他们更主动地参与到课堂互动中。通过游戏，学生在轻松的氛围中更容易理解和掌握信息技术的相关知识。

例 1

键盘拼图。教师事先准备一套大型的键盘拼图，每个拼图上印有键盘的一部分。为了增加游戏的趣味性，可以将拼图设计成不同的形状和颜色，让学生在拼图的过程中感受到解谜的乐趣。学生通过合作将拼图拼凑起来，形成完整的键盘布局。在合作的过程中，学生可以相互讨论、学习，提高解决问题的能力。在拼图的过程中，学生可以直观地了解键盘上各个按键的位置关系。教师可以引导学生关注键盘上的一些特殊键，如 Shift、Ctrl等，并讲解它们的作用和使用场景。有趣的操作活动能够提高学生的学习积极性，增加他们的学习兴趣，提高课堂专注度和参与度，在操作中讲授课堂知识，能更有效地帮助学生掌握和记忆。

例 2

键盘节奏达人。教师在课堂上播放一首轻快的音乐，同时在大屏幕上显示 26 个字母和 10 个数字的顺序。为了让学生更好地投入活动，教师可以设计一段有趣的对话。学生需要按照音乐的节奏，在键盘上敲击相应的字母和数字。教师可以在活动中间适当提醒学生注意音乐的节奏，尽量保持与音乐一致的打字速度，获得更好的成绩。教师在活动过程中根据学生的打字速度和准确性给予鼓励和奖励，从而提高学生的积极性和课堂参与度。培智学校的学生普遍对音乐有较大兴趣，通过把课堂知识和音乐结合起来，能激发学生学习信息技术的兴趣，提高学生的课堂参与度。

（五）键盘口诀促进学习

为了帮助学生记忆键盘布局和操作步骤，引入键盘口诀是一种有效的教学策略。通过巧妙的语言表达，将抽象的知识变得更形象和易记。键盘口诀不仅能够提高学科的趣味性，还有助于学生在学习中形成更为深刻的印象。口诀的方式能让学生更轻松地记住键盘的相关信息，促进信息技术知识的学习。本单元中的第四节基本指法，由 A 层学生学习，但是本节课的内容即使对 A 层学生来说，学习也有一定难度，因此，键盘指法口诀可以帮助他们更好地记忆。指法顺口溜：左手食指 RFV，还有 TGB 紧相随，左手中指 EDC，无名指 WSX 来应对，左手小指 QAZ，遵循章法不乱规。右手食指 UJM、YHN 一同归，右手中指 I 和 K，OL 右手无名指，右手小指字母 P，分号斜杠来相陪。FJ 左右食指来定位，其余手指两边开，大拇指敲击空格键，谨记指法速增倍。键盘口诀相比直接记忆手法更加有趣，对知识进行了趣化，学生的学习兴趣更浓，记忆更方便。学生通过信息技术活动获得了更高的成就感，也提高了学生对继续学习信息技术的兴趣。

四、效果与反思

（一）效果

通过将键盘的知识进行趣化，学生的参与度有显著提高。他们在活动中积极投入，享受运用键盘的过程，这有助于提高他们的学习兴趣。学生在轻松愉快的氛围中学习，减少了学习压力，提高了学习效率。在键盘节奏达人和打字大作战中，学生需要在规定的时间内准确打出字母和数字，这有效地提高了他们的打字速度和准确性。通过不断地练习和挑战，学生逐渐熟悉了键盘布局，提高了手指的灵活性和协调性。在打字大作战中，学生通过团队合作来"打败"怪物，这不仅增强了他们的团队协作能力，也激发了他们的竞争意识。学生互相鼓励、互相帮助，共同面对挑战，提高了团队凝聚力和合作能力。通过完成挑战和获得奖励，学生感受到了成功的喜悦，这有助于增强他们的自信心。他们在活动中不断突破自己，实现自我超越，从而更加相信自己的能力和潜力。这种自信心将激励他们在今后的学习和生活中更加积极、自信地面对挑战。

（二）反思

在知识趣味化的过程中，平衡学生的兴趣和教学目标至关重要。活动的趣味性是吸引学生参与的关键因素，但更为重要的是确保这些趣味化的活动能够有效地提升学生的课堂参与度，同时达到教学目标，促进他们的技能提升。

以打字练习为例，教师可以巧妙地引入音乐和游戏化元素，激发学生的兴趣。音乐可作为一种动态的节奏感，激发学生对打字节奏的感知，而游戏化元素则可以通过设定挑战关卡、奖励机制等方式，增加活动的趣味性。然而，这些趣味化元素应当紧密结合教学目标，确保学生在参与活动的过程中能够有效提高打字速度和准确性。教师在趣味化教学中也须时刻关注学生的学习能力和进步情况。通过个别指导，教师可以更好地了解每名学生的学习节奏和风格，为他们提供个别化的支持和挑战。对于那些打字速度较慢或准确性较低的学生，教师可以提供额外的练习机会，调整活动难度，以帮助他们逐步克服困难，提高技能水平。

打字技能是计算机操作的基础，但学生在学习过程中也须全面发展，以应对未来的学习和工作环境。除了打字技能，教师还应着眼于学生的其他技能，如语法、拼写和写作。因此，教师在教授打字技能的同时，也要注重培养学生的语言表达能力和创造力。最后，在趣味活动中可能出现一些问题，例如，学生过于兴奋和激动，无法自我控制情绪。因此，教师需要在活动前向学生说明活动规则和情况，并加强对课堂纪律的管理。总体而言，趣味化教学需要教师综合考虑学生的兴趣和教学目标，确保活动既能吸引学生参与，又能有效提升他们的技能水平。通过关注学生的个体差异，教师能够更有针对性地设计活动，提供有效的教学支持，促使学生在轻松愉快的氛围中取得更好的学习效果。

运用知识递变策略提升培智学校
学生生活数学课堂参与度
——以生活数学《8 减几》教学设计为例

一、案例背景

《培智学校义务教育课程标准（2016 年版）》强调："在设计生活数学课堂时，除了展示数学知识与技能的成果外，也需要重视学生解决生活中简单问题的能力，以提升学生的应用意识。"由于培智学校学生理解能力较弱，因此，他们对抽象知识的学习和应用存在一定的困难，难以将课堂上学到的知识和方法综合运用于解决简单的日常问题。这可能直接导致了他们在生活数学课堂上的参与度较低。因此，有必要探究有效的教学策略，有针对性地提高培智学校学生的数学应用能力，从而促进他们更有效地参与课堂。

知识递变是指通过逐步提升学习活动难度、增加知识要点变式、丰富学习任务形式等方法，提高学生课堂参与度的教学策略。首先，在生活数学中，知识递变策略强调了课堂学习活动的渐进性和层次性，通过逐步提升学习活动难度、增加知识要点变式和丰富学习任务形式，有助于激发学生的学习兴趣和主动性。其次，这种策略设计合理的递变层次，从基础知识点出发，逐步引入新的概念和方法，通过逐步推导和演绎，帮助学生建立完整的知识体系，深化对数学知识的理解。此外，知识递变策略注重数学与实际生活的联系，通过引入生活中的实例和问题，帮助学生更好地理解数学知识的实际应用价值，从而培养学生的数学应用意识，让他们学会如何运用数学知识解决实际问题。综上所述，知识递变策略在培智学校学生的数学学习中发挥着重要作用，有助于提升学生的应用能力和实际问题解决能力，推动学生的数学学习水平和素养的全面发展。

　　教师在生活数学课堂教学中应用知识递变策略时，普遍存在一些问题。首先，教师可能未能提前做好整体规划，导致数学知识的呈现零散，缺乏完整的知识体系，影响了学生的学习效果和教师的教学效果。其次，教师在设计递变层次时可能不够明确，导致递变过程显得突兀，缺乏自然的过渡，或者递变跨度过大，使学生难以理解和接受。递变策略需要根据学生的认知水平进行设计，但教师可能未能充分了解学生的认知水平，导致内容过于简单或过于复杂，无法满足学生的学习需求。再次，教师可能过于注重数学理论的讲解，而忽视数学在实际生活中的应用，导致学生无法理解数学知识的实际意义。最后，教师可能过于注重知识点的讲解，而忽视与学生的互动，导致学生只是被动接受知识，缺乏真正的参与。

　　通过对生活数学课堂知识递变这一教学困境的深入分析，结合笔者一学期的教学实践经验，以三年级生活数学《8 减几》第二课时的教学设计为例，进行了基于知识递变策略提升培智学校学生数学应用能力的实践研究，并对实践成效进行总结反思。

二、问题分析

　　三（3）班共有 7 名学生（3 男 4 女），均为中重度智力障碍。其中，孤独症学生 1 名，脑瘫学生 2 名，唐氏综合征学生 2 名，纯智力障碍学生 2 名。学期初，在《特殊儿童认知能力评估指导手册》的指导下，笔者对班上的 7 名学生进行了认知能力评估，以便在制订教学计划时有更全面的了解。

表 1　三（3）班学生认知能力评估总体发展情况

评估模块 学生姓名	注意	记忆	模仿	恒常性	概念学习	推理	问题解决	总分
A1	87.5%	90.0%	92.9%	62.5%	90.0%	50.0%	35.0%	76.9%
A2	81.3%	90.0%	71.4%	43.8%	68.3%	42.9%	30.0%	63.1%
B1	87.5%	75.0%	92.9%	37.5%	60.0%	14.3%	20.0%	56.3%
B2	68.8%	70.0%	35.7%	43.8%	45.0%	7.1%	20.0%	43.1%
B3	37.5%	55.0%	64.3%	18.8%	35.0%	0.0%	15.0%	33.8%

续　表

评估模块 学生姓名	注意	记忆	模仿	恒常性	概念学习	推理	问题解决	总分
C1	62.5%	35.0%	28.6%	25.0%	13.3%	14.3%	15.0%	25.0%
C2	43.8%	20.0%	57.1%	6.3%	16.7%	0.0%	10.0%	20.0%
班级平均	67%	62.1%	63.3%	33.9%	46.9%	18.4%	20.7%	45.5%

注：得分率≥75% 为优势领域，25%＜得分率＜75% 为一般领域，得分率≤25% 为弱势领域。

由表 1 可知，三（3）班学生的平均认知能力总体发展水平一般。在 7 个领域中，相对而言，该班学生在注意、模仿、记忆方面表现较为出色，属于认知发展的优势领域。然而，在恒常性和概念学习方面，他们尚有较大的发展空间，而推理能力和问题解决能力相对薄弱，要想改进存在较大的困难。此外，学生在认知能力方面存在较大的差异。具体而言，A1 和 A2 的总得分率均超过 60%，相较其他 5 名学生，在认知能力上的表现更为优异。而 C1 和 C2 的总得分率均低于 25%，这两名学生的认知能力较差。

对三（3）班的学生来说，数概念的学习已经不陌生了。学生可以从点数、认识数序、比较数的大小、了解序数含义和写数字等方面认识数，可以从主题图中提取出和数有关的信息，能够进行摆一摆、画一画、拨一拨等操作活动。但他们对数与数之间存在密切关系的认识还不够深刻，数学推理能力和良好的思维习惯还需要教师进一步结合具体的教学环节进行培养和渗透。

在传统的培智数学课堂中，教学模式单一且显得枯燥，忽视了培智学校学生的个体特征，导致学生缺乏积极主动参与学习的动力，从而影响了教学效果。依据评估结果可知，该班学生在推理和问题解决模块中的均分都低于 25%。因此，教师在生活数学课堂中，除了讲授基础的数学知识以外，更需要强调对推理和问题解决能力的提升。在这一背景下，知识递变这一教学策略能够有助于改善学生的问题解决能力。知识递变策略根据学生的认知水平和接受能力将教学内容划分为不同的层次，由易到难地进行教学。这种策略能够帮助学生逐步深入地掌握知识，提高学习效果和自信心，从而提升课堂参与度，使他们能够从生活中认识、了解并学习数学。

三、案例描述

（一）落实单元要求　确定课时目标

《8 减几》选自人教版《生活数学》三年级下册第二单元个人生活。该单元划分为四个部分，包括"独特的我（8 减几）""我们一起玩（9 减几）""活动与练习""我学会了"。结合教参及本校三年级生活数学课时安排，笔者确立了单元目标并进行了课时划分，具体内容如下图表所示。

表 2　个人生活单元目标

> 1. 通过个人生活情境，逐步建立数感，理解生活中数的含义和数量关系。
> 2. 通过分一分，进一步学习数 8、9 的组成，知道 8 减几、9 减几的含义，建立减法运算符号意识。
> 3. 经历数的减法运算过程，能用正确的方法计算 8 减几、9 减几，提升运算能力。
> 4. 会用 8 减几、9 减几的减法算式解决生活中的简单问题，初步感受数学与日常生活的密切联系，体验学数学、用数学的乐趣。
> 5. 有意识地利用数学知识和方法解释现实生活中的现象，尝试解决现实生活中的简单问题。

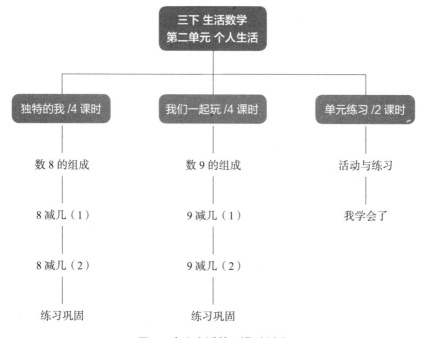

图 1　个人生活单元课时划分

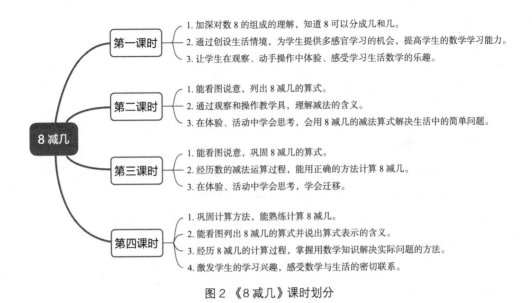

图 2 《8 减几》课时划分

根据上述对教材和学情的分析，为了确保不同层次的学生都能学到并应用知识，笔者预先设定了适用于不同层次学生的教学目标，详见表 3。

表 3 《8 减几》分层目标

A 层	1. 能看图说意，列出 8 减几的算式 2. 通过观察和独立操作学具，理解减法的含义 3. 在体验、活动中会用 8 减几的减法算式解决生活中的简单问题
B 层	1. 能尝试看图说意，列出 8 减几的算式 2. 通过在指导下操作学具，体验 8 减几的含义 3. 在体验、活动中尝试用 8 减几的减法算式解决生活中的简单问题
C 层	1. 根据图片，感受图片中数的含义，建立数感 2. 通过在辅助下操作学具，感受减法 3. 在体验、活动中感受 8 减几的减法算式，解决生活中的简单问题

（二）同伴竞争　激发乐趣

在课堂上运用同伴竞争的方式可以激发学生的学习乐趣和积极性。通过与同伴竞争，学生可以体验到成就感和竞争的乐趣，从而更加专注于学习任务，提高学习效率。同时，这还能培养学生的团队合作精神和沟通能力。

1.《8 减几》第一课时　教学片段：8 的组成　新授环节（比一比）

两组的 C 生数出 8 根小棒。

师：8可以分成1和几？

B生：一个盘子里放1根，剩下的放在1个盘子里。

A生辅助C生数一数：1，2，3，4，5，6，7。

A生举手回答：8可以分成1和7。

师：回答正确，在自己小组的奖励板上贴上2个大拇指。

C生贴大拇指。

教师观察另一小组的操作板，也摆放正确。奖励1个大拇指。

教师在黑板贴上板贴并小结：8可以分成1和7。

2.《8减几》第一课时　教学片段：8的组成　巩固环节（抢答）

教师出示8根小棒，将5根小棒放到一个盘子里，请学生观察教师手里还剩下几根小棒。

A、B生举手抢答：还剩下3根。

师：回答正确，在自己小组的奖励板上贴上1个大拇指。

C生自己贴上大拇指。

教师指着黑板：8可以分成3和5。

生齐读：8可以分成3和5。

设计意图：通过设计两组学生比一比、抢答环节，旨在增强学生的竞争意识，促进对数字8的组成的记忆，以及提升学生在课堂中的参与度。

（三）数学建构　加深理解

数学建构是一种深度学习的方式，要求学生通过实际操作和主动探究，自主构建数学概念、公式、定理等知识体系。在这个过程中，学生不再是被动地接受知识，而是主动地参与到知识的建构中，成为学习的主体。通过数学建构，学生可以更好地理解数学知识的本质，掌握数学思维的方法，提高解决问题的能力。同时，数学建构还可以培养学生的创新精神和实践能力，为未来的学习和工作打下坚实的基础。因此，我们应该积极推广数学建构教学方式，让学生在学习中发挥更大的主观能动性，从而更好地掌握数学知识和技能。

《8减几》　第二课时　教学片段：学习算式8－3＝5（教材第24页，例题）

教师出示"踢足球"（8－3＝5）动画，出示教材第24页第一幅图片。

① 教师引导学生带着问题观察。

图上有几个人？他们在草地上做什么？

学生数一数，摆一摆学具，说一说（草坪上原来有8名小朋友在踢足球）。

② 教师点击一名小朋友，出现一个小圆点。

③ 小结：草坪上原来有8名小朋友在踢足球。

教师出示教材p24第二幅图片。

① 教师引导学生带着问题观察：走了几名小朋友？

学生圈一圈，拿一拿学具，说一说（走了3名）。

② 教师点击走了的3名小朋友，在图片上圈出，在点子图上同步出现用虚线圈出的3个小圆点（动画演示）。

③ 小结：走了3名小朋友。

（1）引导学生提出问题

师：你能根据这两幅图片提出一个问题吗？

A层学生提出问题：还剩下几名小朋友？

小结：草坪上原来有8名小朋友在踢足球，走了3名，还剩下几名小朋友？

（2）引导学生说出8可以分成3和5

① 师：8名小朋友走了3名，也就是8里面分走了3，我们想8可以分成3和几，几就是还剩下几个的意思。

② 教师引导学生说出8可以分成3和几。

生：8可以分成3和5。

③ 小结：8可以分成3和5。

（3）引导学生根据图意列式

① 教师把8，3，5数字卡片放到下面的算式中。

② 师：8表示什么？3又表示什么？拿走了应该用加法还是减法？8-3与5之间，要用什么符号来连接成一个数学的算式呢？同学们齐读题目并思考一下。

学生齐读题目和问题。

A层学生：8表示什么？3又表示什么？拿走了应该加还是减？8-3与5之间，要用什么符号来连接成一个数学的算式呢？

B、C层学生跟说。

（4）引导学生读一读，说含义

① 教师示范读：8减3等于5。

② 师：这个算式在图中表示什么？

学生翻到书本第 24 页，找一找算式，按全体、小组、个人分别读。

A 层学生：8 表示草地上原来有 8 名小朋友在踢足球，−3 表示走了 3 名，=5 表示还剩下 5 名小朋友。

B、C 层学生跟说。

③ 小结：原来有 8 名小朋友在踢足球，走掉了 3 名，还剩下几名小朋友？我们可以列减法算式来解决这个数学问题。

设计意图： 通过学生踢足球的动画和两幅相关联的图片，让学生在情境中发现数学信息，提出数学问题，解决问题。通过语言训练、动手操作教学具、点子图、组成式、列式计算知道解决问题的方法。同时，学生在解决问题的过程中进一步理解减法的含义，体验 8 减几的含义，建立减法运算符号意识。

以上新授教学片段建构"8 减几"的数学问题模型，一共分为 8 步进行，如下图所示：

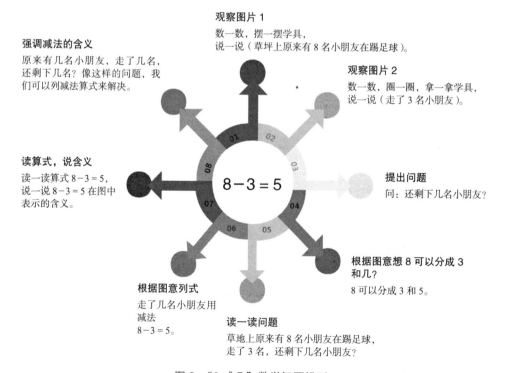

图 3 "8 减几"数学问题模型

学生在接下去学习"$8-1=7$，$8-2=6$，$8-4=4$，$8-5=3$，$8-6=2$，$8-7=1$"的数学问题时，都可以运用"8减几"数学问题模型进行思考，小步子、多循环地理解8减几的含义，并尝试解决在现实生活中遇到的简单问题。

（四）梯度练习　巩固所学

为了让学生更好地掌握所学知识，提供有难度梯度的练习显得尤为重要。通过从基础到复杂的练习，学生可以逐步加深对知识的理解和应用能力。这样的练习不仅有助于学生巩固所学知识，还能培养他们的思维能力，提高解决问题的能力。在教育领域，教师通常会根据学生的实际情况和教学内容，设计不同难度的练习题目，以满足不同层次学生的学习需求。这样的教学方法有助于激发学生的学习兴趣，增强他们的学习动力，从而提高学习效果。

1.《8减几》第三课时　教学片段：

（1）看点子图列式（$8-5=3$、$8-6=2$）

①教师说任务单要求，发放任务单。

（教材第25页想一想3、4的点子图）

A层学生根据点子图写出减法算式$8-5=3$、$8-6=2$，说出含义。

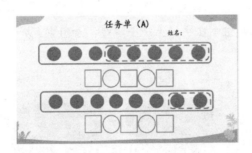

B层学生根据点子图补全（贴）减法算式。

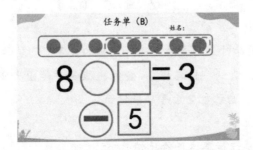

C层学生贴一贴减号,按有声教具(减号),跟读减法算式。

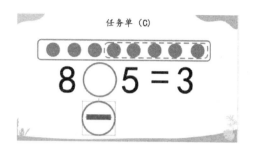

② 教师指导纠正。

③ 教师对任务单进行集体评价反馈。

(2)看图说意列式(8−3=5)

① 教师出示教材第26页,看图完成算式第一题青蛙的两幅图片,让学生看图提出一个数学问题。

A层学生看第一幅图说:荷叶上有8只青蛙。

看第二幅图说:跳走了3只青蛙。

提出一个问题:还剩下几只青蛙?

列出算式并计算:8−5=3。

B、C层学生两两组合在平板上玩小游戏:看图完成列式。

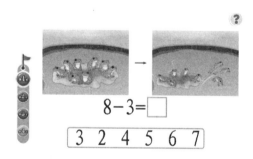

B层学生数一数荷叶上的青蛙,选择正确的数字。C层学生跟着B层学生一起听游戏里的声音,听到"你真棒",会露出微笑并伸出大拇指夸B层的学生,听到"请再想一想",自己也会上手跃跃欲试。

② 教师指导纠正。

③ 教师对任务单进行集体评价反馈。

设计意图:通过巩固练习,进一步深化学生对减法含义的理解,巩固解决求剩下问题的方法。学生能将解决问题的方法内化于心,外化于写和说,先能够观察点子图进行列式计算,接着直接根据图片进行看图说意,列式计算,并能清晰表达算式所代表的含义。通过课堂练习能检验各组学生教学目标的达成度。

2.《8减几》第四课时　教学片段:练一练

师:原来有8个篮球,体育老师拿走了2个篮球,还剩下几个篮球?

A生直接计算出减法算式的结果"8-2= ,想8可以分成2和6,8-2=6",在算式后面写上6,说出算式表示的含义"8表示原来有8个球,-2表示体育老师拿走了2个,6表示还剩下6个球"。

B生点数剩下的篮球得出算式的结果"1,2,3,4,5,6,还剩下6个球",在算式后面写上6。

C生需要教师握着手点数,"1,2,3,4,5,6,还剩下6个球",在算式后面贴上数字6的贴纸。

设计意图:通过练一练,让能力强的学生直接计算出减法算式的结果,并在教师指导C层学生时说一说算式表示的含义,让能力较弱的学生通过点数剩下物品的数量,从而得到结果。这样既使学生巩固了数的概念,理解了减法算式的含义,又兼顾了个体差异。

(五)实践学习　获取能力

在教学时,应该强调综合与实践,让学生体会数学知识和生活之间的内在联系。教师可以在教学过程中采用综合与实践的学习形式,通过让学生在活动中体验"经历—体验—探索—建构"的学习过程,使他们获得综合运用数学知识和方法解决实际问题、探索数学规律的能力,逐步发展对数学的整体认识。

《8减几》 第四课时　教学片段:

教师在教室里布置野餐要用到的相关物品,事先在垫子上放好8瓶可乐、8包薯片、8颗糖果,让学生拿走一部分可乐、薯片、糖果、饼干。引导学生用减法算式算出垫子上还剩下几瓶可乐、几包薯片、几颗糖果、几块饼干。

A生1拿走3瓶饮料,自己提出问题:原来有8瓶可乐,拿走了3瓶,还剩下几瓶饮料?

A生2:我知道! 8-3=5,还剩下5瓶饮料。

B生1拿走2包薯片，自己陈述：原来有8包薯片，我拿走了2包薯片。

教师追问：你可以提出一个问题吗？

教师提示：还剩下几包？请再想一想。

B生1：原来有8包薯片，我拿走了2包薯片，还剩下几包薯片？

师：那谁能解决这个问题呢？

A生1：我知道，8－2＝6。

两两组合，C生拿，B生口述问题并列式计算。

C生1拿走4颗糖果。

B生2：原来有8颗糖果，拿走了4颗，还剩下几颗糖果？

B生2：8－4＝4。

C生2拿走1块饼干。

B生3：原来有8块饼干，拿走了1块饼干，还剩下几块饼干？

B生3：8－1＝ 几。

A生抢答：老师，我知道，8－1＝7。

设计意图：通过实践活动，学生在熟悉的现实生活情景中运用所学的知识复习巩固减法运算，体会数学与生活的紧密联系。

（六）课后作业　深化所学

基于学生的个性化需求，笔者设计了学生分层作业单。以《8减几》第二课时为例：

A层：计算8减几的减法算式（写、说），书本第26页，做一做：看图完成算式。

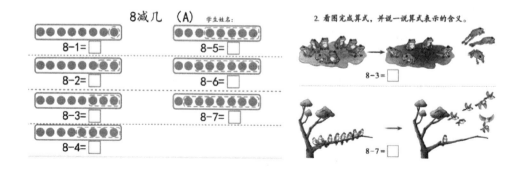

B层：计算8减几的减法算式（数、贴、读）。

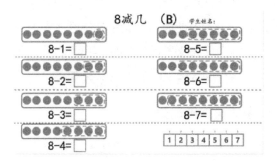

C层：读一读8减几的减法算式。

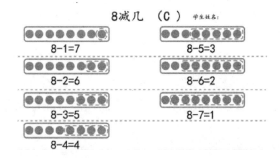

设计意图：通过分层作业布置，能够更好地满足学生的个性化需求，激发学生的学习兴趣，提高学生的学习效果。同时，分层作业布置还能够减轻C层学生的学习压力，避免一刀切的作业布置方式所带来的负面影响。同时，学生在课后练习巩固本堂课的知识，能为下节课的学习打好扎实的基础，以此提升下节课的课堂参与度。

四、效果与反思

在知识递变策略的实际应用中，笔者观察到三（3）班学生的生活数学课堂参与度有了显著的提升。通过逐步引入数学概念和实际生活中的例子，学生更加投入课程中，展现出更高的兴趣和主动性。课堂氛围变得更加积极互动，学生更愿意分享自己的观点和解决问题的思路。三（3）班学生通过《8减几》的学习表现出不同的层次能力：A层学生能将8减几算式从实物过渡到抽象的点子图，再应用到实际生活中去；能观察图片、列出算式并说出算式表示的含义；在体验、活动中会用8减几的减法算式解决生活中的简单问题。B层学生能观察2幅图片的区别，发现不同之处，在教师的引导下尝试说出问题并列出式子；能尝试用8减几的减法算式解决生活中的简单问题。C层学生愿意拿一拿，摆一摆，逐渐理解减法的含义。学生不仅完成了课时目标，而且在实践活动环节积极参与并表达。通过此次实践，笔者也有很多的思考与反思如下。

（一）运用知识递变策略应掌握难度

数学课堂应该是一个充满挑战和乐趣的地方。通过掌握难度，学生可以体验到解决问题的快乐，从而激发他们对数学的兴趣和热爱。为了确保学生能够有效掌握数学知识，教师应根据学生的个体情况和认知水平，制订个性化的教学计划。对于基础较差的学生，教师宜适度降低教学进度，重点强调基础知识的巩固和练习；而对于基础较好的学生，则应适当提高教学难度，引导他们挑战更高水平的问题和题目。以《8减几》第四课时为例，通过综合实践环节的设计，教师可以让A层学生观察野餐垫上最后剩余的物品，回顾同学们之前如何选取物品，并提出相关问题，运用所学知识解决问题，从而加深对课程内容的理解。

（二）运用知识递变策略应发散思维

在生活数学课堂上，提升学生的课堂参与及融入程度至关重要。由于生活数学涉及的内容都相对简单，学生在课堂上学到的数学知识通常能够在实际生活中应用。因此，提升学生的课堂参与意识，让他们更深度地融入各种学习活动，能够使学生的思维更加积极活跃，能够跟随教师的引导逐渐思考和探究所学内容，从而更有效地理解和吸收数学知识。如《8减几》第一课时在新授环节，教师可以通过创设挑战性的情境来推动学生的思维发散，可以将学生分成两组，小组合作，通过操作教学具自主探究8的组成（8可以分成几和几），看哪个小组发现得多。

（三）运用知识递变策略应关注理解

知识递变策略鼓励学生从具体到抽象的逐步推演，教师应重点关注学生在递变过程中每个阶段的深度理解情况。教师可以设计问题或任务，要求学生解释他们如何从实际情境递变到抽象概念，以及他们对这些概念的深层次理解。如在《8减几》第二课时的新授环节，教师一直反复提问，"8表示什么含义"，"3

表示什么含义","5 表示什么含义"。学生在回答的过程中，加深理解 $8-3=5$ 这个算式表示的含义，更有利于学生在实际生活中运用"$8-3=5$"这类抽象的算式。

综上所述，基于知识递变的策略对提高学生学习效率、促进学生综合发展有重要意义。实际教学中，教师首先应当明确教学目标，确定学生应用意识的培养方向。之后，应当根据课程教学需要和学生的发展需要，配置相应的教学资源，采取合适的教学方法，组织多样化的教学活动，并采取适当的教学评价手段跟踪指导学生，确保学生的应用意识由无至有，由简至精。在新课改的推动下，身为培智学校的特殊教育教师，我们需要从实际出发，改变以往的教学行为和思想，充分利用一切有利于培智学校学生学习的因素，为他们创造更多的机会和条件。只有让学生从被动转为主动，真正投入数学课堂学习，建立高效的数学学习环境，才能让他们认识到实际生活中离不开数学知识，从而提升培智学校学生的数学成绩和应用能力。

知识递变对信息技术课堂
参与度提升的案例分析
——以信息技术《学会使用手机进行通话》为例

一、案例背景

　　根据《培智学校义务教育信息技术课程标准（2016年版）》，信息技术课程的目标在于培养学生的信息技能，以使他们更好地适应社会发展，提高学习能力，并利用信息技术改善生活质量。作为一门选择性课程，信息技术课程着重帮助学生运用信息技术提升学习能力、改善生活质量，以更好地适应社会发展。在培智学校，这门课程显得尤为重要，学生由于各自的特殊情况，需要更为细致入微的教学策略，以确保他们能够更好地掌握信息技术知识，提升自身的生活技能。

　　手机在现代社会已经成为必不可少的交流和记录工具。本案例以信息技术课程的第一册第二单元《学会使用手机进行通话》这一课为例，教授学生使用手机进行通话，旨在让学生更好地融入社会、提高生活质量。在教学中，教师需要强调课程的实用性。考虑到学生的多样性，教师在课程教学中应注重知识的实际应用，引导学生学会在生活中如何使用手机进行通话，提高他们的实际生活技能，使他们更好地融入社会大家庭。这一背景下，笔者将深入研究如何使用知识递变的教学策略，提升学生的课堂参与度，进而促使他们更好地掌握所学知识。

二、问题分析

　　培智学校学生的学习情况具有多样性，尤其是智力障碍、孤独症谱系障碍和唐氏综合征的学生，为了更好地应对培智学校学生的多样性，提高其课堂参与度，促进信息技能和学习能力的提高，教师可采用知识递变的教学策略来提高他们的课堂参与度并实现课程目标。

本案例的研究对象是上海市浦东新区致立学校五年级（3）班的6名学生。这些学生在智力水平和认知能力方面存在差异。其中两名学生在手机操作方面展现出较高的独立能力，包括能够准确地执行各种操作并辨识按钮上的汉字。这两名学生具备相对较高的智力水平和学习能力，更容易理解和应用课程内容。另外两名学生在教师的提示下能够完成任务，表现出一定的学习潜力，但需要外部的引导和支持。而剩下的两名学生由于不识字，智障程度较重（1名孤独症、1名唐氏综合征），难以进行相关操作，导致其课堂参与度较低。在了解学生的差异性后，笔者分析了每名学生在前一课程中如何使用鼠标的情况，具体调研结果如图1所示。

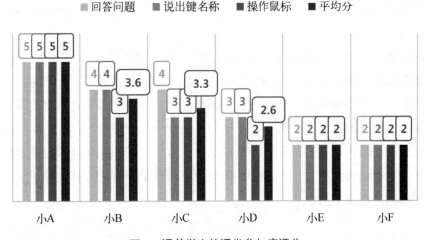

图 1 课前学生的课堂参与度评分

5分：完全正确，信息准确清晰。

4分：大部分正确，只有少量错误或不准确之处。

3分：基本正确，但存在一些显著错误或不完整。

2分：大部分不完整，存在较多错误。

1分：完全错误，几乎没有正确信息或操作。

（一）教学目标单一的问题

对智力障碍学生而言，分层教学的学生虽然拥有独特的教学目标，但同层次学生的教学目标仍显得单一。过于专注于单一任务目标可能不足以激发学生的学习兴趣。本课程的明确目标是培养学生学会使用手机进行通话，这无疑是一项实用的技能，但单一目标容易导致学生感到疲劳，甚至失去学习的兴趣。

对于培智学校学生，特别是那些具有智力障碍的学生，他们需要更具吸引力和多样性的学习活动。过于专注于单一任务可能无法满足学生的个性化需求，使他们在课堂中逐渐失去对学科的兴趣。因此，亟须解决的问题之一是设计更具创意和趣味性的任务，以扩展学生的学科认知，激发其学习兴趣。

（二）其他障碍学生课堂参与度低的问题

在信息技术课堂中，唐氏综合征和孤独症学生的参与度普遍较低。两者的特殊需求使得他们在课堂学习中面临更大的挑战，因此，他们难以像其他学生一样充分参与到课程中。

具体而言，唐氏综合征学生在信息技术课堂中面临着语言发展水平较低和性格较为倔强的困境，这导致他们在课堂中的参与度相对较低。由于语言发展的延迟，他们在理解和表达上存在一定的困难。这些特点在课堂教学中阻碍了他们对教学内容的准确理解，进而影响了他们在课堂中的积极参与程度。而孤独症学生在社交和沟通方面存在障碍，导致他们在课堂中对于教师和同学的指令理解不足。由于对非语言信号的理解困难，他们更难与教学内容进行有效的互动，从而影响了他们的课堂参与。

三、案例描述

本次教学活动的设计注重任务与实际情境的契合，采取渐进递进的方式，注重实用性，旨在激发学生的课堂参与度。这样的设计能够照顾到不同学生的学习需求，使他们更积极地参与到学习活动中。以手机通话技能为例，本教学案例精心设计了一系列活动，确保学生在提高参与度的同时，逐步掌握实际操作技能。教学设计注重任务的渐进性和实用性，以满足学生的个体差异，同时确保整体课程的趣味性和有效性。

本教学案例通过差异化的教学设计，旨在提升学生的参与度和实际操作技能。教学方法融入了生活情境和实际场景模拟，营造轻松愉悦的学习氛围，促使学生积极参与。学生通过模拟手机通话场景，增强学科应用能力，并通过实践操作逐步提升技能水平。任务难度会根据学生的熟练度逐步升级，确保每名学生都能顺利跟进课程并提高技能水平。

任务采用了阶梯式设计，从认识手机数字、了解拨号的基础开始，逐步引导学生完成任务，确保任务难度在他们的理解范围内。任务设计简洁明了，注重可操作性，旨在培养学生的基础技能。通过贴近实际情境的任务、实践操作和阶梯式设计，激发学生的学习兴趣，提高实际操作能力。

（一）创设情境激发参与

在过去的课堂教学中，教师通常通过创设生动有趣的情境引入教学内容，以促使学生在轻松的氛围中积极参与，体验学科知识的吸引力。在本次课程中，笔者通过模拟实际场景，鼓励学生参与各种情境表演，旨在更好地帮助他们理解和掌握所学的技能，提高学生的课堂参与度。

对于学习能力较强的学生，不仅要求他们正确地进行手机通话，还鼓励他们将这些技能应用到实际生活中。为了实现这一目标，我们逐步提高任务的难度，从简单的通话拨号到面对各种电话类型的正确应对。通过角色扮演，激发学生的兴趣，使他们在课堂中亲身体验学科知识的实际应用。

举例来说，我们邀请学生参与一个模拟的电话咨询服务，教师扮演陌生人，询问是否购买产品。学生需要运用所学的手机操作知识进行实际应用。在模拟练习前，教师介绍角色扮演的情境，并明确学生的任务：任务一，熟练接通电话并礼貌问候；任务二，对于陌生来电的推销，明确表示拒绝后挂断电话并告知家长。此活动的目的是让学生复习相关的接电话、挂电话的操作，确保能够在模拟电话中熟练应用。通过这一练习，学生不仅能够在实际情境中运用所学的手机操作知识，还能感受到学科知识的实际应用，从而提高他们在课程中的参与度。在复习课中，笔者提供更多真实生活中的案例，鼓励学生分析并提出合理的解决方案，以培养他们独立思考和应用知识的能力。

（二）实践操作提高技能

针对学习能力中等的学生，本案例采取了渐进式的教学方法，以提升他们的学科应用能力。教师为他们提供了实际的手机操作演练机会，帮助他们在实践中掌握技能，并学会在特定情境下主动运用所学知识。在任务设计过程中，课程逐步增加了任务的难度，以提高学生的课堂参与度。

教师首先教授学生基础操作，使他们能够拨打电话并与家人或朋友取得联系。这个阶段的目标是确保学生掌握电话拨打的技能，并理解基本的操作步骤。随着学生熟练度的提升，课程逐步增加任务的复杂度。在这个阶段，教师引入了更具挑战性的任务，例如，提供教师的手机号码，请学生自行按键拨打。这要求学生更深入地理解和应用所学的知识，从而提高他们的操作技能。通过逐步增加任务难度，学生能够在挑战中逐渐提高学科应用水平。

本课任务设计采用了实践操作和引导相结合的方式。教师首先进行简单的示范，展示正确的操作步骤，并解释相关概念。随后，引导学生进行实际操作，逐步指导他们完成任务。这种教学方式有助于提高学生对于知识的理解和应用，同时也有助于他们保持课堂的参与度。在任务过程中，教师应注重激发学生的积极性，通过鼓励、表扬和正面反馈，激发学生对任务的兴趣和参与欲望。实时地反馈，让学生感受到他们取得的进步，增强他们对学习的主动参与。这种正向的鼓励有助于建立学生的自信心，提高他们在课堂中的主动性。

（三）阶梯任务培养基础

面对学习能力较弱的学生，任务设计旨在培养他们的基础技能，认识拨号键和了解拨号功能。针对孤独症学生和唐氏综合征学生的学习特点，注重任务设计的简洁性和可操作性。通过阶梯式任务布置让学生认识手机上的数字，了解拨号的基本步骤，能够有效提高学生的课堂参与度。本案例设置的认识手机数字和拨号基本步骤如下。

任务一：认识手机拨号中的数字，通过展示手机屏幕，引导学生指着数字1，让他们能够注视到数字，并引导他们说出"这是数字1"。对于孤独症学生，注重语言的简洁明了，使用直观的图示和实际操作，以提高他们对数字的理解。让学生用手指轻触手机屏幕上的数字1，让他们感受拨手机数字的触感，并重复说出数字1。为了适应唐氏综合征学生的特殊需求，教师需要提供更为细致入微的引导和支持，关注他们的情绪，确保他们能够理解和完成这一步骤。

任务二：了解拨号的基本步骤。通过教师示范拨号的过程，让学生模仿教师的操作，用手指点击数字 1，进行拨号操作，并观察屏幕上数字的变化；逐步增加数字，增加难度，引导学生拨多个数字，例如拨打 112 等简单号码。最后整合任务，回顾前两个任务，确保学生对数字的认知和拨号的基本步骤有了较好的理解，引导学生将认识的数字应用到拨号中，尝试独自拨打教师指定的简单号码，进一步巩固了学生的学习成果。这一整体任务设计充分考虑了孤独症学生和唐氏综合征学生的学习差异，以确保每名学生都能够在任务中获得实质性的进步。

通过这样阶梯式的任务设计，能够满足能力较弱学生的学习需求，一步步提高任务难度，确保学生逐渐认识手机上的数字和掌握基本的拨号步骤。在实施过程中，要注重细致入微地指导，采用图示、实际操作等方式，帮助学生理解任务内容。任务的难度始终保持在学习能力较弱的学生可以理解和完成的水平。

四、效果与反思

（一）效果评估

本节课的设计有效地提高了学生的课堂参与度，从整体情况来看，学生在回答问题、运用手机通话相关知识及独立完成拨号等方面都呈现出显著的提高。具体情况如图 2 所示。在回答问题方面，学生积极参与，展现出优秀的回答水平。无论是对于课程内容的理解还是问题的思考，学生表现得更为自信和独立。使用手机通话相关知识方面，学生不仅掌握了基础的操作技能，而且能够灵活运用手机的各项功能。课程中融入实际场景的设计，使学生更好地理解知识的实用性，增强了他们的学科应用能力。独自完成拨号环节是本节课程的难点之一，但通过教学设计，学生在这方面也表现出了可喜的进步。无论是表现较强的学生还是表现较弱的学生，在独自完成拨号操作时都展现出了积极性和主动性。

通过本节课的教学活动，学生的整体参与度得到了有效提升。在实际操作中，他们逐渐体验到知识的实用性，这不仅提高了他们对课程的兴趣，也为今后更深层次的学习打下了坚实基础。这次综合性的学科参与度调查为今后的教学提供了宝贵的经验和借鉴。

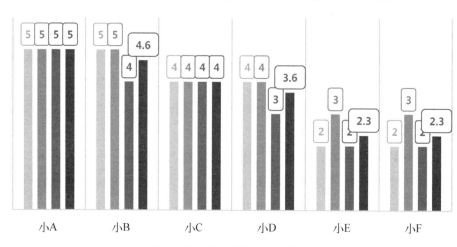

图 2　课后学生的课堂参与评分

5分：完全正确，信息准确清晰。

4分：大部分正确，只有少量错误或不准确之处。

3分：基本正确，但存在一些显著错误或不完整。

2分：大部分不完整，存在较多错误。

1分：完全错误，几乎没有正确信息或操作。

（二）效果分析

在本案例中，利用知识的递变这一教学策略，使学生在学会使用手机通话这门课程中取得了一定的进步。以下是对各层次学生教学效果的观察。

1.学习能力较强的学生：这些学生在课堂表现出色。他们通过实际操作和情境模拟，不仅掌握了手机通话的基本技能，而且能够在模拟情境中灵活应用所学知识，展现出较强的学科应用能力。他们参与度高，表现出强烈的学习兴趣和积极性。例如，在角色扮演的环节中，他们能够独立完成任务，并对陌生来电的情境表现出适当的拒绝态度，显示了一定的实际应用能力。

2.学习能力中等的学生：这些学生逐步提高了手机通话的技能水平。通过实践操作，他们能够熟练地完成基本的拨号任务，并在逐步升级的任务中展现了较好的适应能力。这些学生表现出对手机操作技能的兴趣，在任务过程中积极参与到课堂活动中。

3.学习能力较弱的学生：这些学生在阶梯式任务设计中逐步认识了手机上的数字和掌握了基本的拨号步骤。通过细致入微地引导和实际操作，这些学生能够完成简单的任务，并对手机的基本操作有了初步的了解。

（三）反思

教学设计中的情境模拟和实践操作受到学生的欢迎并让他们积极参与，提高了他们的课堂参与度。然而，在今后的教学中，我们需要更具体地了解每名学生的学业水平和学习特点，以更好地贴近他们的需求，进行差异化教学。积极引导学生进行自我评价，激发他们对学习的兴趣和主动性，是未来值得尝试的教学策略。通过学生的自我评价，可以更全面地了解他们对学科知识的理解和掌握程度，为后续教学提供更有针对性的支持。鼓励学生彼此之间进行合作，互相交流学习心得，也能促进彼此之间的共同进步。

通过这一教学实践，笔者对培智学校学生的差异化教学有了更深入的理解，并在实践中不断调整教学策略，以更好地满足学生的学习需求。在未来的教学中，我们将继续深化差异化教学理念，不断创新教学方法，提升特殊教育信息技术教学的实效性和适用性。

多感官体验式学习在运动与保健教学中的实践探索

——以运动与保健课《地滚小皮球 3-2》为例

一、案例背景

《培智学校义务教育运动与保健课程标准（2016 年版）》（以下简称"运动与保健课程标准"）强调："课程设计应重视学生的身心发展，建议采用支持性教学策略，以提高学生的活动参与度。针对不同程度、多种类型的残障儿童，教师应设计针对性强、有效果的教学策略。"

目前，我校学生在运动与保健教学中普遍存在认知能力低、动作理解度不足、身体协调性差、注意力分散等问题。学生的残障程度较严重，常规教学难以满足其学习需求。由于各类大脑病理影响，学生难以控制身体，课堂表现不佳。相比之下，普通儿童在多感官体验中发展良好，但特殊儿童由于大脑受损，传统教学模式效果有限。为改善学生的课堂参与情况，教师可以采用多感官体验式学习。这种教学策略能促进大脑与身体的协调，提高学生对环境的适应能力，为体育教学打下基础。

笔者尝试采用多感官体验式学习策略，以生动有趣的方式呈现复杂的体育教学内容，通过设计融入视觉、听觉、触觉、前庭觉和本体觉等多感官刺激的教学活动，吸引学生的学习兴趣，激发学习动机，改善学生的课堂参与情况。经过一学期的实践，根据运动与保健课程标准的指导，多感官体验式学习策略取得了显著的教学效果。现以我校二年级《地滚小皮球 3-2》为例，说明如何通过多感官体验式学习提升学生的课堂参与度。

二、问题分析

（一）学情分析

本课的学生属于上海市浦东新区致立学校二年级（2）班，共有 6 名学生，其中男生 4 名，女生 2 名。构成包括 1 名唐氏综合征学生、2 名患有孤独症谱系障碍（以下简称孤独症）的学生，以及 3 名脑瘫学生。

在本学期开学时，笔者使用了《特殊儿童感知能力评估指导手册》对本班学生进行评估。评估结果显示，本班的两名孤独症学生在各个感知觉模块中都出现了异常情况。例如，小涵同学的听觉过度敏感，对哨子声和各类音频声音都难以接受。而小航同学则在平衡觉（前庭觉）方面极不敏感，总是喜欢自己不停地转圈。三名脑瘫学生在各感知觉模块中总体表现较为均衡，但反应较为迟钝，各项感知能力都相对较弱。而班上的唐氏综合征学生的感知能力较差，感受范围也较为狭窄。同时，笔者按照学生的动作模仿能力、肢体协调性、语言理解能力及课堂参与情况，通过教育观察对本班学生进行了课前评估，将他们分为 A、B、C 三层，详见表 1。

A 层：小涵和小欣，小涵是一名孤独症学生，具有较好的认知能力，但行为比较刻板，协作意识较差；小欣患有脑瘫，认知水平较高，但运动能力不够协调。

B 层：小宇和小岩，两人都是脑瘫学生，其中小宇还伴有癫痫症状，认知水平较好，但反应较为迟钝，易紧张，肌张力较高，运动协调性较差；小岩在脑瘫的基础上还有学习障碍，虽然大运动能力尚可，但动作的精细度较弱，注意力比较分散。

C 层：小圆和小航，小圆是一名唐氏综合征学生，认知水平较低，动作笨拙，协调性差；小航是一名孤独症患者，同时伴有多动症状，注意力不集中，社交能力差，兴趣较为狭窄。

（二）目标制定分析

基于《运动与保健课程标准》，我校采用《全日制培智学校义务教育实验教科书——运动与保健》作为主要的教学参考和培训内容。除此之外，本课还结合了我校的特殊奥林匹克项目——滚球运动的内容，设计了针对低年级学生的地滚小皮球单元学习。该单元共分为三课时：第一课时是站姿练习，第二课时是摆臂

表 1　感知能力与学情分析

学生姓名	障碍类型	优势模块	一般模块	弱势模块	分层教学	动作模仿能力	语言理解能力	肢体协调性	课堂参与
小涵	孤独症	视觉、触觉、平衡觉	听觉、本体觉、其他感知觉		A层	能通过观察，自主模仿简单的肢体动作	能听懂指令，并及时做出正确的行为反应	上肢力量较好，结合站姿动作时，身体较协调	组织纪律性好，较积极主动参与活动
小欣	脑瘫	视觉、听觉	触觉、平衡觉、本体觉、其他感知觉						
小宇	脑瘫伴随癫痫	视觉、听觉	触觉、平衡觉、本体觉、其他感知觉		B层	能通过观察，并在语言提示下，模仿简单的肢体动作	能听懂简单指令，反应较迟钝，须加以提示	上肢力量较弱，结合站姿动作时，身体协调性较弱	组织纪律性较好，在引导下，有主动参与活动的意识
小岩	脑瘫	视觉	听觉、触觉、本体觉	平衡觉、其他感知觉					
小圆	唐氏综合征		视觉、听觉	触觉、平衡觉、本体觉、其他感知觉	C层	有模仿意识，在物理协助下能模仿一些简单的肢体动作	能在语言及动作提示下，做出相应的反应	肢体力量和身体协调性都很弱	组织纪律意识薄弱，学习被动，须在帮助下参与活动
小航	孤独症		视觉	听觉、触觉、平衡觉、本体觉、其他感知觉					

练习，第三课时是贴地滚练习。这三课时在普校教学中是一课时的教学内容，但根据培智学校学生自身的运动能力发展情况及学习能力情况，分成了三课时，降低了动作难度，更符合培智学校学生的身心特点，但同时对授课有了更高的教学要求。教师应结合实际，细分教学步骤，重视训练频次，让学生逐步掌握摆臂动作，提高上肢力量，从而有计划、有步骤地促进教学目标的达成。

本节课是地滚小皮球单元的第二课时，旨在教会学生自然地向前摆动臂部的动作。该动作要求手臂伸直、贴近身体并向前摆动。本节课的教学目标详见下表：

表2　地滚小皮球第2课时教学目标

整体目标： 学会自然向前摆臂动作，提高运动技能。 发展挥臂能力，增强上肢力量与身体协调性。 养成遵守规则的意识，保持稳定的情绪。 分层目标： A层：学会自然向前摆臂动作，滚至目标物（1.5～2.5米）。 B层：学习自然向前摆臂动作，滚至目标物（0.5～1.5米）。 C层：在教师的帮助下尝试地滚小皮球，体验活动的乐趣。

（三）综合教学分析

在未运用多感官体验式学习之前，笔者在为该班进行运动与保健授课时，经常会感到困惑，不知如何结合学生的实际情况，有效地实现教学目标，以及如何提高学生在课堂上的积极参与度等一系列问题。例如，孤独症学生由于多感官感受异常，常常伴随着感觉功能过度敏感和过度迟钝，在教学过程中会有突然情绪失控、四处乱走等行为出现，这会导致教学过程的中断，同时也影响到其他大部分学生。另外，一些脑瘫学生本体觉能力不足，在完成一些需要空间要求的动作时，常常判断不足，导致无法顺利完成教学任务。而唐氏综合征学生视觉、听觉能力滞后，导致他们的视、听觉记忆非常薄弱，进而影响了其对动作的理解和学习能力的发展，导致教学目标完成情况很不理想。这些情况都不同程度影响了教师的专注度，并且大大降低了学生在课堂上的参与度。

三、案例描述

（一）视听感官创设互动性情境

课堂片段 1

　　教师提前在体育馆布置好上课环境，将我校果蔬区域种植的蔬菜瓜果的图片展示在上课场地的多个区域。

　　多媒体播放音效：小朋友们好，我是小雪，是我们学校的果蔬汇管理员。你们看，果蔬汇里有绿油油的青菜、金灿灿的玉米、酸酸甜甜的橘子、晶莹剔透的葡萄，还有好多美味可口的蔬果。小朋友们想不想吃啊？

　　学生：想吃！

　　多媒体播放视频：果蔬汇里来了好多好多"坏坏虫"，它们不仅吃掉了蔬菜水果，还把果蔬汇弄得乱七八糟。

　　师：这些坏坏虫可恶吗？不过它们最怕地滚小皮球了，所以我们今天继续学习用地滚小皮球来打这些坏坏虫，好吗？（教师展示表情各异的坏坏虫实物教具，KT 板制）

　　学生异口同声地回答：好的！

　　分析：根据《运动与保健课程标准》，教学应创建民主和谐的环境，有效运用游戏教学和情境教学方法，引导学生获取运动与保健的基础知识、基本技能和方法。基于此建议，笔者设计了一个生动有趣的情境，其中融入了视觉和听觉的多种感官体验。首先，通过图片将学校的果蔬汇情境布置在教学场地的多个区域，以此再现校园场景，这对一些认知差异较大的培智学校学生来说可以起到重要作用。例如，班上的小圆和小航，由于患有程度较重的孤独症和唐氏综合征，他们对陌生事物的接受度较低，但对熟悉的事物有着更强烈的兴趣。因此，当果蔬园地在课堂开头以图片形式呈现时，这些学生通过视觉刺激立即被吸引，对接下来的课堂参与起到了较大的帮助。其次，笔者邀请了授课班级平行班中口才较好的女孩子小雪，录制了与情境相关的话语，以她的视角讲述了当她在管理学校果蔬汇时遇到"坏坏虫"破坏蔬菜和瓜果，需要寻求帮助的情景。学生在听了小雪生动的叙述，并观看了多媒体视频中"坏坏虫"肆意破坏果蔬汇的场景后，纷纷表示愿意前去帮助小雪。特别是对于听觉过度敏感的小涵，他并没有像往常一样捂住耳朵，而是认真聆听了这段音频。由于小雪是他非常熟悉的同学，他经常会听到小雪的声音，笔者在考虑到小涵的情况后，选择了用小雪的声音来录制音频。可以看出，通过精心制作的音频和视频，该班学生对课堂内容的接受度都很高。最后，笔者将视频中出现过的动态"坏坏虫"以绘制好的KT板形式展示给学生观看。这种从虚拟的视觉过渡到真实的视觉感受的教学方式，可以直接充分地激发学生课堂参与的内在动力。

（二）多感官联动突破学练难点

课堂片段2

教师教授本节课的动作要点：手伸直，贴身体，向前摆。

师：为了打中坏坏虫，我们要学习地滚小皮球的正确摆臂动作。（教师依次讲解动作要点）

师：我们先学手怎么伸直，老师拿来了一根直直的小棒和一根可以弯曲的小棒，我们的手臂要伸得像直直的小棒一样直，如果弯曲了，小球就会跳起来，就打不到坏坏虫了。（教师示范手伸直和手弯曲时如何滚动小皮球，让学生观察小皮球的运动轨迹）

学生触摸这两根小棒，感受直的和弯的区别，观察并尝试如何将手伸直。

师：我们再来学一下怎么贴身体。老师拿来了一张纸，当我的手臂紧贴身体时，纸就不会掉下来；当我的手臂远离身体时，纸就会掉下来，小朋友们可以拿纸来感受一下。（教师分别展示这两种情况，让学生观察纸有没有掉落）

学生拿着纸进行练习如何贴身体，感受两者的区别。

师：我们最后来学一学向前摆。老师给每位小朋友的手背上贴一个贴纸，当我们拿着小球时，要把手背上的贴纸放在后面，小球在前，贴纸在后，这样才能把小球滚出去哦。

学生手背上贴贴纸后，拿小球感受并练习。

分析：根据运动与保健课程标准的建议，教师应当结合实际，将课程目标具体化，提高目标的可操作性，并有计划、有步骤地促进学习目标的达成。在本次教学过程中，教师采用了演示、观看、聆听、触摸、对比等多种手段，将教学目标分解为更具实践性的要求，引导学生有意识地调动听觉、视觉、触觉、本体觉等多感官联动，以便更深入地理解每个动作的要点。

例如，班上的小宇同学患有癫痫，因此，他的各种感觉输入都会相对迟钝，导致无法正确理解教师的演示。在教授伸直手臂这个动作时，小宇一开始总是无法控制自己的手臂伸直。为了帮助他更好地理解，教师除了让他触摸直直的小棒外，还将小棒系在他的手肘处片刻，以确保"直直的"这一感觉充分输入他的大脑。通过这种方式，教师成功地实现了视觉、触觉和本体觉与运动教学的有机融合，帮助小宇更好地掌握了动作要领。这样将听觉、视觉、触觉、本体觉等各种感知觉统合的教学方法不仅符合运动与保健课程标准的要求，而且可以个别化地满足学生的需求，促进他们大脑对各种感觉做出正确的反应，从而有效地促进运动能力的提升，帮助他们找到学练过程中的难点，达到在课堂中的有效参与。

（三）精选多感官器具提高学练动机

在综合游戏"打坏坏虫"环节中，教师除了自制形色各异的"坏坏虫"KT板教具，还准备了各种不同颜色、大小、材质、重量的小球，以及设置了不同距离的视觉提示教具。

课堂片段3

师：通过之前的练习，大家地滚小皮球的摆臂动作做得越来越标准了，小皮球滚得也越来越准了，那现在大家都有信心去打坏坏虫了吗？好，现在老师拿来了一些各种各样的小球，有红的、黄的、蓝的；有毛茸茸的小网球，有硬硬的保龄球；有光滑的小弹球，有尖尖的小刺球……看到这一圈的坏坏虫了吧？它们最怕地滚小皮球了，大家选择自己喜欢的小球，正确滚小皮球来打到坏坏虫吧！

学生纷纷挑选自己喜欢的小球来打"坏坏虫"，兴致高昂。

在教师的引导下，学生均能尽可能地采用正确的摆臂姿势，并且选择不同的距离去击打"坏坏虫"，打中"坏坏虫"后都会发出"砰"的声响，让学生体会到成功的喜悦，课堂氛围活跃。

分析：根据运动与保健课程标准的建议，教师应引导学生亲身感受运动的乐趣，提升他们对学习的兴趣，促进他们自发参与运动。当形态各异、材质不同的小球出现在课堂活动时，小球可直接激发学生的视觉感官，增强学生对课堂活动的兴趣。学生在挑选小球的过程中，通过手部触觉的体验，可以调节适应滚动小球所需的力量大小。例如，当拿到轻的球时，不宜施加过大的力量进行滚动；而当拿到粗糙的球时，则需要稍大的力量来推动。学生在滚动不同的小球时，能够感受到不同的运动体验，从而增添运动的乐趣。当学生用小球击中"坏坏虫"时，听到"砰"的声响，有效地刺激了他们的听觉感受，体验到学习成功的喜悦，从而加强了他们学习的主动性。通过选择不同距离来击打"坏坏虫"，能调动学生的视觉和本体感知，使他们能够在不同距离下感知滚动小球时所需的力量变化。学生可以自主选择适宜的距离，以体验不同出力大小所带来的感觉。教师也可以根据学生的能力分配不同的距离，让学生进行更有针对性的练习。

综上，多感官的器具使用是以学生为主体，充分考虑到学生的运动需求和感官特点，设计适当的游戏，可以有效提高学生学习和练习的动机，激发学生的主动参与意识，营造和谐互动的课堂氛围。

四、效果与反思

（一）效果

1. 多感官体验式学习提高了运动课的趣味性

在运动与保健课堂中，多感官体验式学习为学生创造了活泼有趣的教学场景，提供了形式多样的教学工具，能够轻松营造出学生喜爱的学习氛围，从而提高课堂的趣味性。鉴于培智学校学生存在不同程度的残障和感知问题，常规的运动课堂对他们来说较为困难，很难激发他们的课堂参与兴趣。因此，在对培智学校学生进行运动与保健教学时，除了要考虑他们的基本实际能力外，还须考虑他们的感觉统合需求，通过开展多感官体验式学习，让运动课程更具趣味性，让学生在游戏中学习、学习中游戏，从而促进他们的课堂参与度。

2. 多感官体验式学习促进了运动能力的发展

感觉统合对于特殊儿童的身心健康成长具有重要作用，尤其在运动方面。感觉统合有助于提升运动技能。由于大部分培智学校学生存在或多或少的感统失调问题，这也间接影响了他们的运动能力。通过开展多感官体验式学习，帮助学生有效建立了大脑感官神经与机体运动技能的联系，有效实现了身体机能与外部环境的平衡，增强了培智学校学生对运动过程中骨骼、关节和肌肉的记忆，从而有效改善了他们的运动能力发展。

（二）反思

1. 多感官体验式学习要与教学内容相符

多感官体验式学习是帮助学生在运动课中有效学习的一种手段。因此，教师在教学设计时不能本末倒置，只追求各类多感官的刺激，而忽视了运动课的主要教学目标。教师应该合理设计多感官与体育活动的比例，以满足培智学校学生的发展需求。

2. 多感官体验式学习要便于教学实施

在运用多感官活动时，既要注意教学设计的效果，也要考虑是否实用、易操作。应该充分考虑以学生实际生活为主的教学工具，同时也要考虑学校教学场所的实施条件，因地制宜地进行相关教学设计，以免在制作某些教学工具时花费大量精力，而后无法有效地利用。

质效提升 "多感官"疗法康复实践

——以多感官康复训练《感知红色》为例

一、案例背景

《培智学校义务教育康复训练课程标准（2016 年版）》（以下简称"康复训练课程标准"）指出："康复是指综合、协调地应用各种措施，对功能障碍者提供一系列基础训练、专业技术和环境支持的服务，使其达到和维持身心最佳的功能状态。"教育与康复的有机结合，能补偿学生的身心缺陷，满足其学习与发展的需求。因此，康复训练在培智学校教育中有着举足轻重的地位。

我校在校学生中，大多数存在明显的智力障碍情况，同时一部分学生还伴随着多重发育障碍。这些学生在感知觉、沟通交流、情绪控制及行为表现等方面都存在程度不一的问题。以感知觉失调为例，可能导致学生学习动机不足、语言沟通障碍、情绪波动等现象。鉴于这些情况，康复训练对这些学生至关重要。

然而，传统的康复训练方式通常单一而乏味，很难激发学生的兴趣，从而影响训练效果。为了更有效地刺激学生的大脑神经，提高他们的敏锐度和精确度，以及增强动作协调性，教师需要有计划、有步骤地开展多感官参与训练，为学生未来的生活和学习奠定坚实的基础。因此，本教学案例强调康复训练应当注重设计丰富刺激性的多感官参与活动。通过激发学生的感官体验，教师可以提升培智学校学生参与康复训练的积极性，使训练变得更加生动有趣，让训练"活"起来，促使学生更积极地"动"起来。

二、问题分析

（一）基于学情分析，选择教学内容

本班级共有五名男生，年龄分布在7～8岁之间。经过对学生的特点及日常观察的分析，我们发现他们在感知颜色方面（尤其是红色）存在一定程度的缺陷。为确保教学效果，教师严格遵循《特殊儿童感知能力评估指导手册》对每名学生进行了课前评估。结合"康复训练课程标准"中的课程目标、课程内容及学生的实际水平，教师选择了相关的康复训练内容，并设计了《感知红色》的康复课程。

（二）根据课堂表现，进行教学调整

在教学第一课时中，教师过分侧重于纯理论的"训练"，过分强调学生思维与认知的能力，却忽视了身体学习的重要性，呈现出静态的"练"与静态的"学"。整个过程仅通过简单卡片进行单一的问答互动，并实施反复的一对一练习，过于关注单调的康复训练，却忽视了学生的体验感，从而使学生兴趣减弱。

经过对学生的观察，教师对康复环节进行了适度调整，并展开了第二课时。在这一课时中，教师高度重视学生的感知体验，运用多样化的材料和多媒体技术，激发学生的多重感官参与，包括听觉、视觉、触觉、味觉和本体觉等，实现多种感官的协同作用。通过听、说、摸、动、尝等多感官的交融，教师激活了学生康复训练的内在动力，帮助他们更好地感知红色。此时，学生的状态从"静"转变为"动"。

表1　康复环节调整前后的课堂表现记录

学生姓名	医学诊断	课堂表现（前）	课堂表现（后）
唐××	全面发育迟缓并伴随脑部问题	目光呆滞，吮吮手指，与教师无眼神接触，摆弄自己的衣角等	愿意主动牵起教师的手，表达想要参加活动的意愿
顾××	唐氏综合征	注意力分散，频繁转移视线，举止不安，对教师指令执行力不足	保持专注，能够与教师进行基础互动，自发承担任务，并勇于坚定地阐述个人观点

学生姓名	医学诊断	课堂表现（前）	课堂表现（后）
曾××	孤独症	独自玩弄卡片，对教师发出的指令全然不顾，一旦受到强制约束，便表现得情绪激动，大声喧哗	乐于与教师协同辨识红色物体，目光聚焦，辨认成功后，兴高采烈地拍手庆祝
凤××	孤独症	情绪波动较大，呈现哭闹与尖叫交替的现象，导致训练无法顺利进行	保持专注，对动画主角产生浓厚兴趣，积极参与训练活动，并能与教师进行基础互动
曹××	孤独症	嘴巴发出"wei"的音，目光游移，将卡片弄乱在地，对教师的话语不予理会	情绪稳定地牵着教师的手进行训练，并能短暂地与教师进行眼神交流。在得到教师的表扬后，表现出腼腆的微笑

三、案例描述

本教学案例通过感官体验，加强学生对红色的感知，促进他们的视觉感知、沟通交流和情绪控制能力。依照马斯洛的最近发展区理论，教师可通过找准培智学校学生的康复训练起点，创新实践路径，开展康复训练内容的选择及目标的设定，为康复训练的有效性打好基础。《感知红色》的教学活动设计包含但不仅限于以下几种：

视觉刺激：在教室放置各种形状和大小的红色教具，如红色呼啦圈。教师引导学生仔细观察红色呼啦圈，描述红色呼啦圈的形状、大小和特征。

视听触游戏：借助动画与音频，组织学生进行寻找红色物体的游戏。教师放置红色物体在教室不同的角落和位置，要求学生根据提示找到并拿到指定的红色物体。这个游戏不仅锻炼了学生的观察力和注意力，也增强了他们的动手能力和沟通交流能力。

感知味觉：准备一些红色的水果或食物，如红色巧克力豆，让学生品尝。这不仅可以增加学生对红色的感知，还能促进他们味觉和嗅觉的发展。

通过这些活动，学生不仅可以加强对红色的感知，还能提升沟通交流、情绪控制和行为表现能力。同时，教师根据学生的实际情况和发展需求，设计了多样化、具体化的活动内容，充分考虑了每个学生的个性化差异，为康复训练的有效性打下了坚实基础。

（一）"抓"需求，"激"兴趣

康复训练课程标准的指导原则强调以学生发展为核心，注重从学生现有水平出发，满足其个性化康复需求。通过科学、合理、有效的康复训练，旨在实现缺陷补偿和潜能开发，为学生适应社会及终身学习与发展创造最基本的条件。

在培智学校，使学生有兴趣、更积极地参与康复训练是达成康复目标的关键因素。为此，教师选择以学生感兴趣的事物为活动切入点，从源头上调动他们的兴趣。通过与每名学生进行互动和观察，发现他们的兴趣点，如喜欢跳呼啦圈、看动画片、喜欢动而不喜欢静、喜欢吃好吃的食物等。

在活动前期，教师精心收集了学生感兴趣的事物，并将其作为康复训练的教具呈现在课堂上。这种个别化的教学方法能够更好地吸引学生的注意力，使其更愿意参与康复训练，从而提高训练效果。通过关注学生的兴趣和喜好，培智学校致力于创造一个积极、有趣且符合学生需求的康复训练环境，以促使学生更好地适应社会，并为他们未来的学习与发展打下坚实基础。

（二）"用"感官，"促"目的

1. 导入环节，引出"颜色"概念：刺激"前庭"，唤醒本体活动体验

前庭与本体在大脑功能中扮演着至关重要的角色。它们负责接收来自各种感官的信息，如视觉、听觉、嗅觉、味觉和触觉，并进行初步的筛选和识别。随后，这些信息被传递至大脑，为后续的信息处理和认知活动提供基础。

在康复训练中，特别是针对那些感官功能存在障碍或受损的个体，对前庭与本体的训练尤为重要。通过集体康复和个性化补救策略，可以有针对性地进行康复训练，帮助学生克服感官障碍，恢复正常的感知功能。这种训练旨在加强前庭与本体对感官信息的接收、识别和传递能力，从而巩固感官康复过程中的第一道"屏障"，为学生建立更为健康、全面的感知体验提供支持。

通过系统的康复训练，学生可以逐渐改善对感官信息的处理能力，提升感知

觉、沟通交流、情绪控制和行为表现等方面的能力。个别化的补救策略可以根据学生的具体情况和康复需求进行调整,最大限度地促进康复效果的实现。这种综合性的康复训练不仅有助于提高学生的生活质量,也为其未来的发展和社会融入奠定了坚实的基础。

课堂片段 1

> 师:小手小手拍拍拍,小脚小脚跳跳跳,红色红色找找找,哇!找到了!我的小脚跳跳跳。(鼓励学生找到红色呼啦圈,并双脚跳进去或走进去)
>
> 顾××:红色在那里。(学生跳入红色呼啦圈)
>
> 唐××和曾××牵着教师的手走进红色呼啦圈。
>
> 凤××:我也会。(学生跳入红色呼啦圈)
>
> ……

活动开始,教师创编了一首朗朗上口的儿歌,通过"小手小手拍拍拍,小脚小脚跳跳跳"中"拍"和"跳"这些活跃的动作,激发学生的前庭和本体觉,带动学生的情绪,巩固了学生已知的红色,又能让他们以愉快的心情进入训练中。此阶段,教师在课堂中与学生初步建立关系,同时促进教师与学生、学生与学生之间的互动。班级内的孤独症学生原本就存在人际沟通障碍,因而在热身中建立良好的联系,能为接下来的实践奠定基础。我们可以明显观察到唐××虽然由于发育迟缓导致行动不便,但在第一次教师扶持下尝试"走"进呼啦圈后,会有意识地牵起教师的手,希望再一次"走"进呼啦圈。

2.教授环节,视听游戏:察言听音,促进视与听的重构

培智学生在学习读、写、画及其他技能的发展过程中,视觉与听觉的发展起着至关重要的作用。视听觉功能的缺陷可能导致培智学生在学习过程中遇到困难,同时在情感层面也可能产生较大的困扰。为此,在教学活动中,教师应运用各类素材激发培智学生的视觉与听觉体验,调动两者的积极参与,从而提高培智学校学生获取信息的能力。

课堂片段 2

> 师：看看今天谁来做客了？（出示小猪）
>
> 师：听听小猪喜欢什么？（教师播放动画音频）
>
> 顾××：喜欢红色。
>
> 凤××：红色，在那里。（学生肢体指认）
>
> 曹××和曾××在教师的辅助下愿意进行红色指认。

借助富有趣味性的多媒体手段，创建生动形象的动画与音频，能激发培智学生的视听感知。以深受学生喜爱的小猪为主角，引导学生观察并聆听 PPT 动画中的小猪表述："它喜欢红色的积木。"随后，在 PPT 中展示红色积木的图像，使学生通过视觉与听觉的直观体验，认识红色的特点。可以观察到本班学生在观看视频和倾听音频时情绪稳定，并眼神专注于 PPT 动画，最终，A 层学生能自主在 2 块积木（绿、红）中找到红色积木，B 层和 C 层学生需要教师辅助。

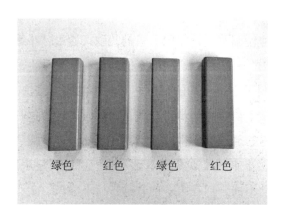

绿色　　红色　　绿色　　红色

课堂片段 3

> 通过帮小猪搬家，巩固对红色的认识。
>
> 师：我们一起帮小猪搬家吧！听听小猪需要什么颜色的家具。（播放动画音频）

唐××：红色。

师：谁来找一找哪些是红色家具？

曾××和唐××患有语言障碍，因此，教师鼓励学生通过指认找到红色家具。

凤××：老师，我来找。

唐××：老师，还有红色。

……

课堂氛围热闹起来，大家踊跃参加，都想帮助小猪搬家，找到红色家具，最后大家合力完成搬家游戏。

利用学生感兴趣的动画视频，能加深学生对颜色的认知，在"动"与"静"的结合中，通过视觉和听觉的冲击，不断刺激学生的大脑，使得学生不仅对"红色"印象加深，同时能够从其他颜色中快速辨别出"红色"。

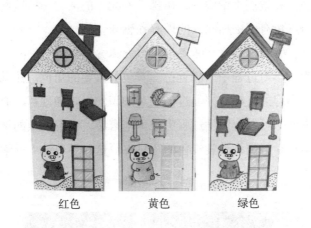

红色　　　　黄色　　　　绿色

3.复习环节，触觉游戏：察问感知，提高"触觉"体验

触觉是我们与外部世界产生直接感知的最有效、最便捷的方式。触觉功能失调的学生容易出现人际交往障碍，缺乏对周围环境的探索精神，以及对新鲜事物的尝试意愿，这些问题可能导致培智学生无法顺利完成学习与训练。在康复训练中融入触觉体验，有助于引导培智学生学会感知，提高他们的感受力和适应能力。

课堂片段 4

师：小猪这里还有很多玩具，想请你们帮它找一找红色的玩具在哪里。

顾××：软娃娃，红色的。

曾××：球，软，红色。

唐××和曾××愿意主动牵着教师的手寻找红色玩具，并拿在手中玩捏。

为了更好地巩固红色，教师准备了学生喜欢的各种材质的玩具，有软绵绵的毛绒红色小兔和红色弹力球，有硬硬的小红车和积木……通过让学生触摸不同材质的红色物品，能激发他们的触觉感知，从而提高他们对寻找红色玩具的积极性。在这个过程中，可以注意到，学生对于不同材质的红色玩具有着不同的反应。当他们触摸到毛绒红色小兔时，脸上会洋溢着温暖的笑容，仿佛感受到了红色所带来的温馨与柔软。而当他们摸到红色弹力球时，眼中会闪烁着好奇与兴奋，红色的弹力球在他们手中跳跃，仿佛带着无尽的活力……这些丰富的触觉体验，使得学生对红色有了更加深入的理解和感知。

4. 结束环节，味觉感知：察味善思，赋能味觉捕捉力

在培智学生的学习过程中，味觉扮演着至关重要的角色。味觉训练可以激发培智学生对学习内容的兴趣，并促进他们对知识的吸收和理解。通过与味觉相关的活动和教学方法，可以使教学过程更加生动有趣，激发学生的学习积极性和创造力。因此，本教学案例将品尝红色的巧克力豆这一环节纳入教学计划和课程设计中。

课堂片段 5

师：小猪请你们吃巧克力豆，但要求只能吃红色的豆哦！谁来找一找？

顾××：我！找到了红色的豆。

师：它是什么颜色的豆。

顾××：红色的豆。

师：尝一尝味道如何。

顾××：甜。好吃！

师：谁也想来试一试？

凤××：我想！好吃的豆。

师：是红色吗？再试一试？找到了，是什么颜色的？尝一尝！

凤××：红色的。好吃！

……

学生们踊跃参加，自告奋勇，都想上前找一找红色的 MM 豆，并尝一尝它的味道。

　　针对培智学校学生注意力难以长时间集中和情绪易波动的特点，本次康复训练选取了他们感兴趣的强化物——MM 巧克力豆，以实时给予肯定。此举旨在通过味觉刺激提高学生的注意力，同时利用巧克力豆稳住学生的情绪，帮助学生更好地巩固红色，泛化所学于实际生活中，一举两得。在奖励环节，要求学生品尝红色的 MM 豆，从而激发他们的积极性，全体学生纷纷努力寻找红色的 MM 豆。

四、效果与反思

（一）"多感官"计划，让教师"学得快"

在课程推进过程中，教师发现"多感官"教学活动有助于提高培智学校学生的课程参与度。由于培智学校学生的病症影响，他们可能对周围环境缺乏反应，或表现出过激的反应。而在"多感官"教学实践中，教师摒弃了传统的"听读"教学方式，而是利用丰富的活动材料吸引培智学校学生的注意力，充分刺激他们的感官，调动他们的学习积极性，为他们营造出一个"舒适、适应"的学习氛围，逐步引导他们融入集体活动。"多感官"教学充分体现了让培智学校学生在"做中学"，尊重了他们的个性发展，给予他们更多的机会参与。

在实施康复训练课程《感知红色》的过程中，教师通过各个教学环节，运用感官体验的方式，不断输入、巩固并开发强化培智学校学生对颜色的认知。经过一堂课的训练，教师观察到，在多维度"红色"引领的教学下，学生已在大脑中构建了稳固的认识。这不仅突破了传统教学的束缚，改善了教师针对培智学校学生束手无策的困境，还通过"感官"训练，创新了教学模式。这种模式使教育价值在课堂、生活和游戏等多个领域得以深度拓展。

（二）"多感官"支持，让学生"学得勤"

借助"多感官"策略的运用，教师克服了培智学校学生在传统教学中的困境。基于康复训练课程标准，这一策略既为教学设定了质量基准，又保留了教学实施的灵活性。通过"多感官"支持策略，教师与动作训练、感知觉、沟通与交往、情绪与行为训练四大领域目标相互促进，不断丰富培智学校学生的课程体验。从而使被动转变为主动，让说教变为引导，让"要我学"逐渐过渡为"我要学"。

（三）"多感官"推进，让教育"走得新"

各种教学内容和游戏活动所具备的教育功效及价值各不相同。当前，教师采用"多感官"教学方法，将认知颜色与"视觉""听觉""触觉""味觉"有机结合，极大地提升了培智学校学生的互动性和交流积极性，促进了他们多元能力的发展。在实践中，教师始终以学生为核心，例如，教师充分利用音乐、声音、视频等多媒体资源，将抽象的颜色概念与具体的感官体验结合起来，使培智学校学生在感知颜色的同时，还能通过听觉、视觉等多种感官通道来强化对颜色认知的理解和记忆。这种教学方式有助于提高他们的注意力、记忆力，以及信息处理和整合能力。

总而言之，通过"多感官"教学实践的探索，可以突破传统特殊教育的束缚。在面对培智学校学生时，教师始终秉持"学生为先，教师为后"的教学理念，以他们的兴趣和喜好为出发点。此举不仅提升了培智学校学生的参与度，增强了他们在课堂上的活跃程度，有助于全面发展他们的多元能力。

基于多感官刺激，提升课堂学习实效

——以六年级艺术休闲《果蔬扎染》一课为例

一、案例背景

《培智学校义务教育艺术休闲课程标准（2016 年版）》（以下简称"艺术休闲课程标准"）指出："艺术休闲课程以丰富学生的休闲体验为出发点，运用相关学科的知识技能、生活经验，整合多种休闲活动资源，通过多途径激发学生的参与兴趣，体验愉悦的情感，养成良好的休闲习惯。"由此可见，艺术休闲课程的基本理念就是要注重学生的课堂参与体验。

由于培智学校学生的能力有限，他们在参与艺术休闲活动方面面临着一定的挑战。教师在开展艺术课程时，常常遇到学生课堂参与度不高的问题。相较于正常学生，培智学校学生在知识认知、思维方式、语言表达等方面存在着巨大的差异。因此，在教学设计上，教师应以学生的个体差异为前提，从学生的兴趣和已有的生活经验出发，提升学生参与活动的体验感和满足感。尽管教师在备课过程中能够熟练运用多种教学策略，但在多感官刺激策略方面，对学生感官的激发相对单一且局限。通常，主要依赖视觉和听觉，通过观察图片和聆听音乐的方式让学生了解休闲知识和技能。在课堂教学中，教师对多感官教学的应用相对缺乏灵活性，容易陷入固有的思维模式。教师往往过于关注教学手段，而忽视了教学方法的有机结合。

多感官刺激是指教师利用多个感官系统来帮助学生获取新知识和技能，提高学习效果和课堂参与度的教学策略。多感官教学的开展能在一定程度上让培智学校学生得到直观的感知经验，能让学生产生学习兴趣的同时，萌生自主探索的意识。在教学过程中，教师运用多感官刺激，通过视觉、听觉、触觉、嗅觉等多方面、多维度的教学方式，创造更有利于学生学习的认知环境，激发他们学习的兴趣，提升课堂参与的有效性。基于此，本学期为了弥补培智学校学生学习上的感官缺陷，笔者尝试采用多感官刺激的教学策略，以此来提升他们艺术休闲课堂的参与度。

二、问题分析

（一）学情分析

以本班六年级学生为例，人数 6 人，其中 4 名男生，2 名女生，患有孤独症和其他多重障碍类型。他们前期已接触过艺术休闲课程，有 4 名学生能在课堂教学中，对休闲活动有较高兴趣，能对教师的互动有回应，课堂参与度较高；2 名学生对休闲活动的兴趣欠佳，注意力集中时间短，感知觉能力较弱，不愿意参与活动。受限于认知能力的不足，培智学校学生往往需要用眼睛观察、用耳朵倾听、用手去触摸、用鼻子去闻、用嘴巴去品尝，是他们接触、体验生活最直观的方式。将抽象的思维转换成直观的、学生易理解、能接受的思维方式，有助于激发学生的学习兴趣，提升课堂参与度。

（二）教学目标分析

六年级的学生已经对折纸、绘画、剪贴等艺术休闲活动有了一定的认知。能够在空闲时运用多种形式的艺术活动，丰富自己的休闲时间。在学生原有经验的基础上，结合艺术休闲课程标准衍生出了扎染活动。扎染作品色彩艳丽、图案千变万化，容易对学生产生强烈的吸引力，教师抓住学生的这一兴趣点，设计了本活动，通过多感官刺激的方式，让学生欣赏扎染艺术的魅力，体验扎染的乐趣。

基于教材、学情的分析，以及对艺术休闲课程标准的理解，笔者确定了本节课的教学目标。目标如下：

1. 通过欣赏视频，观看图片，初步感知扎染的魅力，激发学生对扎染的兴趣。

2. 多感官实物采摘，体验制作植物染料的过程。

3. 大胆创作，体验扎染的乐趣。

考虑到本班学生现阶段的能力，以及他们专注度不高、感知能力弱的特点，笔者将目标定位从认知、表达、情感三个维度进行设计，尝试利用多感官参与的直观体验取代单一的感官欣赏，吸引学生的注意力，激发学习的兴趣；从课堂上的视觉感知延伸至校园中的果蔬汇，沉浸式的感官体验，不仅可以提高培智学生的感知能力，并且在采摘过程中的师生互动、生生互动，能让学生直接地体验感受，有效提升了学生的课堂参与度。体验过后，回归课堂，带领学生一起回忆过程，笔者旨在丰富学生的多感官生活体验，从中感知扎染的艺术魅力，体验扎染艺术的乐趣。

三、案例描述

陶行知说："要解放孩子的头脑、双手、脚、空间和时间，使他们充分得到自由的生活，从自由的生活中得到真正的教育。"这正适用于培智学校学生。对培智学校学生的多感官刺激策略旨在课堂教学中有针对性地引导学生运用多种感官进行感知与体验，以视觉观察、听觉倾听、口语表达、思维思考和身体经历为主要方式。在艺术休闲课程中，多感官刺激的教学策略可以有效激发学生的多种感官感知，让他们获得更贴近生活的学习体验。

在多种感官的协同刺激下，能促使学生获得对事物的全面认识。以《果蔬扎染》艺术休闲课程为例，教师通过多种感官的协同刺激，创设轻松愉悦的氛围，使学生感受艺术的魅力，丰富内心世界，提升生活品质。

（一）优化视觉感知，唤醒感官体验

随着对民族文化的关注日益增多，扎染艺术在日常生活中逐渐受到推崇。然而，对培智学校学生而言，这个汇聚了民间智慧与审美的艺术瑰宝可能相对陌生。在艺术休闲课程的总目标下，要丰富学生的精神世界，陶冶生活情操。笔者考虑到学生的实际情况，决定通过扎染艺术的方式让学生尝试，以体验扎染艺术的乐趣，培养学生的艺术鉴赏能力。

视觉是教学的基础，学生通过欣赏扎染视频和观看扎染艺术的图片，体验到动态与静态的视觉感知冲击，以此来吸引学生的注意力，激发学习的兴趣。因此，在《果蔬扎染》教学初期，笔者通过呈现多彩的扎染艺术图片和视频，以及简单的扎染步骤，通过视觉刺激帮助学生感受扎染艺术的多样性和独特美感，培养学生初步的扎染鉴赏能力。

（二）整合内感觉，激发感官体验

对培智学校学生来说，身心存在差异，导致其在感官体验上也存在一定差

异。在课堂上，仅仅依靠视觉和听觉带来的感官刺激往往难以让培智学校学生深刻地感受和体验到扎染的艺术魅力，学生课堂参与度也受到限制。该如何调动多感官刺激，让学生切实地体会艺术休闲的乐趣？如何让学生有效参与课堂？一系列的困惑接踵而至。笔者决定从扎染所用的植物染料入手，让存在个体差异的学生能一起参与到课堂之中。

但在寻找扎染所用植物染料的过程中，笔者面临一个问题：什么样的植物染料更贴近学生的生活呢？直至某一天经过学校的一片菜地——"果蔬汇"（本校学生自己种植养护的小菜园），各种果蔬应有尽有。这不就是纯天然的植物染料吗？于是，在第二课时前，笔者利用学生已有的感知能力，给学生提出了一个问题：猜一猜、找一找，哪一种果蔬能成为天然的植物染料，榨出好看的颜色？笔者让学生带着问题前往果蔬汇，亲手采摘，体验寻找植物染料的乐趣。

触摸、嗅觉、味觉也是学生重要的感官能力，若笔者能够在现有的教学互动中充分利用这些感官通道，有助于调动学生的多感官参与，激发学习兴趣，让学生有效参与课堂，实现在玩中学，学中玩。采摘过程中，学生展现出了浓厚的兴趣和高涨的热情。教师鼓励感知觉方面较弱的学生，用手摸一摸各种不同种类的果蔬，感知不同物种的粗糙和细腻；用鼻子闻一闻，通过嗅觉的刺激，熟悉不同果蔬的独特香气；采摘后，一起尝一尝新鲜果蔬的清新口感。

在多重感官的协同下，学生对果蔬汇里的蔬菜有了更深入的了解。一名学生指菠菜说："老师，这绿绿的蔬菜，一定能榨出绿色的汁水。"另一名学生手里抓着一颗番茄说道："老师，红色的，番茄酱也是红色的。"还有一名学生指了指果树上紫色的果子，问道："老师，这是什么？能吃吗？"教师顺着学生手指的方向望去，原来是桑葚。在解答学生的疑惑后，教师鼓励学生观察果实的颜色和形状，摘下一个仔细观察，并鼓励学生用手轻轻触摸果实的表皮，感受桑葚的手感。由于班级中有些学生的触感较为敏感，个别学生不愿意尝试触摸。为此，笔者将果实拿到该学生面前，鼓励他仔细观看的同时，拉着学生的手，尝试摸一摸，并询问道："硬硬的还是软软的？"有学生抢答道"软软的"。最后，笔者鼓励学生试着尝一尝，品一品桑葚的口感。采摘过程中，学生发现"老师，我的手变成了紫色""老师，我的衣服上变色了"。最终，在与学生采摘的过程中，通过触觉、嗅觉、味觉等多种内感觉的形式，确定了以菠菜、桑葚、胡萝卜等丰富多彩的果蔬作为扎染的植物染料。本节活动课，在学校独特的休闲资源的加持下，实现了原本单一的感官教学方式的升级，全面调动了学生多感官参与，提升了课堂的有效性，在激发学生兴趣同时还能反哺学生的感官发展。

（三）协同多感官，升华感官体验

视觉的感官刺激，往往用直观的形象吸引学生的注视目光；听觉感官刺激，用舒缓愉悦的音乐、朗朗上口的儿歌，能唤醒学生的学习兴趣；摸摸、闻闻、尝尝的多重内感官刺激，增强了学生的体验感。依据培智学校学生的特点，笔者在课堂上创设了更多元化的情景，将多重感官协同运用，通过多维度的感官体验，能让学生有切身的感受和直接经验。在本节《果蔬扎染》的活动中，教师带领学生从课堂走向田野；从仅有视觉与听觉的感官参与，逐步延伸到触觉、嗅觉、味觉等多重内感官的参与。从艺术的欣赏过渡到扎染的体验，将艺术休闲与学生生活巧妙结合，采用多途径激发学生的兴趣，实现多感官的协同作用，显著提升了学生的课堂参与度，升华了学生在艺术休闲中的体验感。

四、效果与反思

在培智学校学生的日常教育中，学生的课堂表现和参与度一直是特殊教育教师关注的焦点。本文以《果蔬扎染》一课为例，探讨了多感官刺激这一教学策略的效果及反思。

（一）效果

1.多感官刺激激发学生课堂参与兴趣

针对培智学校学生的特殊需求，通过直观的图像和视频展示，以及多感官的体验，使得扎染艺术变得更具吸引力和易于理解。采用多元感官刺激的方式，丰富了课堂形式，激发了学生对课程的兴趣，提高了学生的参与度。

2.多感官刺激提高学生注意力

基于左右脑分工理论，多感官教学能够同时激发左右半脑功能，全面提高学生的学习效果。通过形式生动、内容丰富的多感官教学，带领学生走进生活，真实的触摸感、果蔬的香气、回味在嘴里的清甜，成功吸引了培智学校学生的注意力，使其更好地专注于课程内容，提高了学习效果。

3.多感官刺激提升感知能力

由于培智学校学生特殊的体质特征，他们中的很多人，在感知能力上会有所缺失。感知能力是学生对周围事物的感受与认识，良好的感知能力能够让学生具有认识世界的意识和探究精神，能激发学生探索的欲望。培智学校学生由于其本身的特殊性，不能理解抽象的复杂事物，因此，在本次的教学活动中，教师运用多种感官刺激参与活动，让学生在轻松舒适的环境中，看一看、摸一摸、闻一闻、尝一尝等，协同多感官的教学方式，将书本上的知识实物化，直观地感知体验，提升培智学校学生的感知能力。对于感知能力较弱的学生，多感官刺激反哺了他们的感官发展。

（二）反思

1. 丰富多感官课堂形式

在多感官教学中，应避免局限于单一的感官刺激方式。为了更好地调动学生的感官，特教教师应该创设体验式的学习情境，采用实物展示、游戏体验、动手操作等方式，全面调动培智学校学生的感官，以提高其对课程的兴趣。

2. 提升教师教育教学能力

教师的专业能力高低直接关系到多感官刺激在教学中的实际运用。为了更好地推动培智学校学生的学习，教师需要不断提升自己的教育教学能力，更新专业知识，掌握学科前沿动态，以更灵活、巧妙的方式应用多感官教学策略。例如，学习如何进行合理的环境创设、情境演绎等，从而提高学生的学习兴趣和参与度。

综合而言，本文讨论了在艺术休闲《果蔬扎染》一课使用多感官教学法的具体策略、教学实效和相应的反思，旨在为特殊教育领域提供更富启发性的思考。

落实正向评价　激发课堂参与

——以《东方明珠》第二课时为例

一、案例背景

《东方明珠》一课介绍了上海东方明珠广播电视塔的雄伟壮观。全文共三个自然段：第一自然段介绍了上海广播电视塔的位置和名字；第二自然段描写广播电视塔的雄伟高大；第三自然段赞叹广播电视塔是一颗美丽的东方明珠。这篇课文篇幅短小，文章结构清晰，语言生动、形象，借东方明珠反映了上海在现代化建设中日新月异、突飞猛进的发展，能激发培智学校学生爱家乡、爱祖国的情感。本课教学共分3课时：第一课时主要为字词教学及课文熟读；第二课时旨在通过有感情地朗读，帮助培智学校学生理解东方明珠电视塔的特点；第三课时为练习课，巩固先前所学知识。而本案例研究基于第二课时。

《培智学校义务教育生活语文课程标准（2016年版）》提到："生活语文课程应根据培智学校学生的特殊需求，在目标制定、教学过程、课程评价等方面提出以生为本的理念，让学生通过感知、体验、参与等多种方式进行语言文字学习。"其中，分层目标的制定、差异化的教学方式、多样化的教学评价手段是提高培智学校学生课堂参与度及学习有效性的重要策略。然而，高年级生活语文的学习内容难度呈直线型上升，对培智学校学生而言，由于情感发展滞后，以及大部分学生耐挫能力较差，多数教师在课堂上持消极或负面的评价通常会引发强烈的情绪冲突，从而对学生的课堂参与度产生不利的影响。

基于当前教师在高年级生活语文课堂中较少采用正向教学评价方式的问题，笔者以七年级《东方明珠》第二课时的教学设计为例，展开了关于高年级生活语文课堂正向教学评价的实践研究，并对提升培智学校学生的课堂参与度等教学实践成效进行了总结和反思。

二、问题分析

《培智学校义务教育生活语文课程标准（2016年版）》中强调："阅读教学中，教师要关注培智学校学生的起点能力，即学生的学习基础与特点。"笔者根据学生的综合表现，将任教的七（2）班的8名学生分为A、B、C三层（详见表1）。

根据教师的长期观察，对七（2）班学生识字、书写、阅读能力等方面的学习基础和特点进行了上述分析。从表格中可知，该班学生虽然已具备基本的语文阅读能力，但在两个方面存在显著问题，直接影响学生的课堂参与。首先是学习品质有待改善，表现为课堂专注度不高，课堂参与主动性不强；其次是普遍存在情感体验不深刻、思维表象化等现象，课堂参与不深入。上述两方面的问题成为学生学习、理解文学类作品的主要障碍，进而导致他们缺乏学习兴趣、课堂参与度不高等问题。以描写广播电视塔的段落为例，作者巧妙地运用了比喻的修辞手法，如"像一个巨人"，以突显塔的雄伟高大；当夜幕降临时，通过"五光十色"一词，生动展现了塔上灯光色彩缤纷、耀眼夺目的形象。这些抽象的表达可能对学生来说是理解上的难点，因此，教师在教学中需要通过各种形式的分析和朗读加以指导，以便为学生解惑，避免出现学习兴趣低、课堂参与度不高等问题。

三、案例分析

在生活语文教学过程中，教师以促进培智学校学生学业、能力、情感等多方面的成长和发展为宗旨。教师对学生的回答加以肯定、褒扬和赏识，并以此为基础，引导启发学生自我激励、深入思考、让学生收获学习的乐趣，增强后续学习动力，丰盈成功的情感体验，同时对其他学生产生积极影响。此外，正向评价也是实现师生情感相激、思维碰撞、智慧互成的和谐教学过程的关键。

（一）依托语言的正向评价

1. 赏识式评价

赏识式评价是指教师对学生的学习活动做出的即兴、即时、即地的褒奖与肯定。

表1　学生学情分析

组别＼维度	学习基础					学习特点
	识字、书写	阅读	交际	相关篇目学习基础	本课学习基础	
A层（小兴、小兵、小蒙）	具有丰富的识字量，满足日常学习，书写端正	能结合图文阅读。通过提示理解课文的主要内容，能比较清楚地说出自己的阅读感受	说话口齿清晰，交流时会倾听，能表达自己的想法，通过追问能顺畅地与人交流	能初步掌握"爱家乡、爱祖国"主题的课文《大海的歌》《大竖琴》，了解了家乡、祖国的巨变，但情感体验不深刻	能正确朗读本课词语、课文	学习态度端正，能积极思考，养成了良好的学习习惯，但他们学习兴趣较为狭窄。他们正逐步养成情感体验，但思维的表象化导致情感体验不深刻，在教师的引导下才能联系实际生活发散性思考，激发情感
B层（小涛、小北、小晨）	能掌握课程所要求的一、二级汉字，书写认真	能借助拼音，正确朗读课文，大致理解课文主要内容，能模仿说出自己的感受	口语表达清晰度尚佳。能用简单的词句表达自己的想法	能通读本主题的课文，了解家乡、祖国的发展成就	能正确朗读本课词语，跟读课文	学习态度较为端正，但对学习缺乏热情，上课的专注性较不够，多为被动地接受教师布置的任务。高级情感发展滞后，难以自主体会思想感情
C层（小敏、小军）	识字量较小，能书写简单的汉字	能跟读课文中的关键字词，能简单回答课文中的主要信息	口语表达清晰度较差。交流时会注视、倾听，但表达自己的想法有困难，跟说、以仿说、多且多以简单字词表达	能跟读本单元课文	能在提示下，朗读词语，跟读课文	学习态度端正，但课堂专注度不高，注意力难以长时间维持，课堂参与积极性不高。情绪体验简单，情感领悟迟钝

课堂片段 1

师：像这样，立于"天""地"之间的巨塔，不就像高大的"巨人"吗？同学们，谁来试试读出巨人的气势来？

学生小涛立马"戏精"附体，好似巨人般扬了扬脖子，神气活现地读了起来。他声音洪亮地诠释了东方明珠顶天立地的气势。

师（竖起大拇指）：东方明珠塔太高啦，你还扬起脖子找找塔尖，声音也跟着扬起来。读得好！

在小涛热情地带动下，孩子们个个跃跃欲试，有的站起身，亮亮嗓子；有的像巨人般，使劲儿踏了踏地板……教师一一做了表扬。学生的小宇宙再次被点燃，之后的朗读环节，他们更具表现力。

在课堂片段 1 中，笔者通过在学生的朗读过程中进行赏识式评价激发了学生的学习兴趣。具体而言，笔者并非使用了"你真棒""你说对了"等简单的正向语言，而是对学生的生动表现给予肯定，激发了学生参与后续课堂的积极性。

2. 启发式评价

启发式评价是在赞赏式评价基础上的升级，通过引导，使培智学校学生更深入地思考、探索与尝试。

课堂片段 2

师：夜晚，塔上的灯都亮了，_____，非常好看。（笔者用引读的方式，让学生完成了课文内容填空，并将"五光十色"突显，为之后的词语理解做铺垫）

师：五光十色，是什么意思？（这对 A 层的学生来说易如反掌，所以笔者故作停顿，搜寻着 B 层学生小北、小晨的眼神，他俩似有所悟地看着大屏幕）

师：老师看出来了，你有话要说，试试。

小晨挠着头站起来，似话到嘴边，教师立马点开东方明珠的夜景视频，问道："你看到什么？"

生（害羞）：东方明珠，灯光一闪一闪的，很漂亮。

教师表扬他看得真仔细，顺势拉起小北的手，问道："你看到了什么颜色的灯？"

生：有红的、绿的、黄的、蓝的。

师：用一个我们学过的成语形容。

这时，旁边的 A 层学生早已按捺不住，小声地嘟囔着："五……""五……五颜六色，老师。"

小北兴奋地叫起来："对呀，夜幕降临，东方明珠闪耀着五彩的灯光，还有各种花样繁多的光影，这就是五光十色。"

笔者边总结边再次和学生一同欣赏视频。层层地鼓励式追问，让学生理解了一个生涩的词语。

在课堂片段 2 中，笔者通过巧妙设计的引导性问题，促使学生深入思考课文内容，解释生词，形成了启发式评价。这种评价方式不仅能保持学生学习的积极性，还能引导他们更深层次地剖析问题，提高解决问题的能力。

（二）依托任务单的自我评价

1. 闯关式自我评价

学生自我评价是指学生对自己学习情况的评估和反思。闯关式自我评价则是指教师把教学内容和目标与学生实际情况相匹配，设计出易于学生理解和操作的可视化表格，在课堂中让学生根据自己的学习情况进行简单的记录。

课堂片段 3

课堂伊始，教师先跟学生说明了学习要求：老师送给每人一辆"知识列车"，每完成一个任务，就给一节车厢插上旗子（如下图），看谁的火车装得最满当。孩子们一听，一个个都铆足了劲儿。在教师的统一指令下，学生完成第一关生字词复习就插上了一面小旗。随着教学环节的推进，学生你追我赶，注意力被教师牢牢地吸引。偶尔，C 层的小军搞不清状况，坐在一旁的小兴会主动给他加上一面小旗。

在课堂片段 3 中，闯关式评价的设计将当堂的学习任务细分，使学生在无形中更清晰地了解自己学到了什么。例如，《东方明珠》一课被分为 6 个学习任务：① 掌握生字词；② 找出关键词，概括第 1 自然段段意；③ 找出关键词，概括第 2 自然段段意；④ 朗读描写东方明珠高大的语句；⑤ 朗读描写东方明珠夜景的句子；⑥ 理解"东方明珠"的名字。学生通过直观的旗子了解自己的学习情况，增强了学习的自信心和动力，进而促进了课堂参与度的提升。

2. 合作式评价

闯关式评价主要适用于课堂上一些显而易见的学习任务和具有一定自我分析能力的学生。对于 A 层、B 层和 C 层学生的个性化学习内容，需要教师或小伙伴一同进行即时评价，即合作式评价。

课堂片段 4

《培智学校义务教育生活语文课程标准（2016 年版）》中提道："高年级能借助关键词，说出课文主要内容。"B、C 层学生跟着教师，一笔一画地圈画着"巨人"等关键词，并通过小组讨论成功概括出了第二自然段的段意：描写了东方明珠的高大和美丽的夜景。教师一声令下，B、C 层学生喜滋滋地给列车插上一面小旗。这时，小敏也高兴地跟着同学添上一面。

生（小涛一甩手）：不对。你不能插，你还没学会呢。

师（转身）：小敏、小军，请你们来读一读关键词。

这节课两个孩子也分外出息，轻而易举地读出了"巨人""夜晚""亮灯"，在教师的认可下，心满意足地和同伴一起插上了小旗子，分外骄傲。

在课堂片段 4 中，B、C 层学生通过小组讨论成功概括出第二自然段的段意，形成了合作式评价。这种合作式评价不仅有助于提升学生的学业水平，还培养了团队协作能力，为学生的全面发展提供了积极的支持。

四、效果与反思

（一）效果

1.正向评价激发了学生的主动参与

培智学校学生学习的动机严重不足，尤其随着年级增高，生活语文课文难度逐年递增，生字词量增多，内容抽象度加深，情感体验更为深刻，这些因素显著削弱了学生的学习兴趣。教师通过采用赏识式正向评价、启发式正向评价、闯关式正向评价、合作式正向评价等激励性评价手段，构建了宽松、温馨的学习氛围，激发了学生的学习动机。教师的及时肯定使得学生在每个学习阶段的进步都得到了充分的认可，逐渐建立起了稳固的自信心。在教师的引导下，他们学会、理解了各种内容，因此，学生更愿意积极参与课堂学习。

2.正向评价促进教师教学理念的革新

传统的教育观念认为，教育是不断纠错的过程，从而帮助学生建立正确的认知。因此，教师总习惯于将目光聚焦于问题，殊不知，这样的教育模式总在无形中打击学生的自信，让他感受到的是被否定。陶行知老先生曾说："教育是心心相印的活动。"正向评价正是能打动孩子内心深处的方式。教师用丰富的口头语言、善意的体态语言和富有真情的评价，积极创建友好的学习环境。在教学中落实个性化的正向评价，削弱差异和挫折，能帮助每个学生提升"成就感"。

（二）反思

在课堂落实正向评价的过程中，未来也需要注意以下问题：

1.正向评价并非全盘肯定

我们在实施评价的过程中必须明确，正向评价并不意味着完全肯定一切。而是教师通过激励性的语言，简明中肯地指出学生的正向行为与表现，并提示学生可以提高的部分，从而实现知识的逐步积累。

2. 正向评价不是回避问题

正向评价对教师的个人素养提出更高要求，因为教师必须在课堂中仔细聆听学生的回答，观察学生的行为，瞬间捕捉学生的问题，并当场巧妙地提出指导性的意见。

课堂评价是一门多变的艺术，对教师的课堂应变能力提出了挑战。同时，我们也发现正向评价给学生参与课堂带来了满足感、成就感，激励他们以愉悦的心情积极主动地参与学习。

优化课堂评价激发培智学生学习"正能量"

——以唱游与律动《白云》一课的教学为例

一、案例背景

《培智学校义务教育唱游与律动课程标准（2016 年版）》中指出："唱游与律动课程评价的根本目的是促进学生发展，改善教师教学。教师要用发展的眼光看待每一名学生，运用多种形式的评价方式和手段，使评价成为既反映学生学习过程，又促进学生发展的有效手段。"选用正确的教学评价方式，对于培智学校学生在唱游与律动课堂中的发展与进步起着关键作用。

正向评价是指在课堂中以学生的意识感受为主体，通过教师给予肯定和鼓励等评价策略来激发学生积极学习状态的教学策略。这种评价方式被广泛认同为合适的教学评价方式，因为它有助于激发学生的学习兴趣和热情，从而促进他们积极参与学习活动。在学校的唱游课上，正向评价能够有效提升学生的参与度。唱游与律动课通常要求学生通过歌唱和游戏等方式展示自己的才能，而正向评价能够使学生在展示过程中收获成就和满足，从而更加积极地参与课程。然而，尽管正向评价在唱游课上具有积极作用，但教师在实际教学中运用这一评价方法的频率普遍较低。这可能是因为部分教师对正向评价的理解和应用不够全面，或者受传统评价观念的影响，更注重学生的缺点和不足。因此，为了更好地发挥正向评价在唱游课上的作用，教师需要加强对正向评价方法的学习和实践，积极鼓励和肯定学生在课堂上的表现。

笔者所任教的二年级（1）班，学生的特殊需求要求在教学过程中更加注重个体差异，尊重每名学生的独特性。为了更好地实施正向评价，笔者首先对每名学生的兴趣、能力和需求进行了详细的了解和分析。例如，孤独症学生可能对视觉刺激反应更敏感，脑瘫学生可能在动作协调上有困难，而唐氏综合征学生可能在社交互动方面需要更多的鼓励和支持。

通过对唱游与律动课正向教学方法使用少、使用不恰当的这一教学困境的深入分析，笔者结合一学期的教学实践经验，以二年级（1）班唱游与律动课的教学设计为对象，进行了基于正向评价策略提升培智学校学生唱游与律动课堂参与度的实践研究，并对实践成效进行了总结反思。

二、问题分析

在优化唱游与律动课堂评价机制的过程中，笔者面临以下几个关键问题，这些问题对于激发培智学校学生的学习动力和积极性至关重要。

（一）个性化评价机制的适配挑战

面对二年级（1）班学生的多元化需求，评价机制必须具备高度的灵活性和个性化特点，以确保每名学生的特定需求都能得到充分满足。这一挑战与特殊教育中的个体差异原则密切相关。在特殊教育中，教师必须对每名学生的兴趣、能力和进步进行精确评估。这需要教师对学生的差异有一定认识，并对自己的教学方式做出相应调整。多元智能理论为特殊教育中的个体差异提供了充分的依据。该理论认为每个人都拥有独特的智力类型，因此，特殊教育评价应着眼于每名学生在优势智力领域中的表现。

（二）正向评价的即时性与长期性平衡难题

对于学生的进步，既不能"只见树木不见森林"（短期进步），也不能"只见森林不见树木"（长期发展）。这一平衡问题在课堂实践中尤为显著，与行为主义学习理论的强化原则相关。有效的正向评价不仅要及时反馈学生的进步，还要支持他们的长期发展。在此过程中，教师需要具备对学生长期发展的意识，以真正激发学生的内在动机，使其理解"学问的建构"非一蹴而就，须持续地努力与坚持。

（三）正向评价策略的有效实施挑战

奖励板、奖励物和点赞操等正向评价策略的有效性取决于其设计是否巧妙，以真正激发学生的内在动机，而非仅为外在的激励服务。要解决这一挑战，教师须在运用这些策略时进行精心设计，特别是在不同学科和阶段应采用差异化的教学活动。深入了解学生学习动机的阶段性发展变化，使教学活动旨在促进学生从外在激励向内在动机的转变。通过深入分析这些问题，笔者旨在设计出适应培智学校学生特点的唱游与律动课堂评价机制，从而实现对教学过程的优化，并激发学生学习的积极性，提升学生的课堂参与度。

三、案例描述

课堂片段 1 可爱奖励板，激发"正能量"

> 师：同学们都好认真，白云姐姐也要送来她的礼物啦！（展示奖励板，附图）
>
> 生：哇！（惊喜于白云姐姐的礼物）
>
> 师：哇，同学们真是太棒啦！如果想要继续得到白云姐姐的礼物，就要认认真真和老师学习这首歌哦！获得最多礼物的同学还能得到老师的最终大奖！
>
> 生：好！

奖励板利用了棉花的特性，笔者将棉花揉成一个类似小白云的形状，在背面贴上了一层磁条，这样就能很方便地将其贴在黑板上了。接着，笔者将所有学生的照片一一展示在黑板上，并向全班展示。在展示时，为了鼓励表现好的学生，笔者会奖励其小白云。这样的评价方式明显直接，让还没有得到小白云的学生也跃跃欲试。这样的评价方式，大大提高了学生在唱游与律动课堂上的学习积极性。

笔者趁机告诉学生现在就可以对着白云姐姐说"如果认真学习这首歌，就有机会得到白云姐姐的礼物哦！"于是，笔者又在黑板上写下了"白云姐姐最喜欢你们认真学习这首歌了"的字样，并且还故意对着全班大声说："白云姐姐最喜欢认真学习这首歌的孩子了！而且，获得最多礼物的孩子还将有机会获得老师的最终大奖呢！"这样一段激励措施，直接激发起学生的学习热情，他们都纷纷表示要好好学习。

课堂片段 2　活泼点赞操，师生互动场面热

师：哇，这位同学唱得真好听，同学们觉得好听吗？让我们一起为他点赞吧！

生：×××你真棒，我们来点赞！（拍手两下，拍拍自己，双手竖起大拇指给受表扬的同学）

学生都开始鼓掌，有的拍手两下，有的拍拍自己，还有的双手竖起大拇指，表达对同学的认可。这样的互动场面热闹极了，这样的课堂氛围也让人觉得轻松愉悦。

在平时的课堂中，笔者也一直坚持着这种评价方式，让学生在课堂上互相点赞，鼓励彼此。在这种相互点赞的过程中，学生的表现会越来越出色。而且这种互相点赞的方式还能让一些平时表现不太好的学生感受到同学对他们的认可和支持，从而激发他们的自信心；同时，也能让其他学生感受到课堂的活力和乐趣，提高他们的学习积极性。这样，学生就能更好地集中注意力，并能更好地投入课堂中，从而提高他们的学习积极性。

课堂片段 3　甜蜜白云棉花糖，俘获学生心

师：歌曲已经学完了，同学们都唱得非常好，现在让我们来看看奖励板，谁获得了白云姐姐最多的礼物？让我们说出他的名字！

生：×××！

师：哇，×××真棒！（交给学生棉花糖）

生：谢谢老师！

师：课后你可以和同学一起分享这片白云哦！

在课堂的最后，笔者向学生展示了奖励板，并让他们通过自己学习过程中奖励板的使用情况，来对自己在这一天学习的结果进行评价。同时，笔者还给每名学生准备了一颗棉花糖作为奖励物，以此来加强对他们学习过程中优秀表现的反馈。通过这样的奖励方式，学生对唱游与律动课程充满了喜爱之情。他们在学习中，不仅收获了快乐，也获得了成功；不仅收获了友谊，也收获了成长。他们在学习中还培养起团队合作精神和分享的意识，将对未来学习的热爱、对知识的探索与创造都大有裨益。而这种评价与奖励方式，让他们更加珍视学习过程，也让他们对唱游与律动课程更多了一份兴趣和热情。

在这一进程中，奖励板的应用起着十分关键的作用。它不但可以记录学生上课时的精彩表现，同时也是评估他们学习成绩的一种重要手段。通过这种方式，学生能更直接地了解自己的进步，也能体会到自己的付出是被肯定的。而棉花糖作为奖励物，更是加强了评价的效果，让学生在享受甜蜜的同时，更加热爱唱游与律动课程。这样的评价方式，既有趣又富有激励性，让学生在学习中保持着积极的态度，不断追求进步。

四、效果与反思

（一）教学效果

通过优化唱游与律动课堂评价机制，激发培智学校学生学习"正能量"的效果显著。笔者发现，学生在课堂上的学习积极性得到了显著提升，他们更加专注和积极参与，学习动力得到了有效激发。在使用了可爱奖励板、活泼点赞操和甜蜜白云棉花糖等正向评价策略后，学生对唱游与律动课程充满了喜爱之情，不仅在课堂上获得了成功和快乐，还能体会到自己的价值和成就。在唱游与律动课程中，学生不仅学会了运用音乐进行表达的技能，还培养了团队合作的精神和分享的习惯。

在个性化评价机制的实施方面，笔者根据每名学生的兴趣、能力和需求，精心设计了相应的正向评价策略。例如，对于孤独症学生，采用了带有视觉刺激的奖励板，如亮色的星星或笑脸图标，以增强他们的视觉兴趣。对于脑瘫学生，提供了更多关注动作协调和肌力发展的奖励活动，如使用辅助工具完成简单的律动动作。对于唐氏综合征学生，奖励他们与其他同学进行拥抱，从而增强他们的社交性。这些个性化的评价策略使得学生在课堂上表现出更高的学习热情和更多的学习动力。

在平衡即时性与长期性方面，笔者注重及时反馈学生的进步，并注重培养他们的情感管理和自我表达能力。例如，在课堂上，笔者及时给予学生积极的反馈和鼓励，让他们感受到自己的努力得到了认可。同时，笔者还注重培养他们的情感表达能力。

在实施正向评价策略方面，笔者精心设计了奖励板、奖励物和点赞操等正向评价策略，激发学生的内在动机，而不仅是外在激励。例如，笔者使用了可爱奖励板，以激发学生的学习兴趣和动力。此外，笔者还使用了甜蜜白云棉花糖作为奖励物，让学生在享受甜蜜的同时，更加热爱唱游与律动课程。这些正向评价策略使得学生逐渐从外在激励向内在动机转变，培养了自我激励的能力。

综上所述，通过优化唱游与律动课堂评价机制，激发培智学校学生学习"正能量"的效果显著。学生在课堂上的学习积极性得到了显著提升，他们更加专注和积极参与，学习动力得到了有效激发。个性化评价机制的适配挑战得到了有效应对，正向评价的即时性与长期性平衡也得到了较好的处理，正向评价策略的有效实施挑战也得到了积极应对。学生在唱游与律动课程中不仅感受到了快乐和成就，还培养了团队合作和分享的精神。这些效果表明，优化唱游与律动课堂评价机制是激发培智学校学生学习"正能量"的有效途径。

（二）反思与不足

尽管通过优化唱游与律动课堂评价机制，激发培智学校学生学习"正能量"取得了一定的效果，但在实践过程中仍存在一些不足之处，需要进一步反思和改进。

首先，对于个性化评价机制的适配挑战，尽管笔者已经根据每名学生的特点设计了相应的正向评价策略，但在实践中仍发现部分学生对某些视觉刺激反应不够敏感，也有部分学生在完成律动动作时仍存在困难。这提示笔者需要进一步深入了解学生的特点，不断调整和优化评价策略，以确保每名学生的特定需求得到充分满足。同时，笔者也需要加强与学生的沟通，了解他们的兴趣和需求，使他们更加积极地参与到课堂中来。

其次，对于正向评价的即时性与长期性平衡问题，尽管笔者已经注重了即时反馈和长期发展的结合，但在实践中仍发现有些学生在获得即时奖励后，短期内学习积极性高涨，但随着时间的推移，这种积极性可能会逐渐减弱。这提示笔者需要进一步探索和实施能够激发学生内在动机的评价方式，以促进他们长期坚持和成长。

最后，对于正向评价策略的有效实施这一挑战，尽管笔者已经精心设计了奖励板、奖励物和点赞操等正向评价策略，但在实践中仍发现有些学生可能只是追求外在激励，而未能真正激发内在动机。这提示笔者需要进一步探索和实施能够培养学生内在动机的评价方式，以促进他们从外在激励向内在动机的转变。同时，笔者也需要注重培养学生的自我激励能力，使他们能够在没有外部奖励的情况下，依然保持学习的热情和动力，加强对学生的引导和教育，帮助他们树立正确的学习观念，使他们能够真正认识到学习的重要性和价值。

综上所述，尽管通过优化唱游与律动课堂评价机制，激发培智学校学生学习"正能量"取得了一定的效果，但在实践过程中仍存在一些不足之处。笔者将继续努力，不断调整和优化评价策略，以更好地满足培智学校学生的特殊需求，激发他们的学习动力和积极性。同时，笔者也将注重培养学生的自我激励能力，使他们能够在没有外部奖励的情况下，依然保持学习的热情和动力。通过这些努力，笔者相信能够进一步优化唱游与律动课堂评价机制，激发培智学校学生学习"正能量"，并为他们未来的学习和发展打下坚实的基础。

巧用正向评价　提升课堂实效

——以七年级心理辅导课《友情魔方》一课为例

一、案例背景

心理辅导课程作为培智学校教育的重要组成部分，对于促进培智学校学生的心理发展具有不可替代的作用。心理辅导课程从培智学校学生的特点和需求出发，通过丰富的形式，运用不同的策略，注重学生的体验和感悟，依托互助、自助为机制的人机互动，强调学生的自我探索和自助发展，引导学生心理、人格的积极健康发展，最大限度地预防学生发展过程中可能出现的心理行为问题，真正做到在全面提高培智学校学生能力的同时，促进其身心健康发展。

心理辅导课《友情魔方》的设计主要依据上海教育出版社出版的《初中生心理健康自助手册（试验本）》。《友情魔方》属于专题三"沟通你我他"中的四大专题之一，包括《友情魔方》《亲亲一家人》《师生面对面》及《人际财富》。这些专题主要围绕青少年三大社会关系——同伴关系、亲子关系、师生关系展开话题，将人际交往中需要具备的技巧和态度融入其中。《友情魔方》作为第一课内容，主要从同伴交往的角度探讨人际交往中的技巧，引导学生在同伴交往中树立起既尊重他人感受又遵从自我感受的正确态度和积极心理品质。整堂课的主题围绕友好的同伴交往进行，注重于提升学生的活动体验和心理感悟。内容设计上以贴近学生的生活为指导，选择的事例取材于学生的真实校园生活，让学生从身边的故事情景中直观感受积极交友所带来的快乐。通过这样的教学方式，帮助学生通过正确的同伴交往完善和增进自我认识、同伴认识，多方位悦纳自己，培养积极的心理品质。

培智学校学生的自我意识薄弱，很难学会尊重他人感受又遵从自我感受的正确态度从而建立起积极心理品质，以致在心理健康教育课堂中，学生的课堂参与度普遍较低。众所周知，评价是最常见的教学手段和策略，而一个方法得当、恰到好处的评价，可以使学生的参与度更高；相反，一个不合时宜、带有负面色彩的评价往往会给学生带来不可估量的危害。通过一段时间的教学实践，笔者发现在心理辅导课堂中对学生使用及时、准确的正向评价会激发学生的学习兴趣，还能给课堂带来事半功倍的效果。看来，利用正向评价策略可以有效提升培智学校学生的心理课堂参与度，再者，目前的教学实践很少运用这样的正向评价方式来促进学生的课堂学习热情，进而提升他们的课堂参与度。

基于当前教师在心理辅导课堂中较少采用正向评价的问题，本案例中，笔者以七年级《友情魔方》这一堂课为例，深入探讨了心理辅导课堂中正向教学评价的实践研究。在教学设计中，特别关注了提升学生课堂参与度的教学实践成效，通过对实际案例的总结和反思，为心理辅导课堂的正向教学评价提供了有益的经验和见解。

二、问题分析

（一）学生情况

本节课的授课对象为本校七年级学生，该班共有学生 8 名，其中脑瘫学生 5 名，唐氏综合征学生 1 名，智力障碍学生 2 名。学生之间存在较大的能力差异，个别学生还伴有情绪行为问题。通过前期对学生的语言理解能力、语言表达能力、同伴交往能力及学习主动性的评估，笔者将该班学生进行了分层（详见表 1）：

表 1　学生学情分析

	语言理解能力	语言表达能力	同伴交往能力	学习主动性
A 层	能很好地理解和接受所学内容的字面意思并加以运用	能清楚地表达自己的想法和意愿	能主动与兴趣相投的同伴结交，但是维持与人交往的能力还有所欠缺	组织纪律性好，能较积极主动地参与活动，有合作学习意识
B 层	能理解和接受一定的内容，但需要帮助和提示理解后再加以运用	能简单地表达自己的想法和意愿	能主动与同伴交往，但同伴间的相处只维持在"一起玩""一起学习"的阶段	组织纪律性较好，有主动参与活动及合作学习的意识

续　表

	语言理解能力	语言表达能力	同伴交往能力	学习主动性
C层	在提示帮助下能理解和接受一些简单的内容	能在提示帮助下简单地表达自己的想法和意愿	愿意与同伴交往，但没有主动去结交的意识	组织纪律意识薄弱，学习较被动，能在提示帮助下参与活动

（二）问题分析

该班学生在语言理解和表达方面具有一定的水平，同时也表现出一定的同伴交往能力。然而，学生主动的同伴交往能力和学习主动性均较低，这大大减弱了学生与他人交往的持久性。综上所述，该班学生由于存在着不同程度的障碍类型，导致他们在认知、语言、情感等方面存在一定的问题，主要表现在：① 注意力不集中：特别是部分学生难以保持长时间的注意力，导致课堂教学效果不佳；② 缺乏互动性：学生之间、师生之间的互动较少，课堂氛围较为沉闷；③ 参与意愿不强：部分学生对于参与课堂活动缺乏兴趣，不愿意主动参与。

这些因素直接导致了他们在心理辅导课堂上的参与度不高。此外，情绪行为问题的存在可能进一步削弱了学生对课堂的投入和主动参与的意愿。

三、案例描述

整堂课，笔者以提升学生课堂参与度为前提，围绕教学内容，运用了多种正向评价策略和方法，具体实施如下。

（一）正向语言评价

语言评价是课堂教学中，教师对学生在课堂对话中生成的瞬时的、即兴的、即时的、即地的一种语言。教师课堂评价语言往往是对学生课堂学习活动做出的瞬时反应，从而帮助他们调整、控制后继学习行为，它是教师对教学行为所做出的一种情感和行为的反应。

1.口头表扬

口头表扬评价是一种非常重要的教学策略。课堂伊始，笔者考虑到培智学校学生的心理特征，选择了一段学生耳熟能详且与本课主题相关的音乐视频《好朋友》作为课前热身，通过这种方式让学生欣赏歌曲，初步体验朋友的意义。

课堂片段 1

　　师：刚刚，我们通过视频，听了一首非常动听的歌曲，你们从歌曲中听到了哪些内容？

　　生 A："我"划破手的时候，"你"安慰我；"我"伤心的时候，"你"安慰我；"我"的秘密告诉"你"；"你"的秘密也告诉"我"。

　　师：真棒，看来你的耳朵真灵敏！

　　师：还听到了其他的内容吗？

　　生 B："我"喜欢哈利·波特，"你"讨厌伏地魔；"我们"是好朋友。

　　师：哇，你的小耳朵跟孙悟空的顺风耳一样厉害！

　　导入部分的引导对于学生接下去的学习兴趣和课堂参与度是至关重要的，所以，运用充分的口头表扬对表现出色的学生进行夸赞，增强了学生的自信心，使得他们更加积极地参与课堂活动，激发了他们的学习动力。口头表扬成为激励学生的有效手段，通过积极的语言评价营造了积极向上的学习氛围。

2. 正向肢体语言

　　肢体语言是指通过头、眼、颈、手等人体部位的协调活动来传达人物的思想，形象地借以表情达意的一种沟通方式。肢体语言评价是教师利用正确的动作或某个动作的重点部分的示范，如鼓掌、竖大拇指等，在教学中对学生的学习和回答进行充分的肯定评价。如，在学习新知部分的"认识友情"环节，让学生通过观看生动形象的视频故事《一只小鸟和蚯蚓的友情》来直观感受和同伴在一起的快乐。笔者在让学生了解友情时就使用了此评价方法。

课堂片段 2

　　师：这个故事真精彩！孩子们，你们能从故事中知道"什么是友情"吗？

　　生 B：友情是好朋友之间的关系。

> 师：你的回答真的太棒了！（边说边对学生竖大拇指）
>
> 师：那么，好朋友之间是如何相处的？
>
> 生A：好朋友可以一起玩耍、一起学习，有困难的时候互相帮助，吵架了要互相谅解，好吃的东西要一起分享。
>
> 师：对啦！好朋友之间有共同的兴趣爱好，他们可以"一起玩""一起学"，有困难时"相互帮助"，吵架了"相互包容"，当然，有了好东西也会"共同分享"，这就是好朋友之间的友情！说得真全面，我们一起来表扬表扬他！棒棒，你真棒！（边说边带领全班学生一起鼓掌表扬）

经过老师和伙伴们的肢体语言表扬后，在接下去的学习过程中，学生的学习兴趣更高了。这足以证明，在教学过程中，运用适当的肢体语言评价可以鼓励学生更好地参与到课堂中，获得更好的教学效果。

（二）积极表情评价

表情是表现在面部或姿态上的思想感情。无论在什么课堂教学中，它都是最常用、最好用的评价方法。教师一般可以通过丰富的面部表情对一些学习能力差、学习主动性较弱的学生进行正向评价，使他们得到肯定，提高学习兴趣。如，学生在已经了解"什么是友情"后，为了巩固新知，加深对友情的领悟，笔者设计了游戏"坐船逃生"，让每名学生在实践操作中切身体验友情的具体表现和习得保护友情的方法。

课堂片段3

> 师：通过学习，我们了解了"什么是友情"。接下来，我们放松一下！一起来玩一个好玩的游戏。（教师边说边用丰富的表情试图引起学生的兴趣）
>
> 学生听到老师卖的关子之后，分别提起了兴趣。
>
> 师：瞧，这是一张A4纸，我们玩的这个游戏的名字叫"坐船逃生"，而这张A4纸就是我们一起逃生的交通工具。

> 生 A：这么小、这么薄的一张纸怎么可能站上去那么多人呢？（通过观察，学生在听到任务后，都露出了难以置信的表情）
>
> 师：我们大家一起来想想办法，你们那么聪明，肯定能想到好办法的！（师边说边用兴奋、信任的表情予以肯定）

这个游戏共玩了三轮，游戏过程中，每次当有学生想要放弃或没有信心的时候，笔者都会给予鼓励和肯定的眼神，进行安抚的同时，给予他们足够的学习动力，让孩子们知道自己很棒，肯定能完成任务。终于，在他们的不懈努力下，所有的小伙伴都成功逃生了。由此可见，一次游戏成功的体验，可以让学生领悟坚持的意义；一个肯定、激励性的表情评价，更可以让学生体验到被认可的美妙，从而产生源源不断的学习动力，提高课堂参与度。

（三）实物评价

实物评价，作为一种教学策略，通常指教师在课堂中采用小型物品（例如小星星、小贴纸、小玩具）作为奖励物，以表扬和强化学生积极行为的一种评价方式。在整堂课的过程中，教师会运用"微笑贴纸"这一奖励机制，对学生表现出的积极行为进行肯定。这种奖励机制在本班的两名 C 层学生身上表现出显著的成效。C 层学生通常表现出任性和固执的特点，然而，他们对于受到赞扬的渴望使得他们在教学中表现得更加出色。教师通过注意观察他们在课堂上的表现，为他们提供更多展示自己的机会，并及时使用"微笑贴纸"进行鼓励。这种做法使得整堂课中，这两名学生的情绪保持稳定，学习兴趣高涨，课堂表现十分活跃，无论是在哪个环节都表现出积极的发言态度，值得称赞。由此可见，实物评价不仅是一种有效的行为干预方法，更是一种能够激发学生学习兴趣的有效评价方法。

四、效果与反思

（一）效果

在心理课堂中运用正向评价，对学生的回答、体验加以肯定、褒扬和赞赏，可以引导学生自我激励、深入思考、收获乐趣、增强动力和丰盈情感体验等。

1.多效语言评价，促进师生沟通

课堂教学活动作为师生互动的主要平台，语言评价被视为教师在课堂教学中使用的一种行之有效的调控手段，贯穿整个教学互动过程。教师由内而外的赞美和夸赞，如同轻柔的春风拂过孩子的肩膀，或是细雨润泽孩子的内心，瞬间拉近了师生之间的距离，营造了融洽的课堂氛围，增进了师生之间的情感联系。

2.生动表情评价，激发学习兴趣

在教学过程中，教师通过生动的面部表情传达情感和信息，不仅增强了学生的学习体验，还激发了他们的学习兴趣。积极的眼神交流向学生传达了关注和认可，有助于建立积极的师生关系，使学生感到被接纳和尊重，从而更有动力学习。亲切和蔼的表情让学生感到放松和舒适，促使他们更愿意主动参与和分享。而好奇探索的表情则激励学生更积极地思考和探索新知识，进而提高学习兴趣。

3.丰富实物评价，提升课堂参与

丰富多样的实物评价不仅有助于学生对知识的理解，还能提升他们的课堂参与度。实物评价为学生提供了互动的平台，他们在活动环节中获得了交流的机会，提高了沟通和团队合作能力。实物评价也有效激发了学生的学习兴趣，使他们更愿意参与到课堂学习中。此外，实物评价为学生提供了一个多感官发挥的空间，让他们从视觉、触觉等多个感官角度理解知识，增强了互动和创新精神。这也有助于培养学生的观察力、思考力和创造力，进一步促进他们更好地参与到课堂中。

（二）反思

1.正向评价不能以偏概全

在评价过程中，正向评价并非代表全部肯定，而是通过正向语言、激励性动作，简明地指出并帮助学生找出应提高和注意的部分，以促进整堂课的学习。要避免只是批评和指责学生，而缺乏帮助和提醒，以防打击学生的学习主动性。

2.正向评价不能形成误导

在进行正向评价时，教师需要通过认真观察，在学生完成任务的同时，及时接受他们的问题并提供反馈，以帮助和提醒他们改正。不应忽视问题存在，也不应以点代面，防止形成误导。

3. 正向评价也要公平

在评价过程中，必须坚持公平原则，准确的事实应该得到准确的评价，而错误的观点也应该得到正确的指正。应避免评价过程中出现误判或对同一问题评价不一致的情况，这种做法不仅无法实现正向评价的效果，还会让学生对自己的错误产生困惑。

借助教师语言魅力　提升培智学生课堂参与度
——以生活语文《秋天》为例

一、背景介绍

教师是教育活动的主导者，教师的人格特征及在课堂上的表现对学生的课堂参与度具有较大影响。教师的人格特征更多的是通过教师教学过程、师生互动过程体现出来的，教师在课堂教学中的一言一行都包含着潜移默化的作用。可以认为，要提升培智学校学生的课堂参与水平，除了教师丰富的教学经验之外，对语言艺术的把握和运用能力同样起到重要作用。

《培智学校义务教育生活语文课程标准（2016年版）》提出："要关注生活语文课程丰富的人文内涵对学生的影响，重视语文的熏陶、感染作用。"这同样也强调了教师教学语言的"熏陶"和"感染"作用。培智学校学生是一类特殊的群体，他们的理解能力、思维能力、表达能力都比较薄弱，学生的特殊性对教师的教学语言提出了更高的要求。作为一名生活语文教师，更要善于在课堂教学中运用良好的语言艺术开展教学活动。无论是传递知识信息，还是和学生之间的情感互动；无论是对培智学校学生个性的培养，还是对学生理性记忆、思维想象等智力活动的引导，都必须借助教学语言的魅力。

二、问题的提出

工具性、人文性、生活性相统一是生活语文课程的基本特点。在平常的生活语文课堂中，教师往往更加注重语文的工具性和生活性，更侧重于对学生识字、阅读能力的培养，而常常忽视语文"人文性"的特点，很少关注语言表达的艺术。

《秋天》这篇课文是生活语文五年级上册的第一篇课文，课文内容生动，语言优美，不仅可以培养培智学校学生的观察、感受和表达能力，还可以提升他们的审美能力和想象能力，对刚刚升入五年级的学生来说，是一篇很好的阅读材料。因此，如何借助语言表达感染学生、亲近学生、肯定学生，让学生走进秋的画卷，领略秋天的美景，是本案例研究的重点。

下面，笔者以《秋天》一课为例，谈谈教师巧妙挖掘教学语言的魅力是否能激发学生的学习热情，有效改善培智学校学生的课堂参与度。

三、案例描述

（一）千锤万凿，教学语言讲究准确性

教师对学生有示范作用。学生在学习过程中会自觉或不自觉地对教师的语言进行模仿。教师语言不规范、不科学会直接影响学生对知识的掌握和理解。因此，教师应时刻注意自己教学语言的准确性，不仅要对课文都做足充分的准备，还要对学情做分析。

1. 基于文本　奠定符合文本风格的语言基调

不同的文章有不同的味道。《秋天》是一篇优美的写景散文，主要体现在三个方面。一是文章的内容美。课文抓住天气、树叶、天空、大雁等事物的特点，描写了秋高气爽、黄叶飘落、北雁南飞的景象，表达了作者对秋天的喜爱之情。二是文章结构美。全文有三个自然段，每一段观察角度、观察的对象各不相同。先具体再总结，先写观察的景和物，像"天气、树叶、天空、雁群"等，再抒情赞美秋天的到来。三是文章的蕴含美。落叶归根代表着万物循环之美、大雁的集体意识美，这些都是通过持续观察才看到的自然景物的美感，才能产生热爱自然的情感美。

在教学这篇课文时，教师要善于使用优美、简明的语言感染学生，营造诗意的氛围。通过教师精心设计的描述，引领学生步入秋的画卷、感受秋天的意境，让学生与文章内容产生深深的共鸣。

2. 分析学情　设计合乎学生特点的教学语言

培智学校学生障碍类型复杂，障碍程度各不相同，其学习生活语文的特点、需求、起点、方式与能力存在着显著的差异。教学前教师必须对学生的情况有较深入的了解，根据学生特质设计适合班级学生的教学语言，不仅需要满足师生沟

通的需求，还要满足学生教育的需要。

本节课所执教的班级是五年级（1）班，共有6名学生，4名男生及2名女生。其中1名多重障碍学生（脑瘫＋弱视），1名唐氏综合征学生，1名孤独症谱系障碍（以下简称孤独症）学生，3名智力障碍学生。

表1　学生阶段评估部分指标汇总

模块	评估条目	A层			B层		C层
		催××	顾××	李××	闵××	许××	韩××
		轻	中（弱视）	轻	中	中	孤独症
1.识字写字	会认读学过的汉字	4	4	4	3	3	1
	会书写生活中常用的词语	3	3	4	3	2	1
	初步认识常用的偏旁部首	3	3	4	2	1	1
2.阅读	能结合图片理解词和句子的意思	4	4	4	4	3	2
	能阅读图文并茂、内容贴近生活的图画书	4	4	4	4	3	1
	能用普通话正确、连贯地朗读课文词句	3	4	4	3	1	3
3.口语交际	能听懂教师的提问和同学的回答	4	4	4	4	3	2
	具有主动回答问题的习惯	4	3	4	4	2	1
4.非口语交际	能积极参与课堂活动，注意力集中	4	3	4	3	3	1
	结合情景理解他人的表情和动作	4	4	4	4	4	2

"4"表示学生能独立完成

"3"表示学生需要简单的协助或口头提示才能完成

"2"表示学生需要较多协助或身体辅助能完成

"1"表示学生尚未发展该项能力

　　通过上表可以看出，本班的学生的学情差异较大，根据学生现有的语文学习能力将他们划分为 A、B、C 三层。A 层学生具有一定的认知基础和书写能力，自主语言表达能力较好，其中李同学程度最好，听说读写各方面均衡发展能力高于本班其他学生。B 层学生认知水平相对低一些，能在生活场景中理解一些图片或词语。除患有孤独症的韩同学之外，其他学生基本能听懂课堂教学指令。

　　本班学生虽然已经上五年级，但学生积累的词汇量依然非常有限，理解能力也不够强。所以，教师的语言既要简明易懂，又要形象具体，既能带给学生美的享受，也能提高学生对语言的积累和运用的能力。语速也要放慢些，甚至可以配上一些夸张的动作，引发学生的思考，这样才能提高学生的课堂参与度。

（二）妙趣横生　教学语言贵在灵动

　　完整的课堂需要教师的语言推动，需要教师通过富于变化的语言串联起来。灵动、智慧的教学语言对提高学生的课堂注意力有着至关重要的作用。

　　1. 诵读导入，激发学习兴趣

　　在语文教学中，教师语言艺术最直接的应用体现在对课文的朗读上。在《秋天》课堂一开始，笔者便通过朗诵发挥教师语言的魅力，迅速地抓住学生的耳朵。多媒体播放收集到的秋天景色和特征的视频、图片，配合精心挑选的背景音乐，抑扬顿挫地范读课文。在轻盈悠扬的《秋日私语》中，学生遨游在文字的海洋，陶醉在朗读的幸福中。教师和学生一起倾听"秋"的声音，一起感受秋天独特的美丽与宁静。朗读结束，只见一只小手举得高高的，胳膊肘把桌子敲得砰砰响，连身子都快探到笔者面前来了，原来是小崔同学，他小脸涨得通红："老师，您读得有感情！我想再听一遍。"于是，笔者及时调整了教学进度，满足学生的要求临时添加了环节，并且这一遍笔者关掉了音乐，充分调动笔者的全部情绪，让学生更加直观地感受秋天的意境。读罢，学生不由自主地送给了笔者热烈的掌声。诗意的诵读一下子把学生的注意力集中起来，有效激发学生的学习兴趣，学生愿学乐学，课堂气氛轻松活跃。

　　2. 妙语连珠，感知课堂魅力

　　培智学校学生的逻辑思维还未良好发展，因此，教学语言的逻辑性，能给予学生清晰的思路，在设计语言时要做到语言有效，突出课文的重点。教师在课堂上的提问要清晰，引导点拨必须指向明确。为了有的放矢，在让学生学习第一自然段时，笔者给出了有明确指向性的问题。

课堂片段

问题1：天气变凉了，你有什么感觉？

闵：全身发抖。

李：我会高兴，因为冬天也要到了，可以打雪仗。

顾：会害怕冻僵。

崔：我会感觉舒服，凉凉的。

问题2：你更喜欢哪一句？（对比"掉"）

李：我更喜欢落下来，掉就感觉很重的东西掉下来，而落就是轻轻落下来。

崔：我喜欢树叶落下来的声音。

问题3：如果你是这落下的叶子，你会想什么？

闵：我想要树妈妈的怀抱。

崔：我太开心了，可以变成泥土的营养。

李：我会有点高兴，但是也有点那种落叶归根的感觉。（这孩子课外知识充沛，语言理解力很强）

这些回答令人喜出望外，尤其是第三个问题。由于课前给学生看了"树叶为什么会掉落"的科普视频，有了知识铺垫，他们就会有丰富的联想和想象。当然，学生精彩的回答离不开教师启发式的提问，这样的提问用语，能够激发学生的兴趣、思维、情感和创造力，引导学生主动思考，提升学生的课堂参与度，让学生积极参与到课堂中来。

3. 精彩结语，令人回味无穷

课堂结束语既是本节课堂的总结，也是教学的一种延续。在课堂结束时，笔者运用如下结束语："今天我们一起在《秋天》这篇课文中感受到了秋天的魅力。希望同学们在日常生活中也能像作者一样，用心感受身边的美好。"这样的结束语，既总结了本课的学习内容，又鼓励学生在生活中继续探索和学习，为下节课说话练习"你还能从哪些地方知道秋天来了"做铺垫，将学生的思维和兴趣引向更深入、广阔的领域，将课堂教学延伸到课堂外。

（三）润物无声　教学语言传递真情

于漪老师说过："语文是多情的沃土，盛产的宝物，思想的结晶，情感的流溢，文字的精妙，琳琅满目。教师对它要满腔热情满腔爱，以自己的真挚和热情感染学生。"教师在课堂中必须传递真情，才能感染学生。循序渐进，逐步深入，使学生踊跃参与课堂互动。

1. 用深情美好的语言启迪学生

作为语文老师，要抓住文本中的情感资源，运用多种多样的教学方式，让学生在鉴赏、品味中发展美好的情感。在教学《秋天》之前，笔者查阅了大量的关于秋天的文学资料，有感而发创作了一首小诗。

师：秋天真美！老师看你们读得这么陶醉，也想来读一首小诗：（配乐朗诵）

秋风秋雨秋天凉，

秋花秋树秋叶黄，

秋云秋日秋意长，

秋月秋霜添衣裳。

师：小朋友们，听了老师的朗读，你想不想也来读一读？

在教学完本篇课文之后紧紧抓住课文的情感，借朗读诗歌再请学生品味一次秋天。就是在这样自然的情感分享中，他们聆听，感受，把浓浓的情感融进感情充沛的朗读声中，课堂气氛更加融洽、活跃，从而使朗读成为赏心悦目的享受，使课堂成为学生自我表现的舞台。相信本节课之后，学生对"秋"的体验更深刻了，"语文素养"一定能够提高，思想的风帆也一定能够远航。

2. 用重复简明的语言感染学生

丰富的课堂口令是教师教学语言的其中一种，重视习惯的养成能体现教师对课堂的用心和对学生的循循善诱。虽然是五年级的学生，但课堂行为习惯的养成还是要时刻提醒，有时学生注意力不集中，坐姿放松，但笔者不会用批评的语言去教育学生，而是用设计过的语言去引导学生，如"小树小树，向上向上"，学生立刻坐得挺直，课堂十分有序。写字环节关注学生写字习惯的培养，教师要及时利用不同口令调整课堂。学生读书时端书的习惯、书写的姿势，读书时不加字不抢读等都需要教师时刻关注并加以纠正。采用劳逸结合的方法，让学生做写字操，能使课堂充满乐趣，写字的姿势强调也很到位，让学生学习习惯良好，有利于学生学习兴趣的培养。

3. 用积极肯定的语言鼓励学生

尊重、赏识、关爱学生会拉近教师与学生之间的情感距离。没有任何孩子会拒绝赞美与鼓励。学生在获得表扬时，会激发他们热烈、愉快、向上的积极情绪和情感。

师（兴致勃勃地问）：你想读吗？

闵（摇摇头小声说）：我不想读。

师（微微一愣，弯下腰微笑着）：是不想站起来读吗？那你就坐着读吧，老师为你撑腰。同学们，我们掌声鼓励一下小闵同学。

小闵不好意思地抿了抿嘴，小声读了起来。

师：我们小闵同学好厉害！读得非常准确，发音很标准。要是大声一点就更好了。老师相信你可以的！

小闵的声音大了一些，在教师的帮读下，最后一句读出了一点感情。

师：能把书读好就能把事做好。相信你在大家的掌声里胆子会越来越大，书会越读越好。

小闵是个能力强的孩子，就是容易害羞，不敢在老师和同学面前表现自己。教师鼓励的语言、温情的关注是爱的传递和情感的动员，给了这名学生朗读的自信，激起他学习的兴趣和参与的愿望。

四、效果反思

从教师的角度而言，语言的艺术性一方面会提高教师的职业教育能力，让教师在处理与培智学校学生之间的互动问题时更加多元化，更加游刃有余。教师不会压不住自己的脾气，而是可以将自己最美好的一面展现给学生，这是职业素质提升的表现。另外，随着教师对语言艺术的掌握，教师可以构建与学生之间的和谐关系，更多地发现学生的美好、进步与闪光点，增加自己的职业自信与幸福感。

从教学的角度而言，培智学校学生的教育并不适合灌输式教育，关键在于启发和引导，这时，掌握语言艺术的重要性就凸显出来。教师在课堂上应针对培智学校学生的特点及时提出恰当的问题，启迪思索。优美的语言艺术，配合教学形式的不拘一格，能够不断促使学生产生新的兴趣，情绪始终处于乐此不疲的状态，并能积极思考，发现问题。

从学生的角度而言，优美的教学语言，能不时诱导学习的内部动机，唤起注意，启发思路，激发学习兴趣，能使他们在愉悦中接受知识，激起学习这门课程的主观需要。同时，在教学过程中，教师的优美语言在学生头脑中所留下的印迹并不会随着下课的铃声而消失，有些语言随着时光的流逝却毫无冲淡，反而成为学生的永恒记忆。由此可见，教师教学语言的优劣、教师的口头表达能力、教师语言思维的条理性和逻辑性及驾驭语言的技能等，都会直接或间接影响到学生学习的主动性与教学效果。

语言是一门科学，又是一门艺术。正如罗伯特·特拉佛斯所说，课堂教学本身是一种表演艺术，尤其在语言艺术上表现更为突出。如何把握课堂语言，让其成为课堂教学的润滑剂，提高课堂教学效率，并且达到启迪学生的作用，这是值得所有教师琢磨和研究的。

运用教师魅力　促进课堂实效
——以艺术休闲《过中秋》一课为例

一、案例背景

　　根据《培智学校义务教育艺术休闲课程标准（2016 年版）》（以下简称"艺术休闲课标"），艺术休闲课程作为学校义务教育阶段的选修课程，其主要目标在于通过文艺、体育、游戏和旅游等多种休闲方式，系统培养学生的休闲应对能力，培养其生活情操，提升生活品质，进一步优化学生的生活质量。设计艺术休闲课程时，应注重教学的综合性、活动性、选择性和开放性。在培智学校中，学生表现出了对艺术休闲课程浓厚的兴趣，积极参与各类休闲活动，包括社会实践、中国传统节日庆祝和校内外融合活动等。研究显示，培智学校学生更倾向于在参与休闲活动中学习相关的知识和技能。

　　艺术休闲课程注重学生的参与和体验，教师的个人魅力对学生的参与和体验有显著影响。为了更好地激发学生的兴趣，教师应充分发挥其形象魅力、语言魅力、学识魅力和技能魅力，为学生提供更丰富的学习体验。以四年级艺术休闲《过中秋》一课为例，笔者将深入探讨如何运用教师魅力作为教学策略，以增强教育的实际效果。

二、问题分析

（一）教材分析

　　中秋节作为我国的重要传统节日，深得广大学生的喜爱与关注。《过中秋》是本校自编教材四年级上册第一单元第 4 课，根据艺术休闲课标，为了更好地促进培智学校学生身心的全面发展，我校以中国传统节日文化为载体，结合艺术休闲课程，在培养学生的休闲能力的同时，注重引导学生在实践中感悟情感、态度及价值观，使其能够深刻体验到传统节日文化的独特魅力，进一步增强对国家和民族的认同感。

（二）学情分析

四年级的学生，一般对中秋节的风俗，如赏月、吃月饼，都有过生活体验，但都是由成人为其安排的，他们不知道在中秋节可以参与什么样的休闲活动，对中秋节有别于其他传统节日的文化内涵，缺乏更深入的了解。因此，为了让培智学校学生能自己安排节日休闲活动，要通过有效的教学，帮助引导学生感受中秋的团圆内涵，亲身体验中秋节独特的气息。

本文所述学生为四年级（1）班学生，共计8名，其中男生6名，女生2名。学生构成包括3名智力障碍学生，4名患有"孤独症谱系障碍"（以下简称孤独症）的学生，以及1名唐氏综合征学生。全体学生均已体验过一学期以上的休闲活动，对此类活动较为熟悉。其中，有5名学生对休闲活动表现出极大兴趣，能够与同伴良好合作；而另外3名学生的参与动机较低，对活动不甚感兴趣，需要教师在不同程度上提醒和协助。培智学校学生的思维具体而直观，在学校环境中，教师和班级同学是他们最亲近的人。因此，学生自然将他们的爱与依赖转移到教师和同学身上。每当教师投来赞许的目光、信任的点头、爱抚的微笑时，以及每当得到其他同伴的肯定和鼓励时，孩子们都会感到快乐和鼓舞。

（三）目标分析

基于教材、学情的分析，以及对艺术休闲课标的理解，笔者确定了本节课的教学目标。目标如下：

1. 了解中秋节的来历和风俗，加深对中华民族传统文化的认识。

2. 了解中秋节人们的活动，在体验与分享中感受中国人的文化风俗。

3. 和同学、家人一起观察月亮、制作月饼等，体验中秋节美满团圆和喜庆丰收的快乐气氛。

目标定位从认知、表达、情感三个维度设计，学生在丰富的活动中，逐步建立对中秋节的认知，知道节日可以进行什么样的休闲活动，陶冶学生的生活情操，提高他们的生活质量，享受生活之美。

三、案例描述

（一）巧用形象魅力，激发学生学习兴趣

课堂片段 1

师：同学们，看看老师今天有什么不一样？

生1：老师今天好像仙女。

生2：穿了古代的衣服。

当教师走到学生3身边时，她用手反复摩挲了教师的裙摆。

师：老师今天穿的可是嫦娥的衣服，你们知道嫦娥是谁吗？今天是什么日子呢？

学生眼睛注视着教师，听教师说起关于中秋节的故事……

分析：特殊儿童学习兴趣往往较为狭窄，缺乏主动学习的意愿，在过往的教学活动中，笔者注意到，由于对学习内容不感兴趣或者是不理解，特殊儿童容易出现注意力不集中、走神甚至产生偏激情绪的情况。为了有效提升学生的注意力并激发他们的学习兴趣，在组织《过中秋》活动时，笔者特别穿了一套与教学内容紧密相关的嫦娥古风服饰。通过这样的装扮，笔者成功地吸引了学生的目光，并激发了他们对学习内容的兴趣。

进入教室的那一刻，一名患有唐氏综合征的学生兴奋地拍手叫好，其他学生也纷纷投来专注的目光。其中，一名患有多重障碍的学生还主动触摸了笔者的裙摆，表现出浓厚的兴趣和好奇心。笔者通过形象的变化，不仅激发了学生的学习兴趣，还促使他们更积极地参与到课堂互动中，这样的教学方式也潜移默化地加深了学生对学习内容的理解。

课堂片段 2

在制作冰皮月饼的教学过程中，为了增强学生的参与感，笔者让所有学生都换上小厨师的装扮（佩戴厨师帽，系上围裙）。学生有模有样地学着

教师做起了冰皮月饼……

分析：在课堂教学中，教师不再独占舞台，而是通过引导学生扮演与课堂主题相关的形象，让他们以小厨师的身份积极参与其中。这一变革不仅打破了教师传统的教学形象，也重新定义了学生的角色。通过这种与课堂主题相契合的形象改变，学生的学习热情得到有效激发，参与度也得到了显著提高。

（二）发挥教师语言魅力，深化学生情感体验

课堂片段3

师：大家看是谁在月亮上呢？

生1：兔子。

师：你太厉害了，通过影子你就认出了兔子！那么，除了兔子，月亮上还可能有谁呢？

问题一抛出，教室里一下子变得热闹了，学生纷纷开始议论起来。他们第一反应是其他小动物，之后讲到了花花草草，经过教师的引导，学生说出了桂花树、嫦娥……

分析：针对培智学校学生认知能力和想象力弱的情况，教师需要发挥启发和引导的作用。当学生在回答问题遇到困难时，教师应当通过有针对性的提示或启发，帮助学生更好地理解和应答。在上述教学过程中，笔者运用富有启发性的语言，循序渐进地引导学生思考，充分激发学生的想象力。这不仅有助于培养学生的自信心，同时也使教学活动更加丰富多彩。此外，面对学生的各种回答，教师应以智慧和巧妙的回应来肯定和鼓励学生，激发学生的创造性思维。

课堂片段4

师：你知道关于中秋节的传说吗？农历八月十五是我国的传统节日中秋节，各地有不同的风俗。你知道哪些呢？

生1：吃月饼。

生2：吃粽子。

师：吃粽子也是我国一个传统节日的风俗哦，不过不是中秋节，是端午节。

师：想一想，刚才我们在月亮上看到了什么？是不是桂花树？看这是什么？

生3：咪老酒（南汇话）。

师：对了，喝的是桂花酒，看来这位同学家里有个爱喝酒的爸爸，是不是？

生3：我让爸爸喝桂花酒，中秋节喝桂花酒。

分析：由于培智学校学生的理解能力较弱，所以他们在回答问题时可能会出现错误或偏离主题的情况。面对这种情况，教师要充分发挥语言机智的作用，为学生提供有力的支持。我们不能轻易否定他们的回答，而是要用巧妙、机智的语言引导他们发现错误。我们应该以引导为主，让学生在思考、对比中自行纠正之前的回答，从而培养他们的自主思考能力。

在教学过程中，笔者通过适时追问，用机智的语言鼓励学生的积极思维。同时，笔者还使用了情绪导向，加大师生间的双向互动，营造轻松愉快的课堂氛围。这样不仅可以有效提高课堂效果，还能让学生得到全方位的发展。

课堂片段5

师：你做的月饼真好看，老师给你点个赞。（竖起大拇指）

师：老师喜欢你今天的表现，比心哦。（向学生比个爱心）

师：没关系，老师来帮你一起完成。（给学生一个鼓励的拥抱）

> **分析：** 在课堂教学过程中，除了传统的口头语言表达，肢体语言同样扮演着至关重要的角色。肢体语言作为另一种重要的沟通方式，能够有效地补充和强化口头信息的传递。在课堂上，笔者注重结合适当的肢体语言，这不仅有助于拉近师生之间的距离，增强亲和力，更能使学生感受到教师的个人魅力。

著名教育学家夸美纽斯曾说过："教师的嘴，就是一个源泉，从那里可以发出知识的溪流。"这句话体现了教师语言魅力的重要性。教师的语言要有启发性，开启学生的思维；教师的语言要充满情感，给予学生正向的情感体验；教师的语言要机智幽默，激发学生的学习兴趣；教师更要利用好肢体语言的魅力，拉近和学生之间的距离。

（三）塑造教师学识魅力，激发学生创造力

课堂片段6

> **师：** 广东潮汕各地有中秋拜月的风俗，主要是妇女和小孩，有"男不圆月，女不祭灶"的俗谚。小师爷那里也有祭月拜月的风俗呢。
>
> **师：** 古人有"燃灯"助月色之风俗。湖广一带如今仍有"燃灯"的风俗，江南一带则有制作灯船的节俗。
>
> **师：** 中秋观潮风俗由来已久，浙江一带除中秋赏月外，观潮可谓又一中秋盛事。
>
> **师：** 安徽有中秋堆宝塔的风俗；香港有大坑舞火龙、香火庆中秋的风俗；在中国很多地方都有吃芋头和田螺的风俗。
>
> **分析：** 人们常说："给学生一瓢水，教师应具有一桶水。"博学多才、思维敏捷，具有学识魅力的教师，更能启发学生，让学生在学习中感受到无比的快乐和充实。有学识魅力的教师不仅能教给学生知识，更能引导学生探索未知的世界，培养他们的创新思维和解决问题的能力。

艺术休闲课程是一门综合性课程，它涉及多个领域，因此，活动设计需要有跨学科思维。为了更好地设计活动，笔者会先充实自己的知识储备，了解不同学科的基本概念和原理。例如，在活动中将课程内容与实际生活结合起来，让学生了解更多地区的中秋风俗，更好地理解所涉及的知识，通过多种形式引导学生发挥自己的想象力和创造力，让他们在轻松愉快的氛围中学习知识、发展能力。

（四）展现教师技能魅力，提高学生实践能力

课堂片段7

师：我们一起制作冰皮月饼，可以做成兔子形状的、花朵形状的、叶子形状的……看一看，老师是怎么做出月饼的，你们来试一试吧！

分析："空谈误国，实干兴邦"，对教育而言，亦是如此。纸上谈兵的教师，无法将技能真正传授给学生。因此，笔者在教授知识时，十分注重实践与理论的结合，以实际行动引导学生掌握技能。笔者通过调查，选择让学生制作方便的冰皮月饼。从制作月饼的材料、制作方法、可以制作的样式，教师都一一说明、演示，学生对制作月饼的兴趣越来越浓厚，通过体验制作月饼感受了操作的乐趣，提高了自己的实践能力。

教师的技能魅力，源于其扎实的专业知识和不懈的钻研精神，这种魅力体现在教师能够灵活运用知识解决实际问题。通过展现自己的技能魅力，教师不仅能帮助学生更好地理解和掌握知识，更能激发他们的学习热情和实践兴趣。以这种方式鼓励学生多动手、多实践，从而在实践中锻炼自己的能力和技能。这为学生未来更好地适应社会和工作打下了坚实的基础。

四、效果与反思

（一）实施效果

在本次课程中，笔者运用个人魅力作为教学策略，通过形象魅力展示中秋节的传统文化内涵，用语言魅力引导学生深入感受中秋节的意义，以学识魅力激发学生的创造力，同时运用技能魅力指导学生掌握制作月饼的技巧。本课程设计为

活动型，教学内容的选择较好地体现了艺术休闲课标中"综合性、活动性、开放性"的要求，学生的参与度、体验性和感受性都在活动中得到了较好的体现。通过这些措施，笔者始终贯穿"自发、灵活、探索"的特征，符合艺术休闲课标中"尊重学生个体差异"和"重视学生参与体验"的基本理念，教学活动设计也符合尊重学生、发展学生兴趣爱好、提升学生生活品质的价值导向。

（二）实施反思

在学生成长过程中，教师的影响力不可小觑，其影响可能贯穿学生的一生。因此，在教学过程中，教师首先要树立良好的教师形象，充分发挥教师的魅力。

1. 提高专业素养以提升个人魅力

为更好地发挥个人魅力，教师需要不断提高自己的专业素养。通过不断学习新的教育理念和方法，更新知识结构，以更好地适应教育发展的需要。同时，要注重教育实践，通过反思和改进教学方法，提高教学效果。教育是一个不断发展的领域，教师需要时刻保持敏锐的洞察力和学习能力。教师还应该关注社会的发展和变化，了解社会需求和趋势，以更好地指导学生。

同时，教师在教学中要亲近学生，了解他们的需求，耐心倾听他们的看法，定期汇总学生对教学活动的反馈，以学生的视角审视自己的教学工作，找出优势和存在的问题，并有针对性地进行改进。

2. 培养高尚师德以提高个人魅力

教师被誉为人类灵魂的工程师，因为他们承担着塑造下一代的重任。除了传授知识，他们还在学生的品格、价值观、人生观等方面产生深远影响。这需要教师具备高尚的师德，能以身作则，成为学生的楷模。

教师要具备高度的责任心和使命感。他们应深刻理解自己的职责，不仅为了传授知识，更是为了培养学生的品格和道德观念。他们应该时刻关注学生的成长，关心他们的需求，尽力帮助他们解决问题。教师要诚实守信、言行一致，以身作则，用自己的行为影响学生。在教育过程中，教师应注重言辞和态度，避免给学生带来负面影响。教师还应该具备谦虚、宽容、公正等品质，这些是塑造学生良好品格和积极生活态度的重要因素。教师优秀的品德、积极的态度、丰富的情感和健康的生活方式会对学生产生潜移默化的影响，有助于培养学生的良好品格和积极的生活态度。

第五章

提升培智学校学生课堂参与度的学生个案

运用知识物化策略提升自闭症学生
生活数学课堂参与度的个案研究

　　生活数学作为培智学校义务教育阶段的一般性课程，旨在帮助学生掌握必备的数学基础知识和基本技能，培养初步的思维能力，促进学生在情感、态度与价值观等方面的发展，为学生适应生活、适应社会奠定重要的基础。自闭症学生是当前培智学校中较为常见的一类神经发育性障碍学生，因其存在社交沟通障碍、重复刻板行为及兴趣狭隘等核心特征，导致自闭症学生参与生活数学课堂时存在难以融入课堂教学、知识和技能习得缓慢、课堂问题行为较多等问题。为改善自闭症学生的课堂参与情况，笔者运用知识物化策略调整课堂教学的形式和内容。"知识物化"是指通过将抽象的学科知识与具体的实物结合起来，利用学生的直观感受来促进学习的具体策略。这种教学策略可以有效调动学生的视觉、听觉、味觉和触觉等感官，生动有趣地呈现学习内容，从而提高学生在课堂上的学习兴趣。知识物化强调知识与日常生活的紧密联系，以生活实物（或实物模型）为媒介，以学科知识为核心，以知识掌握为主线，帮助学生由具体到抽象地学习课程内容。知识物化策略在改善自闭症学生课堂参与方面具有积极的作用。首先，直观化、形象化的知识呈现方式契合自闭症学生的学习特点；其次，趣味化、针对性的教学具能够激发自闭症学生的学习动机，提高自闭症学生课堂参与的积极性。因此，笔者通过运用知识物化策略对自闭症学生进行教学干预，以提升其生活数学课堂参与水平。

一、个案基本情况

　　涵涵（化名），男，8岁，3岁时经医院诊断为孤独症谱系障碍儿童。涵涵平时喜欢画画、堆积木、逛超市等。由于患有自闭症，在沟通交流能力方面，涵涵通常难以组织语言和表达想法，难以进行有效的沟通，有时会出现口齿不清、发音不准确的情况；在认知能力方面，涵涵难以理解抽象概念，如时间、顺序和因果关系等；在运动能力方面，涵涵的平衡感、协调性、灵活性等方面有缺陷。因此，涵涵的形象思维相对占有优势，有较强的形象感受能力，但其形象思维所依赖的表象比较贫乏、零碎、内容单调、刻板，再加上语言表达缺陷，所表现出来的判断推理、问题解决能力极其低下。

二、问题分析

笔者采用《特殊儿童认知能力评估表》对涵涵进行评估，发现他在恒常性、推理和解决问题等方面的发展存在不足，注意和概念方面的发展仍有较大提升空间，相较而言，涵涵的模仿、记忆学习能力发展较好，属于认知发展的优势领域。除此之外，通过教师课堂的自然观察，发现涵涵在生活数学课堂中存在以下问题：

（一）注意力难以集中，易受外部无关刺激的干扰。涵涵常常自顾自地在教室走动、跳跃等，较少参与集体教学活动，同时，由于涵涵固有的身心发展障碍，也会对注意力产生影响。

（二）认知能力发展不足，缺乏有效的观察策略，缺乏记忆目的，识记速度缓慢，记忆不牢固，推理能力较差，大部分自闭症学生存在智力问题，导致其认知发展水平较低且发展缓慢。

（三）课堂参与度低，自闭症学生在课堂上表现出消极被动的态度，不愿意主动参与课堂活动，存在语言或沟通障碍，无法理解教师的指令或表达自己的想法。可能由于涵涵对所学内容缺乏兴趣，学习动机较低，因而不愿意参与课堂学习。

三、干预过程及方法

（一）设计趣味化教具，吸引涵涵注意力

自闭症儿童普遍共同注意存在缺陷，与他们的语言、学业等能力密切相关，众多研究表明，自闭症学生具有一定的视觉优势，但他们往往更关注事物的局部

而非整体，导致其在参与课堂教学时易受外界无关刺激的干扰。因此，在运用知识物化策略时，应为自闭症学生提供趣味化的教学具，在契合其视觉优势的同时，吸引学生的注意力。例如，设计与课堂知识相关的图卡，尽可能利用自闭症学生感兴趣的色彩或者图形来表达课堂知识内容，画面线条应简单，图案所要体现的主题也不宜复杂或抽象，从而使自闭症学生能根据图卡所提供的关键信息，发挥其视觉观察的优势，对课堂知识内容进行一定量的信息接收与处理。

对涵涵而言，我们需要抓住涵涵热爱绘画与写字的特点，将上课讲授的内容与相关图片整理成一个"学习包"，将课程内容形象化地体现在图卡上。例如，教师在"1"的图卡上设计1支铅笔，并配上口诀"1什么1，铅笔1"。教师要求涵涵对图卡上涵盖相关知识的填色图（铅笔）进行涂色，并且描红数字1。涵涵与图卡短距离接触能较好地排除外界干扰，使涵涵的注意力最大限度分配在有效的教学信息上，避免课堂上频繁出现注意力分散的问题。由于涵涵本就爱好绘画与写字，他自然愿意长时间"留恋"在图卡上。由此，涵涵在教学过程中的注意稳定性较好。涂色及描红后，教师针对课堂知识内容请涵涵尝试利用图片信息或口诀描述1像什么，并引导他根据不同的图卡说出不同的口诀，手口一致地点数，并按数取物，以此提高他对数字的认知能力。一学期结束，根据生活数学学期目标前测与后测评估观察，涵涵在数字"认""读""写"三个维度的能力均有提高。

（二）模拟游戏教学，提高涵涵认知能力

通过运用知识物化策略激发涵涵的教学注意力之后，需要进一步深化策略的运用，将教学重心转移到提高涵涵的认知能力。游戏教学是自闭症教学干预中常用的教学方法，根据涵涵爱逛超市的特点，教师运用知识物化策略针对性地设计了"逛超市"的模拟游戏，将课堂知识内容与游戏教学紧密结合起来，在改善涵涵生活适应能力的同时，提高其认知能力的发展。教师在班级内设置超市购物站供涵涵挑选商品，并提前和涵涵沟通交流，分发购物清单，明确需要购买的物品。购物清单上附有不同物品的图片、名称及数量，涵涵需要依据购物清单上的详细信息进行购物，购物成功后在完成情况处打"√"，使涵涵切实体验到购物成功的快乐。通过模拟游戏教学，教师针对性地设计了模拟超市购物的教学具，不仅锻炼了涵涵的动手操作能力，而且能够趁热打铁地温习数字"认""读""写"三个维度的知识。

（三）创设知识物化情境，提高涵涵课堂参与积极性

创设知识物化的情境，即在生活数学课堂教学过程中，运用涵涵感兴趣的实际物品或与涵涵兴趣相关的教学具进行知识的讲授，营造展示实物讲授知识的课堂氛围。

一方面，教师可以通过设计情景模拟活动，让学生在模拟实践中学习和运用知识。这种方法可以提升涵涵的课堂体验，提高他的学习积极性和主动性。例如，抓住涵涵喜欢喂小动物的特点，教师针对性地设计了模拟喂小动物吃东西的教学具，根据教师的指令或图卡的提示，喂不同的小动物吃不同数量、不同种类的食物。在学习《比大小（2）》时，涵涵被要求将大的胡萝卜喂给大的白兔（大兔子的嘴巴大），小的胡萝卜喂给小的白兔（小兔子的嘴巴小），他每次投喂成功后，都会露出欣喜的表情，并会模仿教师说大胡萝卜给大的白兔吃，小的胡萝卜给小的白兔吃。

另一方面，教师通过设计动手操作的活动，让学生在实践中探究和理解知识。这种方法可以激发涵涵的探索精神和创造力，促进他主动学习和思考，从而提高他的课堂参与度。例如，在学习《认识球》一课时，教师会让涵涵去采购1个乒乓球、1个篮球，使他通过实践动手操作与触摸，更为形象直观地认识球。在课堂教学中创设知识物化的情景，激发了涵涵的学习动机，充分调动了他的课堂参与积极性。

四、效果与反思

经过为期两个月的教学实践干预，涵涵参与生活数学课堂的注意力分散问题得到了改善、认知能力得到了提升、课堂参与程度得到了显著提升，具体表现在涵涵主动参与课堂教学的意愿增强，能够更加积极地参与课堂教学活动。在课堂学习方面，涵涵对学习内容的关注度增强，注意稳定性和记忆能力有所提高。同时，涵涵对所学内容逐渐产生兴趣，并开始主动提出问题，愿意参与课堂讨论，发表自己的观点和看法。综上而言，知识物化策略有效提高了涵涵的课堂参与水平。除此之外，在运用知识物化策略对自闭症学生进行干预时，应注意以下几方面的问题：

首先，知识物化策略可能会增加教学成本。落实知识物化策略常常需要教

师购买大量的实物或道具。因此，在应用知识物化策略时，需要充分考虑现有教学资源的支持程度，在避免浪费的前提下，最大限度备齐、备好知识物化策略的教学具。同时，教学具的选择应围绕特殊儿童的发展充分考量。教学具不仅要契合自闭症学生的学习兴趣，更重要的是达成课程的教学目标、促进学生能力的提升。除此之外，教学具最好能引导自闭症学生主动探索周围环境，充分利用现有环境实施课堂教学，在玩耍中促进自闭症学生的学业发展。当自闭症学生的兴趣停留在敲打和旋转教学具时，应选择具有趣味性、新奇性的教学具，以激发学生的学习动机。此外，实施知识物化策略时，应广泛选择具有多种用途和功能的教具，如积木、沙球、多用活动板、拼板、套杯或各类拆装玩具等，这些玩具不仅能够随儿童的操作而移动、改变，还能够达成训练数学运算能力的目标。单一功能、玩法较少的教学具，会使自闭症学生短时间内就失去兴趣，因此，在实施知识物化教学时应选择具有多种用途的教学具。知识物化教学需要使用较多的教学具，因此，要确保教学具的卫生，使用无毒、安全、没有安全隐患的教学具。

其次，知识物化策略可能会影响教学进度。由于这种策略需要教师花费更多的时间和精力进行准备和实施，如果不能合理安排时间，可能会影响教学进度。因此，教师需要合理规划教学进度和时间安排，确保知识物化策略的有效实施。值得指出的是，知识物化策略可能不适用于所有学生。因此，教师在实施这种策略时，需要充分考虑自闭症学生的高度异质性，合理选择教学具，例如，对于喜欢咬东西的自闭症学生，不宜选择较小或有细小附件的教学具，防止其吞食；对于喜欢敲打物品的自闭症学生，不宜选择敲击后声音很响的教学具，以免影响班级中的其他同学。

最后，知识物化策略需要教师具备一定的创新能力、组织能力和反思能力。如果教师缺乏这些能力，可能会导致策略的运用仅停留在表面，难以灵活运用知识物化策略，进而影响策略的实施效果。因此，教师需要不断反思教学实践，及时收集学生和同事的意见反馈，不断调整和改进策略的使用，以达到提高学生课堂参与水平的目标。

知识物化是一种有效的教学策略，但在应用中需要结合实际情况，灵活地使用，并在实践过程中不断反思和总结实施经验。只有这样，才能够逐渐提升教学质量，提高学生的课堂参与水平。

运用知识物化策略提升自闭症学生
唱游与律动课堂参与度的个案研究

唱游与律动课程作为培智学校义务教育阶段的一般性课程，旨在调动学生的多感官，激发学生的学习兴趣，让学生获得基本的音乐知识与技能，提高学生动作的灵活性、协调性。自闭症学生作为培智学校重要的教育对象，在唱游与律动课堂中常常表现出一定的问题行为，影响其参与课堂教学，例如，他们难以与同学和教师建立沟通联系、难以理解和遵循指令、对某种声音或动作过度敏感等。因此，如何确保他们能够顺利参与唱游与律动课堂是教师亟须解决的重要问题。

知识物化策略是指通过将抽象的学科知识与具体的实物结合起来，利用学生的直观感受来促进学习的具体策略。这种教学策略可以有效调动学生的视觉、听觉、味觉和触觉等感官，生动有趣地呈现学习内容，从而提高学生在课堂上的学习兴趣。知识物化策略在改善自闭症学生课堂参与方面具有积极作用，它通过将抽象的知识或概念具象化、直观化，降低了自闭症学生习得知识的难度，提供了趣味性的学习机会和环境。因此，笔者通过运用知识物化策略对自闭症学生进行了教学干预，以提升其唱游与律动课堂的参与水平。

一、基本情况

珂珂（化名），女，8岁，是一名中重度自闭症学生。珂珂在唱游与律动课堂上经常哭闹不止，对陌生的教室环境较为敏感，与教师和同学基本没有互动，目光交流较少，面部表情和肢体语言较为生硬，同时，珂珂对音乐课上的某些声音较为敏感，在听觉处理、语言理解、动作协调等方面存在困难。从4岁起，珂珂一直在康复机构接受训练。

二、问题分析

通过课堂的自然观察，我们发现珂珂在课堂参与方面存在以下问题：① 环境适应能力较差。珂珂在课堂环境中表现出明显的焦虑和不适，对新环境和变化反应敏感。这可能是因为珂珂对环境变化的适应性较差，导致她在陌生或变化的环境中感到紧张和不安；② 社会交往和沟通较少。珂珂与教师、同学的交流互动较少，且交往中缺乏眼神、面部表情等非言语沟通交流形式。这可能是因为珂珂的社会沟通和交往障碍，导致其难以理解他人的情感和意图，缺乏表达自己的感受和需求的方式；③ 注意稳定性较差。珂珂在课堂上容易分心，对教学内容兴趣不大，常常沉浸在自己的世界中。这可能是因为珂珂对周围环境的关注度较低，导致她难以集中注意力参与课堂活动。

三、干预过程及方法

（一）提供趣味化教具，吸引珂珂的注意力

在唱游与律动教学过程中，教师发现趣味化的教学具能够吸引珂珂的注意力，进而提高其课堂参与水平。自闭症学生往往对感官刺激较为敏感，因此，教师尝试使用各种色彩丰富、形状独特的教学具。这些教具不仅吸引了珂珂的注意力，还帮助她通过感官体验来理解和学习音乐和律动的元素。例如，笔者使用了彩色的琴键，这些琴键以鲜艳的色彩和不同的质地组成，使得珂珂能够通过触摸和观察来辨别和区分不同的琴键。这种直观的教学方式让珂珂能够更为清晰地理解音乐的元素，并能够通过彩色琴键将视觉和触觉刺激与音乐知识紧密联系起来。此外，笔者还使用了动物形状的节奏拍手器。这些拍手器以各种可爱的动物形象呈现，使得珂珂能够通过触摸和观察来认识和记忆专属于不同动物的拍手节奏。通过拍打这些动物拍手器，珂珂能够感受到不同的节奏和音量，从而更好地理解和掌握节奏的概念。除了传统的教具，笔者还利用多媒体技术，如动画和音乐游戏，将抽象的音乐知识以生动有趣的方式呈现给珂珂。这种互动式的教学方法不仅增加了课堂的趣味性，吸引了珂珂的注意力，而且使珂珂更加主动地参与到唱游与律动课堂教学中。

（二）提供多感官刺激，激发珂珂的学习兴趣

教师在日常课堂观察中发现珂珂缺乏一定的学习兴趣，对学业内容常常表现出漠不关心的态度。为了唤起珂珂的学习兴趣，教师运用知识物化策略，将多感官刺激贯彻到唱游与律动的课堂教学之中。教师依据课程目标选择了一些有趣的主题，如动物、太空等，来吸引珂珂的学习兴趣。然后，教师根据不同的主题内容制作了各式各样的卡片，并加入颜色、图案、动作演示等多感官刺激元素。例如，当珂珂选择动物主题的卡组时，教师会依据珂珂抽取的动物卡片，为她展示该动物的图片及相应的动作。例如，当珂珂抽到一张鸟的卡片时，教师会模仿鸟儿做出飞翔的动作，并让珂珂跟着模仿。除此之外，教师还利用音乐与律动来增加学习的趣味性。笔者会播放一些欢快的音乐，并与珂珂一起跳舞或做简单的舞蹈动作。同时，笔者会利用节奏工具，如小鼓、铃铛等，来教授珂珂简单的节奏感知和演奏打击乐器的技巧。通过视觉、听觉、触觉等多感官刺激间的联动，充分唤起珂珂参与唱游与律动课堂的学习兴趣，为提高其课堂参与水平创造条件。

（三）模拟生活情景，提高珂珂的课堂参与度

教师在日常的教学实践中总结出，通过课堂上的生活情境模拟，能够有效提高珂珂的课堂参与度。为了模拟真实的生活情景，教师充分利用各种教具和道具，创造了各种日常生活中的场景。比如，在教授珂珂关于超市购物的知识时，教师会在课堂上搭建一个小小的"超市"，将各种食物、饮料、日用品等放置其中。然后，教师让珂珂扮演顾客的角色，引导其通过唱游和律动的方式，在"超市"中进行购物，并学习与各种商品相关的名称和动作。在模拟生活情景教学中，教师十分注重多感官刺激的运用，以增强珂珂的学习体验。例如，笔者会以售货员的身份，用一些简单的句子与珂珂进行对话，以提高她的听觉注意力。通过这种模拟，珂珂能够更好地理解语言的应用场景，并在实际对话中练习和提高她的沟通能力。同时，笔者也积极利用不同颜色、形状、质地的教学具来提高珂珂依靠感官刺激区辨不同商品的能力。通过生活场景模拟，珂珂的学习动机得到提高，能够更加主动地参与到唱游与律动课堂中。这种生活情境与音乐知识的结合，为珂珂提供了通过触摸和观察来感知和理解音乐元素的机会，不仅能够通过听觉和语言的互动来锻炼她的沟通能力，还能够以她更容易接受的方式学习音乐知识，使整个学习过程变得生动有趣。

四、效果与反思

（一）教学效果

经过一段时间的干预和教学实践，笔者观察到珂珂在课堂上的参与度有了显著提高。她开始对音乐产生了更多的兴趣，并能更加专注地投入学习和实践中。趣味化教学具的引入，不仅帮助珂珂在感官上更容易接受和理解音乐知识，还为她提供了一个更加积极和愉快的学习环境。这让笔者深感欣慰，也让笔者充分认识到知识物化策略在特殊教育教学中的重要价值。

多感官刺激的教学方法对珂珂的学习兴趣产生了积极影响。她开始对学习展现出更多的积极性，表现出更强的参与度和专注力。同时，她也逐渐培养起了学习的习惯和兴趣，对于新的知识和技能能够更加主动地学习和探索。

通过模拟生活情景的教学方法，笔者发现珂珂的课堂参与度明显提高。她在"超市"中购物时，会积极地选择商品、询问价格、支付货款等。她喜欢和笔者进行对话，表达自己的意愿和需求。而且，在模拟情景中习得的知识和技能，也能够较好地泛化到日常生活当中，充分提高她的自理能力和社交技巧。

（二）教学反思

在教学实践中，笔者也遇到了一些挑战和问题。首先，笔者需要进一步研究和探索如何更好地利用知识物化策略，将其与自闭症学生的障碍特征结合起来，以提高他们的学习效果和课堂参与水平。其次，笔者需要灵活运用知识物化策略，持续评估和监测珂珂的进步，并根据她的实际情况调整教学策略，确保教学内容和方法能够及时满足她的个性化需求。切勿忽视学生的需求而盲目使用知识物化策略，只有灵活使用策略才能够助力学生发展，提高其课堂参与度。此外，笔者还需要加强与其他学科教师的合作，以便在唱游与律动课堂以外的其他学科中也能够运用知识物化策略，一方面是将知识物化策略应用于唱游与律动课堂的经验与其他学科教师进行分享交流，另一方面是虚心请教其他学科教师在该策略实施中是否存在需要改进的地方，通过同事间的互帮互助，不断拓展知识物化策略的使用深度，最大限度地提高自闭症学生的学习效果和课堂参与水平。

知识趣化策略提升多重障碍学生
生活语文课堂参与度的个案研究

多重障碍，又称为多重残疾或综合残疾，是指个体同时患有两种或以上的残疾，通常表现为严重的功能障碍。随着培智学校多重障碍学生数量的增加，这些学生的教育问题已成为特殊教育的关注焦点和挑战，直接影响着特殊教育整体质量的提升。由于多重障碍学生智力功能严重受损，他们在学习能力方面面临更多的困难，包括知识的习得、应用和迁移，因此，需要更多的练习和强化来提高学习效果。感官技能的贫乏是多重障碍学生普遍存在的现象。面对大量的感官信息，一些学生的大脑可能会因刺激不足而无法正确感知，另一些学生则可能因刺激过度而出现"停机"现象。此外，多重障碍学生在语言或非语言的理解和表达方面也存在困难，包括言语不清、语言不连贯、只能表达基本需求或缺乏与他人进行恰当交流的能力等。上述问题都成了阻碍多重障碍学生参与课堂学习的重要因素。

知识趣化，即以有趣的方式呈现学习内容。趣味化的学习方式具有多重益处，包括降低学习难度，将抽象的知识具体化，有助于学生更好地理解；将多重障碍学生的注意力聚焦于学习主题，减少了分散注意力的时间；使学习过程更为轻松愉悦，激发学生学习的主动性，提高学习效率；增强学生探索的欲望，鼓励他们积极主动地探索新知，并且促进学习速度的提升。因此，知识趣化策略可能成为培智学校教师提升多重障碍学生课堂参与度的重要突破口。本研究以一名12岁多重障碍学生为研究对象，在生活语文教学中采用知识趣化的策略，旨在培养学生的学习兴趣，提高其在课堂活动中的参与度，取得了令人欣喜的效果。

一、个案基本情况

小哲（化名），男，2012年3月出生，龙凤胎中的哥哥，五官端正，长相秀气。家长发现他2岁时异常活泼好动，且智商、语言发育等方面发展明显落后于妹妹，于是带至儿童医院进行诊断。经诊断后发现，该生为小脑发育迟缓且伴有多动症，属于多重障碍。该生对工具性学科的学习兴趣不高，注意力极易分散，约束性、持续性、稳定性都很差，外界有人或声音时会反复东张西望；发音清晰，可以表达自身的基本需求，但重复性语言偏多，且说完几个字节之后，就会伴有嘟嘴、发出"喊喊喊"的声音、左右手规律性地摇摆等动作；能识字，但以短时记忆为主，尤其是比较复杂的字词很快就会遗忘；可以比较完整地阅读课文，能基本理解句意，但会出现漏字或跳跃的现象；会书写简单的生字，手部肌肉力量比较弱，写字用力比较大的时候手会抖动，且难以长时间集中，写完一个字就会停下，不自觉地做出无意义的重复动作（诸如上述嘟嘴、摇手等）；喜欢晃动身子；有一定的思维能力，被提问时如果注意力集中能有正确的反馈，反之则会胡言乱语，随后会习惯性地说"×××，帮帮我"。经过与家长的深入联系后得知，该生没有接受过专业机构的康复训练，也从未通过服药等手段对多动症进行干预或治疗。

二、问题分析

课堂是学习的核心场所，学生积极参与对于学习效果有着至关重要的影响。学生的积极参与有助于提高学习动力，加深对知识的理解和应用，提升对学科的学习兴趣，同时也可以促进良好的教学氛围和师生互动。为了更科学地评估学生的课堂参与情况，本研究基于科学性原则设计了《课堂观察量表》（详见表1），细化了观察项目，从8个方面对学生的课堂表现进行了量化评估。在实施研究前，笔者有意地在语文课堂中采取单一枯燥的教学方式，通过该量表初步评估了该生的课堂参与度，收集了原始的数据作为参照。

尽管该生生理年龄为12岁，但他的心智年龄与正常儿童3～5岁的水平相近，甚至更低。在生活语文课堂的教学活动中，有趣的教学活动可以极大地调动多重障碍学生参与课堂学习的主动性和积极性。为此，笔者通过引入一些趣味性的教学策略作为该生的学习支持手段，并利用此表作为整个研究过程的记录和最

表 1　课堂观察量表

观察时间		教学课题		
观察者姓名		相关提示		
学生表现				评　分
观察记录	学习兴趣是否浓厚			
	注意力是否较长时间的集中			
	能否主动、积极参与教学活动			
	对教师的态度是否热情			
	是否积极思考，主动回答问题			
	书写时，是否持续性有所提升			
	对自我的约束力是否有所加强			
	合作学习中，能否与同学有效合作			
	学习中，能否应用已经掌握的知识与技能，解决新问题			
评分规则	采用 3 分制，优：3 分；良：2 分；合格：1 分，须努力：0 分			
简要描述				
1. 2. 3. …… （此栏可简述学生在哪个教学环节中有突出的表现或变化。）				

终整合分析的主要参考依据，最终从数据中分析知识趣化教学策略是否提升了该生参与课堂的积极性，以及哪些知识趣化的方式实现了这一目标。整个研究过程为期一个学期，每周使用该量表记录一次。

三、干预过程与方法

对多重障碍学生而言，趣味化的教学方式尤为重要。为使学生更为专注和投入学习，提高其兴趣和参与度，本研究充分考虑到研究对象的实际情况，通过充实教学内容、创设情境与互动、注入多媒体与技术应用、采用游戏化教学等多方面策略，为学生提供了更富趣味性和参与性的学习体验，以期激发他对语文学习的浓厚兴趣，并更加积极主动地融入学习活动。

（一）创设生活化情境，以境促趣，以趣引知

生活是语文教学的源头活水。学生对自己熟悉的生活内容和情景会特别感兴趣，并有很强的参与探究的欲望。因此，在设计教案时，研磨教材，分清文本可学可练的内容是第一步，根据学生已有的知识基础和生活基础，精选其中有价值的内容，然后在两者之间找到激活学生参与的结合点。《培智学校义务教育生活语文课程标准（2016 年版）》明确指出："生活语文课程应着眼于学生的生活需要，按照学生的生活经验和生存需要，以生活为核心组织课程内容，注重语文知识与生活的联系，拓宽生活语文学习和运用的领域。"因此，在课堂上需要联系生活实际，为学生创设生动有趣的生活场景，展示现实的生活，调动学生的生活经验，让学生在趣味性的教学环境下展开语文学习，使学习更实用化、生活化。例如，在教学《生日》这一课时，笔者特地将本课的教学推迟了两周，安排在该生生日那天进行。课前，笔者把课桌围成一圈，桌上放着好看的餐垫，电脑上播放着热闹的 Flash，随后给该生戴上生日头饰，组织全班同学一起唱生日歌，最后，再捧出点着蜡烛的小蛋糕。整堂课，该生始终处于兴奋的状态，听到指令即刻就能做出反应，可见其注意力的高度集中。他在跟读、认读时声音响亮且清晰，发音也特别积极，还主动要求许愿，并完整地表达了出来。最后回顾环节，该生对本课的生字新词依然能准确认读，达到了意想之外的教学效果。课后，笔者根据该生的课堂表现填写《课堂观察量表》时，竟然发现多个项目能打 2 分，甚至 3 分。整堂课，他不仅没有习惯性的摇手动作，也没有晃椅子的情况发生。

（二）注入多媒体技术，以新激趣，以趣启智

多媒体辅助教学以其特有的科学性、形象性、趣味性和交互性，能充分唤醒学生的多种感官刺激，提高学生的课堂参与度。将图文并茂、影音结合、动感十足的多媒体技术贯穿教学过程，可以把形象生动的画面展现在学生眼前，将信息通道从书本拓展到教学活动中。因此，笔者通过多媒体技术设计一些迎合该生兴趣的活动环节，使生字的呈现方式变得灵活有趣。通过处理，生字可以变换不同的颜色，配上不同的声音，以旋转、翻滚、跳跃等形式展现在他的眼前，从而

刺激他的视觉感官，引起中枢神经系统的兴奋，激发他对生字学习的兴趣。例如，笔者在上《我的好朋友》这一课时，利用 Flash 软件设计了"找朋友"的活动，用动感的方式来教学生组词。电脑上显现出一个"朋"字，下面有好多"小伙伴"，如"我""友""好"等字，然后"朋"找呀找，最后找到了"友"，双手握在一起组成了"朋友"，迅速激发了该生的兴趣，激起了他的求知欲和尝试欲。通过多媒体技术实施教学，把课堂氛围推向高潮，使该生始终处在兴奋点上学习与巩固知识，在玩、读、说、找的过程中学到知识、巩固知识，取得了良好的教学效果。

当然，在授课中，不能从头至尾、由始至终地使用单一的多媒体技术，学生会出现审美疲劳和感官疲惫的状态。适时利用多媒体手段，如一小段动画视频，或者一段歌曲，又或是一场竞赛游戏，恰到好处地起到推波助澜的功效，让学生将抽象化为具体，将枯燥变为生动，在提升学生学习兴趣和学习效果的同时，还能让他得到适当的放松与休息。此外，还可以在多媒体设备上进行跟写、对照，让知识点更容易接受，降低学生学习的难度，增强学习的自信心。

（三）采用游戏化教学，以玩带趣，以趣促效

多重障碍的学生不但感知能力、记忆能力、理解能力相对不足，且抽象思维能力非常薄弱。上课时，往往需要更具趣味性的教学方式将抽象事物具象化，以帮助学生更好地理解，进而促进其课堂参与。例如，在执教《爷爷和小树》一课时，笔者制作了大树、小树的教具，通过"寒风呼啸树叶凋零"的课堂游戏环节，让该生进行角色扮演，提高对课文内容的理解。又如，在执教《元宵节》一课时，通过让该生体验赏花灯、吃元宵等一系列元宵节风俗活动，提高他对词语的认知，加深对传统文化的感知。

爱玩是孩子的天性，教师要充分了解学生的性格爱好，通过他们的兴趣点来设计教学方案，利用学生感兴趣的游戏来引导助推教学，使他们能够将注意力充分转移到语文学习当中，有效激发学习兴趣。教师要熟练掌握语文知识，将教学内容与游戏结合，顺应学生的天性，激发他们的想象力，提高他们的学习热情，使他们能够进行主动的学习和拓展。例如，在引导该生学习《秋天的水果》一课时，笔者创设"魔术师的口袋"游戏，让该生在口袋里摸出水果，随后说出水果的名称，再在黑板上找到相应的字卡。接受任务后，该生从开盲盒环节就显示出好奇心和探索欲，对摸出的每一个水果都表现出兴奋的神情，朗读时口齿清晰响

亮，图字配对完全正确。笔者让他从众多水果中挑出一样最喜欢的作为奖励，他还调皮地讨价还价，一定要拿走两个水果，令笔者忍俊不禁。

四、研究效果及反思

（一）效果

在一个学期的研究结束后，笔者通过对照 18 份《课堂观察量表》的评分和实况简要记录进行整理发现，实施知识趣味化策略的教学后，该生的课堂参与度显著高于未实施该策略时的参与度（详见图 1）。

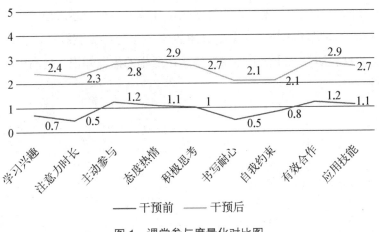

图 1　课堂参与度量化对比图

此外，在课堂上，该生展现出期待的眼神，与教学的节奏保持一致，并积极参与特定环节。令笔者欣慰的是，该生的多动症状明显改善，除了偶尔的努嘴外，不再发出奇怪的声音，摇头晃脑和摇动椅子的行为也大大减少。他对语文课程表现出了比以往更加热情的态度，经常向笔者询问何时上语文课，并承诺要给笔者分享他最喜爱的养乐多和辣条。

（二）反思

当然，水无常态，教无定法。知识趣化的策略、优化教学的手段还有很多，需要特殊教育教师充分发挥才智，积极探索趣味教学的方法和途径，提高教学的针对性和实效性。具体而言，第一，选择生动有趣、贴近学生生活和兴趣的教材，并设计具有情节吸引力、角色鲜明的故事、寓言或诗歌等，以激发学生的阅读兴趣和参与度。第二，运用图像、音频、视频等多媒体形式，将教学内容呈现得生动形象，例如，通过动画、短片等方式展示故事情节、历史事件或文学作品，以增加学生的视觉和听觉体验。第三，将知识内容融入游戏、竞赛或角色扮演等互动活动中，设计有趣的语言游戏、字词拼图、语言挑战等，激发学生的学习兴趣和竞争意识，提高他们的参与度和投入程度。第四，通过故事讲述或角色扮演的方式，让学生身临其境地体验故事情节，激发他们的想象力和情感投入，促进对语文内容的理解和记忆。第五，将教学内容与学生的日常生活情境结合起来，设计情境化的教学任务或场景，让学生在真实或虚拟的情境中应用语文知识，提高他们的学习兴趣和参与度。第六，根据学生的兴趣、能力和学习风格，设计个性化的学习任务或项目，允许学生选择或自主探究感兴趣的语文内容，增强他们的学习动机和参与度。第七，组织学生参与语言实践性活动，如朗诵比赛、语言节目表演等，让他们在实践中运用所学的语文知识，提高语言表达能力和自信心。

运用知识趣化策略提高多重障碍学生信息技术课堂参与度的个案研究

信息技术课程作为一门选择性课程，旨在培养培智学校学生信息技术能力，着重帮助学生运用信息技术提高学习能力，改善生活质量，更好地适应社会发展。多重障碍学生兼具两种以上的障碍，在参与信息技术课堂时常常面临学习速度慢、抽象知识难以理解、技能迁移较差等问题，阻碍了其较好地参与信息技术课堂。知识趣化作为一种教学策略，旨在将学习内容与有趣的活动结合起来，激发学生的学习兴趣，引导他们主动参与课堂活动。因此，笔者通过采用知识趣化策略对培智学校多重障碍学生进行信息技术课堂教学干预，在激发多重障碍学生学习兴趣的同时，使其更容易达成课程目标，最终实现提高多重障碍学生的课堂参与水平的目标。

一、个案基本情况

多多（化名），男，12岁，经韦氏智力量表测验智商为40，患有智力障碍、沟通障碍、情绪与行为障碍，是一名多重障碍儿童。在语言表达方面，多多能主动进行言语交流，回答教师、同伴的问题，但言语交流过程中会出现拖长音、重复、语塞等问题，同时伴有面部和肢体动作的变化；在语言理解方面，多多能够理解简单的句子和指令、理解他人的表情和语气，但难以理解长句和反语；在动作方面，多多能完成简单的粗大动作，如直线走、双脚起跳等，但多多身体协调性较差，上下肢无法协同运动，例如，排队时容易歪出队伍，踏步不连贯等，在精细动作方面存在完成度不高的问题；在社交沟通方面，多多具备较好的情感表达能力，能够恰当表达自己的需求和主动表达自己的情绪和情感体验，平时愿意主动与人交往，喜欢和同伴一起玩耍，能够建立基本的人际交往关系。

二、问题分析

经过教师在课堂上的自然观察，发现多多存在以下问题：① 注意稳定性较差。注意力维持时间较短，易受外界因素干扰，易被教室中其他学生的声音和动作吸引注意力、被课堂中的布景分散注意力。分析该问题产生的原因可能为他患有多动症及受到药物干预的影响；② 沟通方式较为单一。多多仅能通过简单的手势和语句进行沟通，难以理解复杂、抽象及过长的语句，在沟通交流中会出现重复、卡顿的现象。分析该问题产生的原因，可能为沟通障碍导致多多在课堂中与教师和同学交流时不能清晰表达自己的观点和理解他人的意图；③ 学习能力不足。多多学习新知识较为缓慢，难以理解抽象概念和较为复杂的逻辑关系，通常需要教师反复讲解、示范和进行反复练习，对单纯的概念性知识需要形象生动的讲解才能理解，对由多步骤组成的内容往往会漏掉其中某个或某几个步骤，要反复讲授。分析该问题产生的原因可能为智力障碍导致多多认知发展缓慢，难以跟上课堂学习进度。

三、干预过程及方法

通过知识趣化策略，提高多多在信息技术课程中的课堂参与度，培养其对信息技术课程的兴趣，增强多多的自信心，提高其学习能力，为未来的学习和生活奠定基础。本案例通过个性化评估了解多多的兴趣，并制订个性化干预计划明确知识趣化内容，进而实施知识趣化策略，最终提高多多信息技术课堂参与度。

（一）开展个性化评估，了解多多兴趣

通过观察、访谈和评估等方式深入了解学生的特点、需求和学习风格，以便制订适应性的教学计划和个性化学习路径。教师可以采用自然观察法观察多多在课堂上的表现，进一步了解他的学习兴趣、动机、学习能力和人际交往能力等。不仅如此，教师还可以采用实验观察法，设定特定的实验情境，观察多多在不同情境下的反应和表现，以获取更为具体的评估信息。此外，教师还可以与多多进行一对一访谈，了解他的想法、需求和困惑。在访谈过程中，教师要尊重学生，给予多多充分的表达机会，关注其内心世界，即使多多存在语言表达与理解方面的问题，也要仔细倾听。教师还需要与家长保持密切沟通，通过电话、家访、家

长会等方式与他们交流，以更加清楚地了解学生在家的情况。最后，教师还需要对多多进行系统性评估，科学、全面地了解多多的优势和劣势，制订针对性的干预目标和教学计划，满足多多的个性化需求。在开始干预之前，笔者先对多多进行了细致的观察和评估，了解了他的计算机基础。同时，笔者注意到多多在课堂上的参与度极低。通过与多多其他任课老师、家长和同学进行沟通和访谈，以及一系列针对多多的评估测验，较为全面地了解了多多的具体情况和需求。

（二）制订个别化干预计划，明确知识趣化内容

根据观察和评估结果，笔者与多多的家长、其他任课老师和学校管理人员共同制订了个性化的干预计划。计划中明确了使用的具体方法、课程内容和时间安排，确保多多能够在愉快的氛围中学习，提高课堂参与度。

1. 视觉辅助工具

视觉辅助工具是一种呈现视觉信息的工具，使用图片、符号、文字、视频等视觉辅助工具可以帮助多多更好地理解课程内容，提高课堂参与度，例如，可以制作简化的图片或图表，帮助多多更好地理解抽象的概念和理论。视觉辅助工具具有直观、生动和有趣的特点，能够清晰、准确地呈现教学内容，帮助多多更好地记忆知识，并激发他的学习兴趣和积极性。

2. 适应性教学

了解多多的学习需求和特点，关注他的兴趣、特长和困惑等方面，并根据他的智力水平和学习风格制订适应性的教学计划。确保学生以适合自己的学习节奏和方式进行学习，以提高教学效果。创造多元化的教学环境，以满足学生不同的需求。使用简单明了的语言和教学方法，帮助多多更好地理解和掌握知识。同时，针对多多注意力缺陷的特点，采用短时集中的教学和适当的小休息来帮助他在学习过程中保持专注。关注多多的学习过程，进行全面动态的评价，及时调整教学策略，为他提供有针对性的指导和帮助。

3. 个性化学习路径

充分了解学生的认知特点、兴趣爱好等，制订针对性的教育教学方案，以提高他的综合素质和社会适应能力。根据多多的学习能力和兴趣，为他制定个性化的学习路径。通过逐步引导，从简单任务到复杂任务的过渡，让他在逐渐克服挑战的过程中增强自信心并提高学习能力。此外，教师还需要关注学生的心理健康，及时发现学生的心理问题，并提供心理支持和疏导。注重培养多多的情感能

力，帮助他建立积极的人生观和价值观。

（三）实施知识趣化策略，提高多多课堂参与度

在实施阶段，笔者通过吸引多多的注意力，激发他的学习兴趣。通过故事化、游戏化和情境化的教学方式，将课程内容生动地呈现给多多。同时，充分利用多媒体资源和教学具增加课堂的趣味性和互动性。此外，根据多多的注意稳定性较差的特点，笔者采用巧设疑问、布置任务和鼓励提问等方法帮助他保持专注，并培养他的有意注意。

1.创设故事情境，吸引学生注意

开展教学干预时，笔者创设了家中电脑被网络小恶魔攻击和入侵的情景，并播放了多多喜爱的音乐歌曲，以充分吸引多多的课堂注意力。同时，笔者以亲和的表情和动作与他互动，时刻吸引他的注意力，并在情境中巧设疑问，引导多多思考，调动其思维积极性。问题的设置难度要适中，既不过于简单以至于多多失去兴趣，也不过于困难导致多多无法回答，重要的是要根据多多已有的知识和经验设计问题，促进他主动参与课堂。

2.开展角色扮演，沉浸体验信息技术

笔者在设计环境时注意减少环境中的噪声，比如电扇、空调、电视等，通过多种方式减少背景噪声，以减少外界干扰，提高多多的注意力。在教授《我用手机通电话》这堂课时，学生和教师分别扮演不同的角色进行电话沟通，将课程内容立体、生动地呈现在学生的眼前，并让其扮演通话者的角色。在角色扮演的过程中，教师鼓励学生大胆发言，不要担心说话时出现重复、卡顿和拖音等问题，在每次扮演结束后，及时地给予多多鼓励和夸赞，缓解他由于言语表达不清造成的人际交往退缩、回避和焦虑的情绪。通过沉浸式的角色扮演体验，提升了课堂教学的趣味性，提高了多多的课堂参与度和积极性。

3.组织趣味游戏，提升学习动力

多多思维易分散，注意力不稳定，所以，在教学过程中渗透游戏教学，能使他在自然愉悦的状态下学习、训练，充分挖掘其潜能，有效地补偿其身心缺陷。例如，在《认识主键盘区》这节课中，由于多多对键盘不熟悉，直接开展教学活动难免会造成知识难以接受、课堂参与度较低等问题。因此，笔者在教授相应教学内容前，先让多多尝试金山打字通中的游戏，通过游戏活动使多多尽可能熟悉各种键盘按键。等到多多熟悉后，再由笔者带领他学习本节课重点知识。果不其

然，通过这样的游戏活动使多多对本节课的教学内容有了初步的预期和认识，参与课堂时变得积极主动；在教师课堂教授完成后，让多多再一次玩该游戏，在游戏中检验学习成果，巩固本节课知识。趣味性的游戏活动可以根据多多的智力水平和注意力状况及时调整内容和难度，从而激发他的学习兴趣和动力。

四、效果与反思

通过一学期的重点关注和持续跟进，针对多多采取的知识趣化策略取得了一定效果。他在课堂上的参与度明显提高，对学习的兴趣也日益浓厚。创设有趣的故事情境，多多更能够集中注意力，对教师讲解的内容认真倾听。通过知识趣化策略将抽象的信息技术知识变得更加形象生动，有趣的故事、教具、游戏等促使多多自发地参与课堂，并且能够主动用语言表达自己的想法；通过趣味性的角色扮演，激发了多多的学习兴趣，使他更愿意参与课堂教学，在角色扮演的过程中，多多也较好地运用语言表达了自身的想法和观点，提高了沟通交流能力；趣味游戏提高了多多动手操作的兴趣，单纯的课堂练习难以使他集中注意力，通过将课堂巩固练习与游戏结合起来，不仅能够提高多多的积极性和主动性，而且知识掌握也变得更加牢固。

知识趣化策略的应用明显提高了多多在信息技术课堂的参与度，他表现出更高的主动性，积极参与课堂讨论和活动，促进了学习的效果，增强了自信心。多多在测试中表现出较高的得分，课堂讨论中提出了更多的问题和观点。多多对信息技术知识的理解和掌握也得到了显著提升。

尽管知识趣化策略在本项研究中取得了一定的成功，但笔者也发现了一些问题和不足之处。知识趣化策略应用需要教师具备一定的教学技巧和创造力。教师需要不断提升自身的教学能力，运用创新的教学方法激发学生的兴趣和潜力。教学材料的选择需要更加符合培智学生的兴趣和认知水平。同时，教学内容的呈现方式也需要与知识趣化策略相匹配，提高学生的参与度和学习效果。此外，在实施教学策略过程中也遇到了挑战。例如，有时候多多会过于沉浸游戏，而忽视了课程教学的目标。这需要笔者在未来的教学设计中较好地平衡学习内容与趣味化元素之间的关系，确保学生既能处在轻松愉快的氛围之中，又能达成课堂学习的目标，真正学到知识。虽然在实施知识趣化策略的过程中存在一定的困难和挑战，但综合而言，知识趣化策略成功地提高了多多信息技术课堂的参与水平。

运用知识趣化策略提高唐氏综合征学生康复训练课堂参与度的个案研究

康复训练课程作为一种选择性课程，旨在依据学生身心发展规律及康复需求，有针对性地促进培智学校学生的功能改善与潜能开发，补偿身心发展缺陷，满足其学习与发展需求，对提升学生生活质量具有不可替代的特殊功能。唐氏综合征是培智学校学生中较为常见的一种智力障碍类型，唐氏综合征儿童在认知能力、语言沟通、动作发展及共同关注方面存在障碍，他们在学校活动中往往存在注意力分散、无视教师指令、大喊大叫等情绪和行为问题。为提高唐氏综合征儿童在康复训练课程中的参与程度可以运用知识趣化策略。知识趣化策略是指通过将学习内容与有趣的活动结合起来，激发学生的学习兴趣，引导他们主动参与课堂活动的教学策略，其核心在于遵循学生身心发展特征，强调将教学过程寓教于乐，秉持因材施教的原则，致力于满足学生的求知欲与表达欲。知识趣化策略对于提高学生课堂参与水平具有积极的作用，因此，笔者采用知识趣化策略对唐氏综合征学生进行教学干预，以提升其康复训练课堂参与水平。

一、个案基本情况

小杰（化名），男，5岁，患有唐氏综合征。小杰性格温和，富有同理心，能够洞察同伴的情感需求并予以安慰。在日常生活环境中，他理解并遵循简单的指令，具备较强的模仿能力。然而，小杰在参与各类活动时注意力较为分散，易受外部因素干扰，且难以长时间保持专注。当教师不断提醒他，并要求他集中精神融入课堂之际，他会表现出对教师的抵触，甚至将教具全部打乱在地。同时，由于小杰存在一定程度的发育迟缓，其运动能力较弱，具体表现为精细动作不够灵活，生活自理动作较为迟钝，例如，难以独立完成洗手、擦脸、擦嘴、自主穿衣等动作，须家长或教师予以辅助。

二、问题分析

经过对小杰的深入观察，教师发现他在康复训练课堂中存在以下问题：① 注意稳定性较差。小杰在参与课堂活动时注意力难以保持长时间的专注，易被外界无关刺激吸引。分析该问题产生的原因在于小杰缺乏参与学习活动的动机；② 缺乏学习兴趣。小杰在面对较为简单的学习任务时，往往多次重复后会丧失学习的兴趣，在日常学习生活中也较少主动参与学习任务。分析该问题产生的原因可能为课程内容较为枯燥，未依据小杰的身心发展水平或特点进行针对性设计；③ 情绪控制和管理能力较差。当教师下达指令时，小杰常常忽视教师，甚至大喊大叫，故意将物品摔在地上，踩在脚下。分析该问题产生的原因可能为教师未给予小杰适当的关注。

三、干预过程及方法

为了促使小杰在活动中保持专注和情绪稳定，教师将知识趣化策略融入康复训练的各个环节，并依据小杰的个性化差异制定相应目标。首先，通过深入了解小杰的兴趣爱好，选择他感兴趣的主题和活动，使得教学内容更加贴近他的日常生活。其次，教师采用了多样化的趣味教学手段，如多媒体动画、游戏、情境创设等，使课堂变得更加生动有趣。在教学过程中，教师着重引导小杰参与互动，鼓励他勇于表达自己的想法，以提高他的积极性，进而实现教学目标。

（一）采用趣味多媒体技术，吸引注意力和提高学习兴趣

多媒体技术作为一种重要的教学辅助工具，具备一定的直观性、丰富性和灵活性，已成为支持教师开展康复训练课程的重要帮手。教师充分发挥多媒体技术的优势，融入富有趣味性的教学内容，挑选具有吸引力的图文、音视频资料，能营造生动有趣的课堂氛围，将抽象的知识具象化、生动化，达到知识趣化的目标。

在实施康复课程《感知大小》的过程中，教师首先搜集并整理了小杰喜爱的卡通形象"汪汪队"中的"阿杰队长"，将其制作成动画形式，融入语音互动

功能，让"阿杰队长"带领小杰一起初步感知事物的大小，激发他参与课堂的兴趣和积极性。紧接着，教师设计制作了富有趣味的闯关动画，让小杰与"阿杰队长"共同参与闯关，利用触屏功能，让小杰将物品放进对应大小的篮筐中、将食物分给对应大小的动物口中等。当小杰成功后，"阿杰队长"会给予小杰赞美和鼓励。在这一系列生动、有趣且富有挑战的闯关过程中，多重感官刺激使小杰始终保持对教学内容的注意力，知识趣化使其逐渐学会如何感知物品的大小。在教学过程中，教师观察到小杰始终保持热情，并未表现出对教学活动的厌倦情绪，甚至主动要求进行物品大小的区辨练习。

（二）创设趣味化教学情景，锻炼情绪管理和控制能力

创设富有趣味化的教学情景，能为培智学校学生营造一个愉快、有趣的课堂氛围。丰富多样、寓教于乐的情境，能够为学生带来真挚、生动的情感体验，同时还能激发培智学校学生的学习热情与积极性，锻炼其情绪管理与控制能力，从而提高他们在课堂上的参与度。在教学过程中，教师应依据教学目标，充分利用各类资源，构建形象生动有趣的教学情景，使学生充分参与康复训练课堂。

在《干净的嘴巴》康复课程中，教师精心构建了一个以小猪过生日为背景的有趣情境，并将之贯穿整个康复活动。课程之初，教师与小杰共同为小猪庆祝生日，欢唱生日快乐歌，让小杰体验到与同伴共度生日的喜悦。随后，教师推动故事发展，邀请小杰与小猪一同品尝生日蛋糕，小杰吃得津津有味。接着，教师指出小杰吃蛋糕吃得满嘴都是，有趣极了。然后，教师引出课堂的教学目标，如何"擦拭自己的嘴巴"。教师引导小杰通过照镜子用手指灵活地擦拭自己的嘴巴，发展其精细动作，待小杰熟练掌握用手指擦拭嘴巴这一技能之后，鼓励小杰帮助小猪的朋友（玩偶）擦拭嘴巴。在整个过程中，虽有反复练习擦嘴的环节，但擦嘴的对象并非是刻板单一的，这种趣味化的教学方法不仅能够使小杰维持稳定的情绪状态，还能够使其掌握课堂学习的内容，大大提升了小杰的课堂参与程度。

（三）组织并开展趣味化游戏活动，提高课堂参与水平

在教育教学过程中融入游戏元素，有助于提高教学活动的趣味性。教师适时运用富有趣味化的益智游戏，将抽象的知识、枯燥的康复训练与游戏结合起来，能使培智学校学生在游戏过程中，逐渐达成康复训练课程的目标。这种"学中

玩，玩中学"的教学方式能够优化学习氛围，激发培智学校学生学习的积极性和
主动性，提高学生的课堂参与水平。

　　鉴于小杰对爬行的热爱，我们开展了《会爬的乌龟》康复课程，旨在让小杰
掌握匍匐爬行的技巧。在此过程中，小杰需要在爬行垫上进行匍匐爬行的训练。
为了激发小杰的参与度和自主探索匍匐爬行技巧的潜能，我们引入了"营救小乌
龟"的游戏。教师将富有童趣的卡通乌龟玩偶置于自制"牢笼"内，联合小杰共
同展开营救行动。在营救小乌龟的过程中，小杰须通过匍匐爬行才能克服营救道
路上的障碍。在游戏过程中，小杰聚精会神，深知最后要"营救小乌龟"，因此，
在匍匐爬行时极其专注，全身心地投入。在教师的辅助下，小杰成功掌握了匍匐
爬行的技巧，并最终成功解救了小乌龟。小杰通过全身心地投入游戏活动，逐渐
体会到了知识学习的乐趣，进而提高了康复训练课堂的参与水平。

四、效果与反思

　　针对培智学校学生所开展的任何教学方法都不是一蹴而就的，都需要教师在
实际的教学中不断地摸索和调整。趣味化的教学方式，为培智学校学生提供了富
有童趣和知识的课堂学习体验。这种以培智学校学生兴趣为主导的学习方式不仅
达成了康复训练课程的目标，还使他们的能力得以提升和发展。通过运用知识趣
化策略，我们发现小杰在注意力稳定性、情绪控制及课堂参与等方面都取得了显
著的进步。例如，在《感知大小》和《会爬的乌龟》康复训练课程中，通过生动
有趣的动画和游戏，小杰的课堂注意力和学习积极性都得到了提升。他不仅学会
了区分物品大小和匍匐爬行的技巧，而且在参与课堂活动时始终保持情绪状态的
稳定。这些案例表明，知识趣化策略在帮助唐氏综合征学生集中注意力方面具有
显著效果。

　　运用知识趣化策略不仅能够提升培智学校学生的注意力，还能帮助他们更好
地实现康复训练目标，从而促进培智学校学生能力的全面发展。教师需要充分挖
掘知识趣化策略的内涵，将教学目标和内容与培智学校学生的兴趣结合起来，创
设生动、有趣的学习情境，关注培智学校学生的个体差异，因材施教，为不同能
力水平的学生提供适宜的学习资源和支持，使他们在知识趣化策略支持下各得其
所。在《干净的嘴巴》康复课程中，小杰对生日的趣味情境表现出极大兴趣，进
而顺利掌握了擦嘴这一精细动作。我们可以延续运用这一教学情境，将教学内容

拓展至擦脸、擦手等精细动作的练习，以促进其精细动作的发展。此外，通过应用知识趣化策略，充分激发了小杰的课堂积极性和学习热情，在生日情境和营救小乌龟的游戏活动中，小杰不仅学会了擦嘴和匍匐爬行的动作技巧，还体验到了成功的喜悦。这种成就感能够扩展到学业、生活等多个方面，使其逐渐具备应对挑战的动力和决心。

知识趣化策略在各类康复训练中已展现出了较好的教学效果，然而，我们仍须持续优化与反思知识趣化策略的实施，以更好地适应培智学校学生的需求。教师须准确评估培智学校学生的需求与兴趣，持续调整和优化教学内容，使之更贴近学生的日常生活，提升教学的针对性。除多媒体动画、游戏、情境创设等趣味化教学手段外，还可尝试融入富有趣味的音乐、舞蹈、戏剧等元素，满足培智学校学生的多元化需求。在教学过程中，应重视个体差异，为不同的培智学校学生制订相应的教育计划和目标，确保每名学生都能在知识趣化策略中受益。教师应关注培智学校学生的学习进度，适时调整教学策略，使他们在轻松愉快的氛围中实现自身发展。

总之，实施有效的知识趣化策略，有助于提高培智学校学生的注意力、自信心和自尊心，促进他们在运动能力、情绪控制与管理、注意稳定性等方面的发展。教师在教育教学实践中应积极探索和贯彻知识趣化策略，在帮助学生更好地理解和吸收知识的同时，提高学生康复训练课堂的参与水平。

运用知识递变策略提升智力障碍学生
康复训练课堂参与度的个案研究
——以语言康复训练《代词"你""我""他"的使用》为例

康复训练课程作为一门选择性课程，旨在依据学生身心发展规律及康复需求，有针对性地促进学生的功能改善与潜能开发，补偿身心发展缺陷，满足其学习与发展需求，对提升学生生活质量具有不可替代的特殊功能。康复训练课程由于自身的学科性质和特点，在教学过程中知识呈现较为碎片化的特点，导致智力障碍学生在康复训练课程中的参与度不容乐观。因此，采用递进式的教学策略，合理组织教学内容，对促进培智学生参与康复训练课堂教学就显得尤其重要。知识递变是指通过逐步提升学习活动难度、增加知识要点变式、丰富学习任务形式等方法提高学生课堂参与度的教学策略。同样，在《培智学校义务教育课程标准（2016 年版）》中强调了递进式教学的重要性，其指出要"遵循学生的身心发展规律，从现有的基础入手，依照学生的最近发展区逐级设定目标，开展有梯度的多样化训练，逐步提升学生生活及学习的能力"。因此，笔者通过采用知识递变策略对智力障碍学生进行《代词"你""我""他"的使用》的教学干预，以提高学生康复训练课堂的参与度。

一、个案基本情况

航航（化名），男，8 岁，经医院诊断为智力发育迟缓，韦氏智力测验分数低于 40 分。在语言理解与表达方面，航航发音较为清晰，但语言表达与理解十分有限，能理解简单实用的名词，如苹果、椅子、老师等，以及个别动词，如跑、跳、拿等。在课堂表现方面，航航注意力较分散，易受外界无关因素干扰，存在无视教师指令和逃避学业任务等问题，面对教师批评时容易引发情绪问题。

二、问题分析

通过使用《特殊儿童语言与沟通评估指导手册》对航航的语言与沟通能力进行评估，发现存在以下问题：① 航航在理解和使用人称代词方面存在困难。易混淆"你""我""他"等人称代词的使用，在与他人沟通交流时也难以根据会话情境和角色的变化调整人称代词的使用。造成该问题的原因可能为以下两种情况：一是航航没有建立起清晰的自我意识，不能区分自己和他人的关系和属性。二是他缺乏足够的语言输入和输出机会，没有接触到多样化和丰富化的语言环境，没有模仿和练习人称代词的使用的机会；② 航航的课堂参与度不高，原因可能存在以下两种情况：一是课堂教学内容难度较大，没有按照难易程度循序渐进原则进行课堂设计；二是教师的教学方式过于平淡或者教学内容不符合他的兴趣，难以唤起其学习动机。

三、干预过程及方法

基于以上问题分析，笔者在实际的课堂教学中从知识本身的逻辑和教学方式两个维度运用知识递进策略，为航航由易到难呈现课堂内容，以他较易接受的方式提供课堂知识，激发他的课堂参与意识，提高他的课堂参与程度。

（一）调整知识递变的梯度，促进学生有效参与

教师要准确把握学生的起点能力，减缓坡度，循序渐进，避免出现因任务难度太大，导致学生产生强烈的挫败感，失去学习兴趣的情况发生。既要让学生体验努力思考的乐趣，还要使学生体验到成功的喜悦。

比如，在进行人称代词"你""我""他"的教学前，要确保学生具备仿说和分享式注意的能力。航航已经能按指令指出妈妈、爸爸、爷爷、奶奶、老师等日常学习生活中熟悉的称谓所对应的人物，说明他已经初步具备了分清自己和他人角色的能力，也能在说出称呼的基础上理解他人所属，比如，他会说"这是老师的杯子"，只是单纯地分不清人称代词"你""我""他"。因此，教学须从理解人称代词"你""我""他"开始，然后在理解的基础上使用"你""我""他"，最后进行人称转换的练习。以下是笔者为航航制定的人称代词"你""我""他"由易到难学习的三个梯度。

第一梯度 理解你我他	理解人称代词"我"和"我的"
	理解人称代词"你"和"你的"
	理解人称代词"他（她）"和"他的（她的）"
第二梯度 使用你我他（命名）	在理解的基础上表达人称代词"我"和"我的"
	在理解的基础上表达人称代词"你"和"你的"
	在理解的基础上表达人称代词"他（她）"和"他的（她的）"
第三梯度 人称转换练习	使用人称代词"你和我""你的和我的"，随机轮换练习
	把人称代词"你""我""他"随机轮换，注意多变换发话人、听话人和第三人，直至航航能自然地在一句话中使用人称代词

1. 理解抓住根

正确认识并帮助航航建立"你""我""他"的概念，是人称代词训练的起点。这三个人称代词教学要一个一个来，万万不可以操之过急。在教学过程中笔者在航航彻底搞清楚"你""我"之后，才教学代词"他"。值得注意的是，在帮助航航初步建立"你""我""他"概念的初始阶段，东西所属是真实的或者固有的，而不是临时指认的。比如，在理解代词"我"时，让航航指认自己的身体部位和五官及自己的眼镜、衣物、水杯、吃饭的勺子等，并说出"这是我的眼睛（嘴巴）"等。在航航正确率达80%以上后（表示这个项目孩子已经基本掌握），需要将教学干预重点转到代词的命名。

2. 命名把住脉

命名是理解人称代词概念后的下一个梯度。需要学生正确地用人称代词来称呼自己和他人，即使用"我"来称呼自己，使用"你"来称呼对方，以及使用"他"来称呼第三人。在这个阶段，可以通过个人介绍、小组讨论等活动来强化对人称代词的正确使用。例如，要求航航用正确的人称代词来介绍自己的姓名、年龄和兴趣爱好，或者用适当的人称代词与同学进行交流。

3. 运用转换彰显魂

转换是掌握人称代词的更高级梯度。在这个阶段，需要航航能够根据语境和对话的角色转换使用不同的人称代词，根据不同的情境和交际对象，灵活运用"你""我""他"，要确保学生在理解和命名很熟练的基础上才能进行。在转换阶段，笔者经常通过故事讲解、情境模拟等活动来训练航航对人称代词的转换能力。例如，要求航航根据给定的对话情境，灵活运用不同的人称代词来回答问题或表达观点。

（二）丰富课堂教学方式，调动学生学习兴趣

丰富的教学方式能增加学生的学习体验，提高学生课堂参与的积极性和兴趣。教学方式要依据学生的行为特质进行调整。航航上课时注意力容易分散，因此，笔者会通过开展游戏活动、模拟感兴趣的情境、提供他喜欢的食物或玩具这类强化物等策略，以此来激发他的学习兴趣，提高他的课堂参与度。笔者根据知识递变的原则为航航设计了逐级递增的三种教学方式。

1. 桌面教学为基石

桌面教学非常重要，特别是在学习新技能、新知识的时候。它能将每一项要教的技能分成小的步骤，然后进行一步步的高密度练习，反复训练和强化，最终让航航习得新知识。比如，在使用人称代词阶段训练航航用"我"表达时，笔者准备了他爱吃的紫菜、葡萄干进行桌面教学，把食物提前分成非常小的分量，问："谁吃紫菜？"若航航回答"我吃"或"我吃紫菜"，则马上把紫菜递给他，并说"好呀，你吃紫菜"。如果航航回答错误，如"你吃紫菜"，则笔者马上把紫菜吃掉，并谢谢航航"紫菜我吃了"。接着，用他喜欢的葡萄干进行下一轮练习。有时会遇到航航不知道如何回答的情况，笔者会拿着他的手放在他的胸口，让他边指自己的胸口边说"我吃"，然后马上将自己手上的紫菜给他吃。干预初始阶段如果航航不对问题进行回应，而是用手指着自己表示要，也要马上给予强化。

2. 游戏教学促提升

在高密度的桌面教学基础上，教师可以选择孩子感兴趣的材料设计游戏活动巩固训练成果。比如，在教学人称代词转换时，最佳的练习就是轮流游戏和假扮想象类游戏。轮流游戏要选择短时间内可以交替轮流的，以及有规定时间或者次数的轮流玩玩具游戏，如轮流发扑克牌、轮流放珠子等。航航很喜欢钓鱼游戏，那就充分利用他的兴趣爱好，一起轮流钓鱼。给航航提示"轮到你了"，航航说"对，轮到我了"。反之，让孩子提醒教师。航航对假扮游戏也有一定的兴趣，在角色分配的时候，笔者对他说："你当警察，我当小偷，来追我啊！""我是大灰狼，你是小白兔，我要吃你了！"

3. 情境教学见成效

所有的干预训练最终都是希望学生能够将习得的技能维持并泛化到自然情

境之中。若在干预训练中不提供自然的教学情境，那么，最终航航对于代词的使用和理解将会大打折扣。因此，自然情境教学十分有必要，但要注意的是在开展情境教学时，教师一定要有意识地去创造机会，制造更多的对话，更换对话的对象，不断地调整对话的环境，让不同的对象（其他老师、同学、家人）向学生发问，进行人称代词的运用训练。

例如，教学时以学校现有的资源"爱心超市"为主题，创设和航航一起逛超市的真实情境。教师问航航："你想要买什么呢？"航航说："我想要买巧克力"。那教师就拿来一袋巧克力，递给航航的同时问他："我给你什么了？"鼓励航航说："你给我巧克力。"然后，教师马上把巧克力给他。航航拿了喜欢的东西就高高兴兴地笑个不停，教师接着问航航："还想买什么？"以此类推进行，通过创设真实的情境强化航航说话的行为，过程中要注意教师使用的语言也要生活化，并且还需要对话与动作相配合，使所开展的情境教学更加自然、真实。

四、效果反思

经过笔者一段时间的教学干预实践，发现航航的课堂参与程度明显提高，对人称代词"你""我""他"的使用也渐入佳境。但在实施知识递变策略过程中也存在诸多问题，下面将从知识递变策略、教学方式、教学心态三方面进行教学反思。

在知识递变策略方面，调整知识递变的幅度需要教师根据学生的学习需求和能力水平进行灵活调整。通过了解学生的现有知识水平、分析和拆分知识内容、渐进式增加难度、不断回顾复习、监测学生知识理解的程度，以及引导学生自主学习，帮助学生逐渐构建清晰的知识层次，"量身定做"的梯度能够提升学生的课堂参与度。

在教学方式方面，教学方式的递变对于提高学生的参与度也非常重要。从桌面教学过渡到游戏教学再到实际情境中的转变，丰富的教学方式可以为学生提供多样化的学习体验，增加学生学习的内在驱动力，有助于培养学生的综合能力。在实际教学中，教师应该积极探索和尝试各种教学方式，以提高学生的参与度和学习效果。

在教师教学心态方面，人称代词在语言文字运用和口语交际中有着举足轻重的地位。但是，"你""我""他"的教学并不是一蹴而就的。进行代词教学时要一个一个来，万万不可以操之过急。若学生在干预初期未能取得较好的效果，不要打击他运用代词的积极性，允许他犯错误和混淆，不要盲目批评和死磕，循序渐进地引导学生进行正确的表达。在教学过程中，教师要摆正教学心态，不能急躁，要一步一个脚印，稳扎稳打地进行教学干预。

总而言之，教学时要遵循学生的身心发展规律，从现有的基础入手，依照学生的最近发展区逐级设定目标，开展有梯度的多样化训练，从简单到复杂，从具体到抽象，从单一到多元，从刺激到奖励，从反馈到反思，从理解到运用，从模仿到自主，从结构化到自然化，让学生在攻破一个一个任务获得成就感的同时，提高学生的课堂参与度。

运用知识递变策略提升智力障碍学生
信息技术课堂参与度的个案研究

一、个案基本情况

小 C（化名），男，12 岁，智力障碍，目前就读于上海市浦东新区致立学校六年级（3）班。该生性格相对内向，平时较为沉默，不太善于在班级中表达自己的观点。在学习方面，小 C 表现出一些困难，主要体现在学习主动性不足，对新领域的学科有一定的陌生感，特别是技术类学科，尤其是信息技术学科，存在抵触情绪。这可能是因为小 C 的家庭日常教养习惯所致。通过与家长沟通得知，小 C 平时由老人教养，接触电子设备的机会较少。因此，生活经验的缺乏使得小 C 对新领域的学科较为陌生，对较为复杂的实践操作也会出现抵触情绪，缺乏足够的自信心。此外，在个人能力方面，小 C 在书面表达和交流方面存在一些困难。这可能也在一定程度上限制了他有效学习信息技术。综上可知，小 C 对于信息技术的学习兴趣尚未被充分挖掘，学习信息技术的个人能力也较为有限。这可能直接导致了小 C 信息技术课堂的参与程度不高。

在当今信息时代，信息技术已成为社会不可或缺的组成部分，对人们的生活产生了重要影响。各种信息化设备如电子支付、医疗健康和电子阅读等已经深入生活的方方面面。对此，培智学校学生学习信息技术具有重要意义，可以帮助他们更好地融入社会，提升生活质量。因此，对小 C 而言，培养他对信息技术的兴趣，提高他在信息技术课堂上的学习主动性和参与度，将有助于他更好地适应信息时代的需求，为未来适应现代社会打下坚实基础。

二、问题分析

（一）学习主动性不足

小 C 在学习中表现出明显的被动态度，缺乏主动性。这一问题在信息技术学科中尤为明显。具体而言，小 C 主动参与实践操作的意愿低下，对于课堂中的互动活动也较为消极，他可能更倾向于被动地接受信息。这不仅影响了他对课程内容的深入理解，也制约了他在信息技术学科中的学习体验。

（二）对信息技术学科存在抵触情绪

小 C 对信息技术这门学科存在抵触情绪，具体表现为在实践操作过程中比较抵触和对课程内容相对陌生、难以理解。究其原因，鉴于信息技术学科通常对学生的技术操作能力有较高要求，小 C 对此感到一定的压力，进而产生了抵触情绪，影响了他对课程的积极参与。

这两个问题相互交织，学习主动性的不足导致小 C 更加抵触信息技术学科，而对信息技术学科的抵触情绪又进一步削弱了他的学习主动性。由于存在这两个问题，小 C 的课堂参与度相对较低，成为需要重点关注和解决的问题。在接下来的教学干预方案中，笔者将有针对性地解决这两个问题，全面提升小 C 在信息技术学科中的学习主动性，消除其对信息技术学科的抵触情绪，进而提高其参与度。

三、干预方案

知识递变是指通过逐步提升学习活动难度、增加知识要点变式、丰富学习任务形式等方法提高学生课堂参与度的教学策略。通过知识的递变策略，提高小 C 在信息技术学科中的学习主动性和课堂参与度，培养其对信息技术的兴趣，使其在学习中更积极地探索和参与。具体而言，本研究通过任务难度的逐步增加、任务形式的多样性、实践操作的增加及正向激励体系的建立，以期有效提高小 C 在信息技术学科中的学习主动性和课堂参与度。

（一）任务难度的递变

递变任务难度的策略旨在实现小 C 对学习难度的渐进适应，同时激发其学习兴趣。起初，设计相对简单、易理解的任务，确保小 C 能够渐进地掌握基础知识。随着学期的进行，逐渐提高任务难度，引入需要更深思考和更多实践的课堂活动。这有助于激发小 C 更积极地面对挑战，提高他的学习兴趣。

（二）任务形式的多样性

引入多样的任务形式，如小组合作和角色扮演，有助于提高小 C 的课堂参与度。通过小组合作，他能够与同学互动，分享观点和经验，培养其团队协作精神。同时，角色扮演活动使他能在模拟的情境中运用知识，增加参与度和知识应用的体验。这样的多样性有助于激发小 C 不同方面的学习兴趣，使学习更具趣味性。

（三）实践操作的增加

增加实践操作，包括实验、案例分析和项目制作，有助于将理论知识转化为实际经验，提高小 C 对信息技术的实际兴趣。利用实际操作，他能够更深入地理解和应用学习知识，降低学习的抽象性和难度。项目制作的方式也能激发小 C 的创造力，使他更主动地参与到学习实践中。

通过上述策略的逐步实施，让小 C 在信息技术学科中逐渐展现更积极主动的学习态度，更好地适应学习需求，享受到学习的乐趣。借助知识的递变策略可以有效提高小 C 的课堂参与度和学习体验。

四、干预过程

本个案研究以信息技术课程第三册第一单元——《搜索音乐》为背景，通过实际教学案例，探讨如何有效提升学生在信息技术学科中的学科参与度和学科兴趣。信息技术作为现代学科中不可或缺的一部分，涵盖广泛的知识领域，其中搜索引擎的使用更是学生必备的基本技能之一。在这一背景下，笔者选择了《搜索音乐》这一课程，通过对学生搜索技能的培养，激发其对信息技术的兴趣，并引导他们更积极地参与学科学习。在以下的内容中，笔者将具体展示这些策略在实际教学中的应用过程。

（一）任务难度递变策略的实施

在第一节课中，教学目标是让学生熟悉搜索引擎的基本概念。通过简单的任务，引导小 C 了解如何使用搜索引擎，并且初步掌握搜索关键词的基本方法。小 C 需要认识常见的搜索引擎，如 360 搜索或百度，学习查找简单的事物，如动物、水果等。目标是让小 C 熟悉搜索引擎的界面，理解如何输入关键词进行搜索。在课堂上实际操作时，教师引导其使用搜索引擎查找特定的信息。例如，输入关键词"熊猫"并浏览搜索结果，从中获取相关信息。

第二节课中，任务难度逐渐增加，引入了高级搜索技巧，目标是帮助小 C 提高搜索的精确性和效率。具体而言，本节课的重点是引导小 C 学习高级搜索技巧，如引号搜索、排除关键词等。根据特定条件，使用高级搜索技巧查找特定类型的音乐，例如流行音乐或古典音乐。应用所学的高级搜索技巧，尝试在搜索过程中使用引号、减号等符号，以获取更精确和相关的搜索结果。

在第三节课中，任务的难度进一步升级，要求小 C 将所学的搜索技能应用到实际情境中，并理解搜索结果的可信度。在实际场景中运用所学，例如，选择一首适合运动的音乐。任务强调小 C 的实际应用能力，考查他是否能够在特定需求下找到合适的信息，针对特定场景，使用搜索引擎找到符合条件的音乐。在搜索过程中，他不仅要考虑关键词的选择，还需要评估搜索结果的质量，确保所选音乐符合实际需求。

（二）任务形式的多样性策略的实施

为了提高小 C 的课堂参与度和学习兴趣，笔者采用了任务形式的多样性策略。这一策略的核心目标是通过不同的任务形式激发小 C 的学习兴趣，培养他的合作精神，从而提高学习的趣味性。在整个学习过程中，特别注重了任务形式的多样性，使得小 C 在不同的情境中都能够参与到学习中。

在课程开始阶段，通过小组合作的形式，将学生分为若干小组，每组共同探讨如何使用搜索引擎查找简单的事物。这样的设计不仅降低了学习难度，还在合作中提升了小 C 的参与度。在小组内，小 C 能够与同学互动，分享个人观点，共同解决问题，从而建立了学习的社交环境。

随着课程的深入，引入了角色扮演的任务形式。在这个阶段，小 C 不仅是搜索音乐的学生，还扮演了"音乐顾问"的角色，即需要根据特定的情境和要求，为其他同学推荐适合的音乐。这样的任务形式加入了一些趣味性和实际应用性，让小 C 能够在模拟的场景中更深入地理解知识，提高了学习的吸引力。

（三）实践操作的增加策略的实施

　　为了提高小 C 的学科参与度、克服抵触情绪，笔者通过增加实践操作的策略，使他更直观地理解和应用所学知识。在课程设计中，笔者强调了实际操作的重要性。在《搜索音乐课》中，小 C 首先进行基础的搜索操作。通过实际操作搜索引擎，输入关键词，查找简单的事物。这个阶段的目标是帮助小 C 建立对搜索引擎基本操作的认知，同时降低其对实践操作的抵触情绪。小 C 在教师的指导下，逐步熟悉实践操作，理解搜索引擎的使用方法。接着逐渐增加实践操作的难度。引入高级搜索技巧的同时，要求小 C 在实际操作中运用这些技巧，提高他的搜索准确性和效率。通过实际应用高级搜索技巧，小 C 巩固了所学知识，增加了对搜索引擎更深层次的理解。这一任务形式不仅是知识的传递，更是使知识在实际中得以应用。最后，进一步增加难度，小 C 需要将所学应用到实际场景中，通过搜索引擎找到符合特定条件的音乐。这一任务形式既考查了他对高级搜索技巧的深入理解，又通过实际操作提升了他的搜索能力。在实际场景中应用所学知识，小 C 更加直观地感受到知识的实际应用，从而降低了对实践操作的抵触情绪。

五、效果反思

　　经过一系列有针对性的干预措施，小 C 在信息技术学科学习中的参与度和学习兴趣得到了提升。以下是实施这些干预的效果和反思。

（一）效果

　　通过实施任务形式的多样性策略，小 C 在学习中表现出更高的参与度。小组合作、角色扮演等任务形式为他提供了不同的参与体验，使学习更具趣味性。任务形式多样性策略的实施有效地激发了小 C 的学习兴趣，使他更乐意投入学习中。

　　通过知识难度的递变提高了小 C 的课堂参与度，他在学习中展现出更强的主动性。逐步增加任务难度的设计使得他在学习中逐渐建立自信心，对知识产生浓厚的兴趣。这种递变式的策略有助于培养学生对学习的主动探索意识，使其更具学习的自觉性。

在实践操作的增加策略下，小 C 对实际操作表现得更加积极。从简单的搜索操作到高级搜索技巧的应用，再到在实际场景中找到符合特定条件的音乐，小 C 逐渐克服了对实践操作的抵触情绪，更加深入地理解了知识。实践操作的增加策略为小 C 提供了更多的实际操作机会，使他在学习中积累经验。

（二）反思

通过进一步优化任务形式的多样性、知识难度递进的设置，以及增加课堂实践操作的机会，可以更有效地提高学生在信息技术课堂的学习参与度和兴趣。具体而言，可以设计更具挑战性和趣味性的任务，结合学生的兴趣和实际应用场景，激发学生的学习热情；在知识教学中，逐步引导学生由浅入深地掌握相关知识，确保学习的连贯性和深入性；同时，增加课堂实践操作的机会，让学生通过实践感受知识的应用，从而提升学习的实效性和自信心。这些优化措施将有助于更好地满足学生的学习需求，促使他们在信息技术学科中取得更加显著的进步。

运用多感官刺激提升多重障碍学生
生活语文课堂参与度的个案研究

　　生活语文课程作为培智学校义务教育阶段的一般性课程，旨在使培智学校学生初步学会运用汉语言文字进行沟通交流，具有基本的适应生活的听、说、读、写能力，同时提高文化素养，初步形成正确的世界观、人生观和价值观。多重障碍学生是培智学校较为常见的一种障碍类型的学生，由于多重障碍学生的高度异质性，在参与生活语文课堂时常面临难以融入集体课程的问题。为此，特殊教育实践工作者和研究者努力探索，并总结归纳了一些适用于提升多重障碍学生课堂参与的教学策略。其中，多媒体辅助教学作为数字化时代的产物，是现如今在多重障碍学生生活语文教学中运用最广泛且发展趋势最好的一种教学策略，教师通过利用信息技术创造虚拟的学习空间，根据教学内容和学生的个体差异，选用学生生活中常见的影视、广播、网络等多媒体资源，为学生提供视听结合、声像一体、形象性强、信息量大、资源丰富的教学资源。因此，笔者通过运用多媒体辅助教学策略对多重障碍学生进行教学干预，以提升其生活语文课堂参与水平。

一、个案基本情况

　　小王（化名），男，13岁，六年级学生，患有智力障碍、多动症，是一名多重障碍的儿童。经教师课堂自然观察发现，小王在平时的课堂学习中存在注意力涣散、学习动机较低、缺乏一定的学习习惯与态度等问题。具体而言，小王具备一定的模仿能力，但理解能力、记忆能力较弱，识字量有限，发音不清晰且易拖音，在学习过程中常常出现易错易忘的问题。需要指出的是，小王对新鲜事物及新颖的教学方法有浓厚的兴趣，尤其是对动画等多媒体介质较为关注。

二、问题分析

　　小王由于先天脑器质性损伤引发的心理认知缺陷，导致他在生活语文学习的过程中面临如下问题：言语发音不清，无法掌握正确的发音方法；学习动机不足，较难主动引发对所学内容的兴趣；形象思维能力较差，思维水平较低，对所学课文内容的理解容易产生偏差；知识组织困难，对已学过的知识无法进行系统的概括与总结，难以在头脑中建立系统的知识网络图。

三、干预过程及方法

　　基于小王的个人特点，笔者在生活语文教学过程中适当地运用多种媒体辅助教学手段，充分调动小王的各种感官机能，激发其学习兴趣，为其提供关于教学内容的直观信息，帮助其掌握所学知识，从而提高小王对生活语文的参与程度，提升教学效果。

（一）多媒体影音辅助课堂教学，提供教学示范

　　针对小王言语发音困难的问题，笔者在教学中采用视觉媒体（录像或动图）介入的方式予以干预，即教师可以先出示一个带有标准发音动作及部分特殊舌位的分解动作的嘴部特写录像或图片，然后在教学时使用大屏幕将此动作的录像或图片按序播放给小王看，使其清楚发音时的嘴型和舌位。在小王观看录像或图片时，教师可以进行讲解，指出要点，必要时可以将画面定格以便小王仔细观察和模仿。录像或图片可以反复播放（演示），确保其动作保持前后一致。当小王跟着屏幕模仿时，教师还可以关注其发音情况，对他进行针对性辅导。为巩固该干预策略的运用成效，在课前的听声训练中，笔者也运用了多媒体声像结合的干预策略，即先向小王呈现某种物体发出的声音，在其猜测出发声物体后以声音结合大屏幕图像显示的方式给出正确答案，图像的运动方向与声音的渐变吻合，这不仅使小王更加熟悉目标声音，而且有助于其掌握正确的发音方法。

（二）多媒体调动多感官参与，激发学习兴趣

　　在生活语文课堂教学中，当小王注意力不集中时，笔者通过利用多媒体多感官互动的优势，营造全方位感知的学习氛围，吸引小王的注意力，激发其学习兴

趣，使其积极主动地参与生活语文课堂教学。

以视觉刺激为例，小王视觉的感受能力最强。因此，笔者充分运用视觉媒体（如投影、动画、视频、图片等），用形象的画面、艳丽的色彩吸引小王的注意。例如，在教授部编版教材《生活语文》五年级上册《我多想去看看》一课时，小王没见过天安门、新疆天山。要让他单凭文字描述，在头脑中形成天安门、天山的大致形象，并理解课文中所表达的宏伟气魄，是一件较为困难的事。所以，笔者在教授课文前，先通过视频、图片的形式让小王观察天安门、天山的全貌，然后再开始具体课文内容的讲授。果不其然，美丽雄壮的画面一下子把小王吸引住。随后，笔者随着画面的变化，详细介绍课文内容，再让小王通过自己的观察来描述天安门广场及天山的景色，感受我国首都的标志性建筑——天安门的宏伟与庄严和新疆天山的美丽巍峨。通过这种对课文所描述实物的实体图片或视频的观摩，唤醒了小王对课本内容的学习兴趣，从而提高了其参与课堂的积极性。

其次，对于某些课文内容，笔者尝试通过采用听觉刺激的方式进行干预。在生活语文课本中，有些课文与音乐或歌曲有着紧密的联系，如《小小的船》《升国旗》等。在教授这些课文之前，笔者以相关歌曲作为课文导入内容，让小王在感受歌曲的旋律与氛围的同时，引发其课堂参与的兴趣。

（三）多媒体声像结合，促进形象思维发展

小王在生活语文学习中往往无法正确理解书面文字的内容，难以直观、形象地感受文字所赋予的丰富情感。针对这一点，多媒体的辅助教学能在优美音乐的配合下提供与课文有关的图片或视频，为他的形象思维提供"台阶"，引导他获得一定的感性经验，补偿其形象思维缺陷。

在生活语文教学中运用恰当的音乐和音效，能帮助小王更好地掌握课文内容，体会文字内涵。例如，部编版教材《生活语文》五年级下册《春雨"沙沙"》一文，从课文名称上看，会让人形象地感觉耳边仿佛传来了阵阵雨声。但对小王来说，由于认知与思维的功能障碍，难以主动联想文字与雨声之间的关系，因此，笔者在讲授课文时，通过播放下雨音效和相关音乐，让小王跟着音乐同教师一起感受下雨的声音，同时，教师通过描绘课文中叙述的画面，使小王从视觉和听觉上感受"春雨"，加深其对课文的理解。

对小王本身较为陌生的事物，也可以通过多媒体动画的形式让他对事物的发

展过程有一个完整全面的了解。例如，对部编版教材《生活语文》六年级上册课文《小松鼠找花生》，小王没见过课文中所描述的花生生长的样子。所以，在课文教授过程中，笔者先以照片或实物的形式向小王展示真实的花生果、叶、茎的图片，再利用电脑动画，演示一株花生长叶、开花、结果的过程。通过观看花生生长的动画，不仅能够调动小王的课堂学习状态，更能帮助其理解花生的生长过程，正确地把握课文的内容。

多媒体辅助教学为生活语文教学带来的直观体会是一般实物演示无法比拟的，又如，在古诗学习中，运用优美的画面能够使小王更为直观地感受诗歌所呈现的内容；悠扬的背景音乐，可以使小王感受诗的意境；两者结合，有助于小王形象思维的发展，使其能理解诗句的含义，明白其中的韵味。它不受时空限制，可以使小小的课堂得到无限延伸，从各种感官渠道使课文的内容立体化、形象化，充分调动小王的课堂参与积极性，加深其对课堂内容的理解程度。

（四）多媒体呈现板书，理清知识结构

在教学过程中，笔者观察到小王无法在头脑中建立系统的知识网络。造成这个问题的原因除小王本身记忆和思维发展存在障碍外，更可能是小王缺乏一定的知识组织能力。针对这一点，笔者通过多年教育实践得出解决方案：使用多媒体板书帮助小王整理所学知识与内容。利用现代技术手段（PPT、AfterEffect、智能白板等）制作的板书形式多样，色彩丰富，还可以有一定的动画及声音效果。这种多媒体板书不仅能够清晰地展现整个知识系统的结构关系，还可以根据教师教学的需要，在某个重点问题上加以引申，交织展现关键点和具体例证，并通过提供与知识点相关的各种图像、音乐、录像，充分调动小王的视觉与听觉，激发其课堂参与的积极性。除此之外，笔者运用多媒体板书，将课文的基本结构和行文脉络清晰地展现在小王面前，并且与实例讲解恰当地配合使用，在课文的细节部分和关键段落进行重点强调，使小王在强化个别概念的同时又明确此概念在整个知识结构中的位置。

四、效果与反思

经过笔者长期开展的教学实践，小王从原本的语言沟通能力评估中"需要别人帮助"的状态，逐步养成良好的学习习惯，学习能力也逐渐得到提升。多媒体

辅助教学策略有效提高了小王的语言理解与认知能力，提升了小王在生活语文课堂的参与水平。

同时，笔者也发现在培智学校的生活语文教学中运用多媒体辅助教学策略关键是要用对地方，用对火候。这个尺度的把握，需要生活语文教师具备驾驭教学内容的能力；有主动运用现代化教学手段的意识；有广泛的知识与熟练的技术；有与其他学科相互配合的良好心态。在具体的操作中应注意以下几个方面的问题：

第一，辨别课文内容，选择最合适的教学辅助方法。如，教授《人头手口》《方向》《学生》《小书包》等课文时，就可利用学生身边的事物进行辅助教学，而不必采用多媒体辅助教学。

第二，所选用的多媒体信息，内容要鲜明，符合课文主题。这是编排与选择多媒体教学辅助内容时的根本原则。运用多媒体技术辅助生活语文教学，必须从课文的内容出发，选择最具有代表性的事物，来反映课文中心的关键部分，并以最恰当的方式呈现给学生。

第三，一堂课中所安排的媒介信息种类和信息量不宜过多。利用多媒体辅助教学手段可以有效地吸引学生的注意力，引发学生的学习兴趣。但对多重障碍学生来说，如果刺激形式过多或信息量过大的话，反而会使他因为大脑皮层过于兴奋而产生信息应对的困扰，表现为注意力无法集中。所以，在教学过程中，教师应聚焦课文内容，合理安排多媒体内容的呈现比例。

第四，同一篇课文所用的多媒体辅助教学手段要一致。如果一篇课文要分为多个课时进行教学，那在这多次教学过程中所用的多媒体辅助教学内容应保持一致。因为多重障碍学生即使借助了这些多媒体的直观刺激建立起了一定的表象记忆，但由于其记忆及认知等方面的发展障碍，这种表象记忆的维持可能不完整、不持久也不牢固。

第五，选择编排多媒体教学辅助内容时，要结合考虑多重障碍学生各方面的需要。一般而言，多重障碍学生除智力表现能力明显低于同龄正常学生外，还可能存在许多其他生理方面的障碍，尤其是视力障碍与听力障碍。因此，教师在设计制作多媒体辅助教学内容的时候，必须考虑到多重障碍学生视力或听力上的特殊需要，选择其能够接受的方式，并进行适当的处理以最大限度地补偿他们的缺陷。

运用多感官刺激提高脑瘫学生
生活数学课堂参与度的个案研究

在《培智学校义务教育生活数学课程标准（2016 年版）》的课程设计思路板块中点明："培智学校生活数学课程的设计，要充分考虑学生数学学习的特点，符合学生的认知规律和心理特征，有利于激发学生的学习兴趣。"培智学校学生的障碍类型不一，有孤独症、脑瘫、唐氏综合征、多动症、智力障碍、多重障碍等，他们的认识水平及个体需求也各不相同。本文之所以选择该名脑瘫学生作为个案，源于他在生活数学课堂中的参与程度较低。基于此，笔者通过对该名脑瘫学生的生活数学课堂参与的日常观察，分析其课堂参与度低的成因，从而浅谈如何设计具有趣味性的课堂练习，以促进其积极参与数学课堂。

一、个案基本情况

小宝（化名），男，2016 年出生，性格外向乖巧。该生为一名脑瘫学生，具体表现为轻度偏瘫，能独立走路，但稳定性较差。该生日常生活主要由父母和外婆照料，家庭关系和谐，对其给予了特别关注。该生表现出较强的社交意愿，愿意与教师积极地进行交流，发音清晰，具备较好的沟通能力和口语表达能力。认知能力良好，数学基础扎实，能够熟练认识 10 以内的数，并能够以手口一致的方式点数物品的数量。对所学的课堂知识理解和掌握较为出色，能够基本达到设定的教学目标。然而，由于右半边肢体障碍，该生虽有一定的书写能力，但无法完成一些精细动作，如贴纸、连线、打钩、画圈等。因此，该生在完成生活数学课堂任务时存在一定的困难，这导致其在该环节的课堂参与程度相对较低。

二、问题分析

小宝生活数学课堂参与程度较低的原因主要包括以下三点：

（一）自尊心强烈，易产生挫败感

尽管小宝性格外向开朗，但他也展现出相对敏感的一面。相较于其他学生，他更具主观表达意识，拥有独立的思考和想法。他清晰认识到自己在班级中属于佼佼者，故渴望在学校中表现出色，以获得教师更多的赞许和认同。然而，由于家中有一个正常发育的双胞胎哥哥，小宝心理上逐渐积累了浅浅的自卑感，导致他表现出自尊心强烈的特点。例如，在班主任稍微加重语气批评他上课走神的坏习惯后，会迅速流泪，有时甚至不愿意参与后续的课堂任务；在笔者表扬其他同学的练习成果后，他会表示自己的表现更出色，而其他同学不如他。

（二）自信心不足，易产生逃避心理

从一年级开始，笔者就观察到小宝喜欢证明自己在没有辅助的情况下能够独立完成任务，经常听到他用稚嫩的声音说"我自己来"。随着多次失败尝试后，他逐渐感到困扰，渴望得到帮助却不愿开口。小宝的书写能力一般，尤其在遇到带曲线的数字（如2、3、5、6、8、9）时，由于手部力量有限，书写曲线时会有困难。在遭遇失败后，他会产生逃避心理，即便得到教师的鼓励，仍然会说"这个我不会，太难了，下次再写吧"。这样的长期挫折经历对学生自信心的培养极为不利。

（三）新知已掌握，易伴发倦怠情绪

小宝在数学课堂上的表现出色，因其具备较强的逻辑思维能力和已有的数学经验，故可以在新授环节迅速达到教学目标。然而，这也带来了一个问题，已经掌握的内容对他缺乏吸引力。在培智学校注重反复加深记忆与理解的课程目标下，相同的内容需要分解成多个课时进行教授，以满足各层次学生的需求。在这种情况下，小宝很容易产生倦怠情绪，表现为趴在桌子上休息、发呆，对课堂练习漫不经心，并由于思维游移的状态导致错误频发。

三、干预过程

（一）精准制定学生干预方向

小宝作为一名脑瘫儿童，他的一些行为习惯，相比其他同学而言要好上太多，是具有可塑性的。所以，要先树立其规矩意识，养成良好的行为习惯，从根本上发掘问题的诱因，从而制定合适的干预方向。

1. 正向评价

针对小宝的特点与问题，作为教师，首先要从生理上关心、照顾他，并逐步适当地对其进行引导、教育，进一步了解他，走进他的内心世界。基于他敏感不自信的性格特点，在课堂中要多使用一些鼓励性的正向语言进行评价，促进他对课堂教学的情感体验，通过不断肯定他在课堂互动、交流中的点滴进步，帮助他建立自信心，从而使他以饱满的热情和欲望参与课堂教学活动。

2. 适配任务

既然是因为枯燥的练习内容或是多次的失败尝试使得倦怠情绪产生，那么就可以考虑融入趣味化的教学设计来更好地抓住学生的兴趣点，适当地根据脑瘫学生的障碍程度和身体机能情况，调整练习内容的难度和可操作性。学生在非常规的设计练习中游玩、操练，能感受数学活动所带来的魅力，将数学知识运用于生活，体验完成任务的成就感。从这些方向去思考调整，对于助力脑瘫学生课堂参与度的提升是一个不小的帮助。

（二）及时调整课堂练习内容

脑瘫学生的肢体障碍会使其在完成一些课后练习时有困难，根据小宝的问题表现，笔者在日常练习设计上进行了有针对性的调整，以更好地满足他的学习需求。以下是对调整后的课堂练习内容的简述。

1. 趣味绘画板

由于小宝的右半边肢体力量较弱，经常找不到合适的发力点，导致其书写时姿势扭曲，描写曲线时难以控制笔。例如，在写数字 5 时，到横虚线相交的地方应该写右半圆，他却写成了横折的模样，甚至有时候还会因为发力过猛导致描红纸直接破裂。书写能力的问题不仅使得他变得越来越不自信，也时常困扰笔者，因为后续的教学内容涉及加减运算，数字的书写是非常关键的一部分，必须打下良好的基础。

为了解决这一问题，笔者与语文老师合作，及时纠正小宝的书写姿势，并引入了"凹槽控笔"绘画本（如图1），帮助他进行曲线控笔练习。该绘画本包含不同主题和趣味的图案，配有握笔器，能帮助脑瘫学生正确握笔。字迹还会自动消失，可反复书写训练。这种趣味绘画方式既使学生在玩乐中学到知识，又逐步提升了控笔能力。同时，在和家长的沟通交流下得知，小宝在家中练习写字时大多使用的是较大字体的数字描红本，虽有一定的训练效果，但由于练习重复性高，久而久之容易对书写产生厌倦。现在有了反复擦写的趣味控笔练习，小宝不论是在家里还是在学校，对于这样的训练方式兴趣度都很高。这不仅对他的控笔

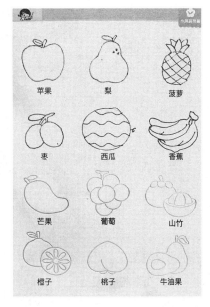

图1

能力是一个非常好的引导方式，对专注力的培养也有很大的帮助。

2. 巧用魔术贴

在培智学校义务教育实验教科书《生活数学》低阶段课本的最后，专门有一页贴纸页，是课本的配套练习，有许多练习需要用贴纸去完成。对脑瘫学生而言，这样的练习是最难的，因为仅仅将贴纸从纸上撕下来这个动作就非常困难，他们大部分都无法完成一些手部的精细动作，需要教师在旁进行辅助。在《比高矮》一课中，"练一练"的第2、3题需要学生根据物品高矮将它们从矮到高或从高到矮进行排列。笔者发现小宝能够正确判断出最高和最矮的物品，但是撕取贴纸的过程却千难万阻，完成后的贴纸由于被反复揉搓，变得皱皱巴巴的，反而是在教师的引导下旁边的B层同学完成得更完整、更整洁。这时可以明显感受到小宝产生了极度低落的情绪。

因此，对生活数学课本的配套贴纸练习，尤其是贴纸薄且难以撕下这一问题，笔者及时进行了调整。笔者在下节课的巩固练习中，将课本上的练习变作以任务板（如图2）的形式呈现，首先把教材中高矮不一的杯子图片放大后分别打印塑封，再选取了较厚的魔术贴（毛面）贴在塑封图片的反面，任务板上有一个虚线框，框中贴上三个魔术贴（勾面）。这样的调整使得撕取动作变得容易，且贴错也可快速调整，不会像贴纸那样容易撕破书本。这种任务板的练习形式可操

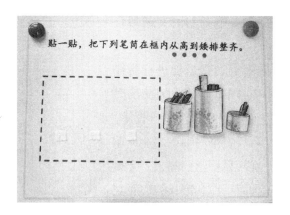

图2

作性明显提高，更适用于脑瘫学生。

3.沉浸式游戏

在生活数学一年级《认识球》一课中，笔者设计了"端杯传球"的感统训练游戏。学生将乒乓球置于纸杯底，再抓握纸杯运送到下一个纸杯底，在游戏中感受巩固球类特征。但是，小宝的手臂力量控制较差，要么抓握时直接把纸杯抓皱，要么是运送时十分艰难，整个活动过后，教师发现这个游戏的设计没有考虑到每名学生的个体能力。因此，笔者利用学生喜爱的夹珠玩具设计了另一个小游戏。具体而言，学生根据口令找到对应的数字卡片，根据卡片上的数字夹取相应数量、颜色的小球。例如，笔者发出"3"的口令，学生就要找到数字3的卡片，再用夹子夹取3颗黄色的珠子放入卡片凹槽内。这样的趣味游戏不仅融合了认识图形、数与量的知识，还培养了脑瘫学生的手部精细动作和抓握能力。

四、效果与反思

（一）效果

笔者使用了多种多样的教学具，让该生在形式丰富的教学环节中能够充分展现自己的学习能力，让他体验、享受到了学习中成功的喜悦，保持良好的心态去积极地参与每一堂课的学习。在一系列的训练活动后，笔者发现该生的书写能力和右手的活动能力都有所提升，并且在得到表扬评价后，其在后续的一些课堂活动中也表现出了比以往更强的自信心。

（二）反思

1.深挖趣味素材，激发学习兴趣

对于脑瘫儿童的教育方法，教师应该多角度考虑学生的问题成因。在课堂或课间，持续关注学生的情绪变化，分析其原因，并在教育活动中重视情感激发，注重学生的情感培养。还应及时调整授课的内容和形式，确保教学内容符合学生的学习需求。教师应该努力激发学生对数学学习内容的持久学习动力，抓住学生的兴趣点，深入挖掘生活中丰富的教学资源，整合并创设具有趣味性的学习体验活动。

2.实践游戏助推，灵活开展教学

教师需要积极思考各种教学环节的可行性，不仅限于课本内容的选择，而是关注每名学生的学习需求。在教学中灵活调整教学方法，有针对性地设计教学内容。脑瘫儿童尤其需要个别化的肌肉力量训练，因此，在练习选择上，应选用适当的教学具辅助学习，并设计一些富有趣味的综合实践游戏。这样可以使学生成为学习的主体，在参与的过程中巩固所学的知识内容，并加强薄弱部分的锻炼效果，帮助脑瘫学生建立对学习生活数学的自信心。需要注意的是，在实施个别化教育时，目标是确保学生逐步发展，因此，在教学效果尚未达到预期时，不能着急，而应以良好的心态面对教学中可能出现的各种突发情况，总结教学经验，采用不同的教学手段激发并培养学生对学习生活数学的热情。

培智学校学生课堂参与度的提升是一项复杂而需要技术与耐心的工作。特殊儿童的障碍程度多种多样，对特殊教育教师的专业水平提出了更高的要求。因此，我们迫切需要不断提升自身的专业技能，掌握有效的干预措施，并在实践中积累经验。在这个过程中，我们应巧妙运用有效的时机，结合学生的个性特点，实施针对性的教育方法，创设具有特色的课堂趣味练习和活动，从而助力培智学校学生更积极地参与数学课堂。

运用多感官刺激提高脑瘫学生绘画与
手工课堂参与度的个案研究

绘画与手工课程作为一般性课程，通过运用各种工具和材料，采取造型、色彩、构图等艺术手段完成作品的制作，旨在促进学生手眼协调，培养他们的视觉、观察、绘画与手工制作能力，发展审美情趣，提高审美能力，最终促进学生适应生活、融入社会。脑瘫儿童在参与绘画与手工课程时，往往因其自身障碍的限制，可能存在感觉系统异常、智能异常、情绪和行为异常等问题，因而难以较好地参与课堂教学。多感官刺激是指教师利用学生多个感官系统来获取新知识和技能，以提高学习效果和课堂参与度的教学策略。该策略旨在让学生通过视觉、触觉、听觉、嗅觉等多种感官感知和体验学习内容，以激发学生的学习兴趣，提高他们对学习内容的认知准确性、灵活性、协调性和综合性。针对脑瘫学生感觉系统异常等问题，多感官刺激策略能够有效改善其课堂的行为表现。同时，绘画与手工课程通常需要学生多感官参与才能完成教学内容。因此，笔者采用多感官刺激策略对脑瘫学生进行教学干预，以提高其绘画与手工课堂参与水平。

一、个案基本情况

小沈（化名），女，10 岁，特殊教育学校三年级学生，是一名脑瘫儿童。小沈肌张力异常，体态异常，走路时双腿一瘸一拐，很不稳；双手肌肉也一直处于紧绷状态，手部精细动作较差；智力较为落后。小沈能够在日常交谈中说较为简单的短句，但说话时存在口齿不清的问题，他人较难领会她的意思。

二、问题分析

经教师课堂的自然观察发现，小沈在参与绘画与手工课堂教学时存在以下问题。

（一）注意稳定性较差

小沈在课堂中的整体水平尚可，理解能力、认知能力均较好，但上课过程中经常被其他事物吸引注意力，每节课平均转头看向别处约十几次。分析该问题产生的原因主要为课堂教学缺乏趣味性，未充分考虑小沈在课堂教学中的兴趣，进而导致其出现课堂注意稳定性较差的问题。

（二）精细动作发展较为迟缓

小沈非常喜欢涂鸦、玩彩泥等，也能辨别常见物体的颜色和形状，会拿笔、会涂色，但对于捏、压、卷、拓印、折纸等精细动作掌握一般，难以制作出符合课程目标的绘画与手工作品。分析该问题产生的原因为：小沈本身固有的器质性缺陷使其精细动作能力的发展受到了较大阻碍。

三、干预过程及方法

（一）开展个性化评估，明确多感官刺激类型

为了更有针对性地为小沈制订个别化教育计划，教师通过个性化评估为小沈明确多感官刺激类型。首先，教师通过创设多感官刺激的情景，观察和记录小沈对哪些刺激更为关注和感兴趣；其次，依次呈现视觉、触觉、听觉、嗅觉等多种感官刺激，进一步确定小沈对多感官刺激的敏感和厌恶程度；最后，通过组合多种不同的感官刺激，明确小沈在多种不同感官刺激下的偏好水平和程度，以最终确定纳入干预的多感官刺激类型。经评估，小沈对视觉、听觉、触觉刺激较为敏感，因此，笔者决定将视觉、听觉、触觉刺激作为实施教学干预的多感官刺激类型。

（二）创设多感官刺激情境，吸引小沈的注意和学习兴趣

课堂导入环节是一节课的开头，对于学生的课堂学习至关重要，通过创设多感官刺激的情境，能吸引小沈的注意力和学习兴趣，使其以较好的状态参与课堂学习。例如，在《荷包蛋》一课中，教师依据课文内容利用多媒体设备创设了

多感觉刺激的情境：小猪佩奇是个懂事的孩子，今天他为妈妈准备了一顿丰盛的早餐。接着，屏幕上显示厨房的图片，点击电饭锅发出水烧开的声音，让学生猜猜佩奇正在做什么。小沈立马被这特别的声音吸引，并大声地说出了佩奇在煮馄饨、面条等。教师在得到小沈的回应后继续点击图片，电饭锅上就出现了饺子。同样，点击蒸笼，会发出水蒸气的声音，点击平底锅，会发出油煎的声音，教师在得到小沈的猜测后依次点击蒸笼和平底锅，结果，蒸笼中出现了小笼，平底锅中出现了荷包蛋。通过视觉、听觉等多感官刺激的教学活动，教师充分调动了小沈的注意力，激发了其积极参与课堂的兴趣，使她能够在已有的认知基础上，自主想象、思考，并饶有兴致地猜测，主动参与到课堂学习中。

除了视觉、听觉等多感官刺激外，教师也尝试用互动式导入吸引学生的有意注意。例如，在《丛林中的小花豹》一课中，教师以丛林选美大赛为背景，出示附有各种动物花纹的图片，让学生通过花纹猜一猜有哪些动物参加了选美大赛。教师让小沈到多媒体前选一张图片说一说，小沈指着一张以翠绿、青蓝、紫褐色组成的眼状斑纹图片说"这是孔雀"。随即，教师让小沈自己动手点一点图片，一只孔雀伴随着音效出现在眼前。看见孔雀的小沈开心极了，迫不及待地想继续点击猜一猜其他花纹下究竟是什么动物。这种互动式的教学情境设置，在充分发挥多感官刺激有效吸引小沈注意力和提高其学习兴趣的同时，深化了交互式课堂教学对小沈积极参与课堂教学的重要价值。

（三）开展多感官刺激游戏，提升小沈课堂参与程度

在《丛林中的小花豹》一课中，教师为了让小沈了解点、感知点，循序渐进地设计了一系列活动。通过展示草莓、珍珠项链、亮着灯的高楼、池塘等一系列图片，让小沈说一说哪些东西是一点一点的，将绘画与手工课程内容和生活中密切接触的事物紧密结合起来。通过观察，小沈很快说出草莓的籽、珍珠、池塘里的小蝌蚪、雨滴都是一点一点的。同时，教师为了让小沈更容易理解"点"的概念，用多媒体上闪烁的红色小点点强调这就是点，通过视觉刺激不断加强小沈对点的认识和理解。在小沈对"点"有一定的认识之后，教师提议用颜色不同、大小不同、形状不同的贴纸，自行创作出一个点的世界。由于小沈的手指动作不太灵活，撕贴纸时动作较为缓慢，久而久之，可能会失去耐心，因此，教师给小沈准备了更大的贴纸，通过降低任务难度的方式锻炼其精细动作的发展，使其能够更好地参与课堂学习。过了一会儿，小沈果然全程专注地将贴纸撕成大小不一的

三角形、圆形、正方形等多种图形。小沈通过自己动手操作感知到点的大小和形状，成功创作出了一个丰富多彩的点的世界。通过视觉、触觉等感官参与的游戏，不仅能够锻炼小沈精细动作的发展，还能以更容易接受的方式使其习得课堂教学知识。

（四）提供多感官辅助器具，提高小沈动手操作能力

绘画与手工课堂教学过程中，教师一般会给学生留大约10分钟的自我创作时间。如何充分利用自我创作时间，是确保学生充分参与课堂教学的重要问题。例如，在《美丽的油菜花》一课中，教师在课堂上讲授了多种绘画方法，其中，拓印和按压是制作油菜花画作的关键。在先前的练习中，由于小沈的手部肌肉控制不好，直接拿报纸拓印很容易把手弄脏，而且报纸松松散散，小沈难以用手将报纸握紧，常常画到一半就离开座位。于是，教师依据小沈的特点对工具进行了改良，即将报纸塞进纸杯中，做成冰激凌球状。拓印时让小沈握住杯子底部，以保持拓印时手部姿势的稳定。在熟练运用改良工具之后，教师为小沈示范如何用颜料在画纸上制作美丽的油菜花，先蘸取颜料，再按压在画纸上，将手抬起，再按压，就这样，随着工具在画纸上舞动，美丽的油菜花很快就制作完成了。制作完油菜花后，还需要制作油菜花秆，按压出长条状的油菜花秆是非常精细的动作。小沈需要将彩泥搓成一个个黄豆般大小的球，再按压到画纸上，慢慢揉搓成长条状。由于小沈的手指不协调，揉搓力度难以控制。因此，教师为小沈配备了亚克力板，以增大揉搓面积，让小沈用手腕的力量去揉搓彩泥。通过亚克力板的辅助，小沈顺利地将彩泥搓成了长条状，成功制作出了美丽的油菜花。多感官辅助器具不仅能够提供多种感官刺激，而且能够提升小沈的动手操作能力，锻炼其精细动作能力，使其课堂参与度得到提高。

四、效果与反思

在教学过程中，教师可以利用学生熟悉的生活情境或动画情境进行教学，来激发小沈的学习兴趣，例如，利用视觉刺激能够为学生带来直观的教学体验，吸引学生的注意力和提高学习兴趣。利用听觉刺激能够营造真实、丰富的课堂氛围，增强课堂感染力，使学生尽快地进入课堂学习状态。对小沈来说，她的认知发展较为迟缓，尚处于以形象思维为主的具体运算阶段。如果外界的刺

激较为强烈，她的感受就会更加深刻；要是外界的刺激无法唤起对小沈的感官刺激，那她对知识或实物的理解往往仅能停留在表面。因此，在课堂教学过程中，教师可以通过视频、图片、音乐、实物、模型来刺激她的视、听、触、感等多重感官，特别是那些精妙的图片、应景的音乐、趣味性的游戏、质感突出的实物或者模型，都能够非常有效地提高小沈的课堂参与度，并加深其对知识的理解。

在实施多感官刺激策略的过程中，笔者也进行了一些反思。首先，我们需要关注的是学生的反应。不同的学生有不同的学习风格和偏好，有些可能更倾向于听觉学习，而有些可能更依赖视觉或触觉体验。因此，教师在实施多感官刺激策略时，需要密切观察学生的反应，以便了解学生对哪种感官刺激更为敏感或抵触。若学生对听觉刺激特别敏感，教师需要在设计教学活动时尽可能提供听觉刺激，在情境模拟时适当搭配一定的背景音乐。此外，教师也应重视学生的积极情感体验。多感官刺激策略可能会引发学生某些情感的反应，如焦虑、兴奋等。教师需要密切关注这些情感反应，并提供必要的支持和引导。教师应该通过实施差异化教学和个别化教育，帮助学生在原有基础上获得最大限度的发展，坚信每名学生都具有学习的潜能。当然，我们也必须意识到多感官刺激策略并非万能。尽管多感官刺激在许多情况下都能取得良好的教学效果，但也可能导致一些问题。例如，过度依赖感官刺激可能导致学生在没有这些刺激的情况下无法集中注意力。此外，过多的感官输入也可能使学生感到混乱或不知所措。在一节课的学习中，应该注意多感官刺激策略的使用次数，适量地穿插在整节课中。只有这样，我们才能真正发挥多感官刺激策略的优势，为特殊学生带来更好的学习体验。

运用正向评价提高唐氏综合征学生
生活数学课堂参与度的个案研究

生活数学课程作为一般性课程，旨在帮助学生掌握必备的数学基础知识和基本技能，培养学生初步的思维能力，促进学生在情感、态度与价值观等方面的发展，为学生适应生活、适应社会奠定重要的基础。唐氏综合征儿童作为培智学校较为常见的障碍类型学生，其在参与生活数学课堂时常常表现出注意力不集中、问题行为频发、漠视沟通互动与交流等问题，难以主动参与生活数学课堂的学习。正向评价作为一种教学策略，旨在以学生的意识感受为主体，通过教师给予肯定和鼓励等评价策略来激发学生积极的学习状态。多项研究已经证实，正向评价策略的运用能够激发学生积极的学习态度，提升教学效果，提高学生的课堂参与度。同时，正向评价不仅能激发学生的学习兴趣，引导他们纠正错误，增强自信心，拓展情感体验，而且能为与教师的互动提供契机，促进学生的社会性发展，正向评价策略的运用充分体现了师生情感相激、思维相撞、智慧互成的教学互动全貌。鉴于此，本个案研究通过运用正向评价策略提高唐氏综合征儿童生活数学课堂参与水平，帮助他们克服心理障碍、改进学习方法，使他们对生活数学产生浓厚的兴趣和树立学习信心，从而调动唐氏综合征儿童课堂学习的积极性，提高课堂参与水平。

一、个案基本情况

君君（化名），女，13岁，培智学校七年级学生，是一名唐氏综合征儿童，韦克斯勒智力测验得分38分。君君身体状况良好，喜欢模仿他人，反应能力较为迟钝，平时能够听从教师发出的指令，有一定的语言表达能力，总是逃避动手操作任务，生活数学课堂参与不积极。

二、问题分析

经教师课堂的自然观察发现，君君在生活数学课堂上存在以下问题：自卑、消极，对生活数学学习没有自信；注意力难以集中，自制力较差，对数学学习内容没有兴趣；畏难情绪严重，逃避数学学习任务；对他人的言行过分敏感，缺乏社会沟通和交往意愿，数学运用能力较差。综合分析，主要由以下原因造成。

（一）个体因素

君君的个人性格主要为漠视、懒散、惰性重，仿佛一切与她无关。在数学课堂上更多地表现为注意力不集中、自制力差，时常看窗外，嘴里喃喃自语，像是在做白日梦，对于同伴和教师的召唤不予理睬。对简单的操作任务，也懒于动手，宁愿趴在桌子上等待教师或同学的帮助。对自己感兴趣的事物，如音乐、多色的卡牌学具、卡通人物等，则会打破课堂纪律，自说自话地"舞动"身体，抢夺摆玩，一旦教师予以制止，就显得十分沮丧，愈加沉闷。君君在数学课堂上只要碰到一点困难就退缩，一个人呆坐，重复着抓头的刻板动作，甚至哇哇大哭，引起同学或教师的注意与妥协，以此来逃避学习任务。

（二）家庭因素

君君是家里独女，父母离异，从小由爷爷奶奶照顾。母亲缺乏耐心，因为工作繁忙很少与君君接触，对孩子没有太多的了解；家庭沟通方面，爷爷奶奶较能理解孩子的想法和需求，但与孩子的沟通较少，同时由于文化程度的限制，难以在教育方面为君君提供相应支持，且在生活中对其呈放任与打骂两个极端的状态。通过走访调查得知，在促进君君生活适应方面，家长很少给予实践的机会，一旦做错，就会惩罚君君。

（三）学校因素

君君在特殊教育学校就读近七年，学校教师每个学期为她制订的个别化教育教学计划中，把提高语言能力、认知能力、思维能力和运动能力的培养作为教育的重点。学校的教师基本能明白她课堂行为的需求并能应对，但周围的同学或伙伴没有较好的能力去理解和帮助她，有时会无意间诱导她的不良行为。这也是导致君君生活数学课堂参与水平较低的重要原因之一。

（四）社会因素

唐氏综合征儿童由于自身的缺陷，常常被人冷落、歧视、嘲讽，因此，他们面临的是过多的失败和打击。这样长期的负面影响，使他们形成了消极的态度，产生了自卑感，丧失了自信心。然而，所有的孩子都有一个共同的心理特点：希望老师和同学尊重自己，希望获得荣誉和鼓励。特殊学生是这样，唐氏综合征儿童更是如此。随着年龄的增长，君君的课堂退缩情况和低参与度越来越严重，且随着数学学习内容难度的增加，懒散逃避数学学习的现象也越来越频发，这就需要教师运用正向评价来提高其课堂参与度，帮助其解决数学学习问题。

三、干预过程及方法

（一）运用正强化式评价，激发君君的学习兴趣

君君的感知非常缓慢，对数学学习很难做到长时间的保持与关注，多为置之不理。这就需要教师在教学时不断重复和强化，促进其短时记忆向长时记忆过渡，巩固感知，通过表扬评价激发其兴趣，树立自信。

在生活数学课上课之前，教师开展"小火车"数学口算题游戏，正确回答口算题的学生可以获得一张彩色的火车票。君君对该游戏非常感兴趣，并在教师的辅助下完成了口算题，顺利获得了喜欢的彩色火车票。紧接着，教师提议在《小火车》的音乐声中，完成火车票背面的计算题，完成得最快、最准确的学生可以获得拉响火车鸣笛的机会，同时作为本周的小火车头，带领同学开展火车接龙与每日朗读的练习。当音乐响起，君君快乐地扭动身体，迅速地完成了计算题（与她先前的口算题目相同），并高举着火车票。这时，教师通过语言（哇！君君真棒）和动作（竖起大拇指，为君君点赞）的正向评价，给予了君君积极的关注和反馈。君君在一片欢乐声中，大胆自信地拉响了鸣笛，并大声地带领大家朗读每日练习题。

（二）运用榜样式评价，克服君君的畏难情绪

榜样的力量是无穷的，用成功的案例激励君君，她就有了前进的方向和目标。

教师加以鼓励与评价，信心倍增的君君将以更大的努力投入学习。

在学习"8的组成"时，教师提供8颗重量相同的珠子，通过由学生将不同的珠子落向2条赛道，以此来感受8的不同组成，同时比一比谁做得最好，讲得最准确。首先，请男生做一做、说一说、比一比，金金（君君班级中最好的朋友）做得最快最好，教师领头为金金鼓掌，君君看到金金的表现鼓掌得异常激烈！那么，接下来哪位女生愿意第一个来呢，君君看到金金的表现，踊跃地想要试一试。于是，教师依据君君的需求为其增加了学习支架（在下方接球的位置，加上重力感应器，有几颗珠子触碰就在上方显示数字几）。君君通过独立地认真操作，仔细地读着显示器上数字的变化，兴奋地、快乐地高喊："4和4组成8，老师我还想试一试！"此时，教师指出君君表现得和金金一样棒，也是同学们的好榜样，并通过语言（你行我也行）和动作（鼓掌）表达正向评价。

（三）综合运用正向评价，提高君君的课堂参与

在数学课堂上，君君从来不举手回答问题，一旦教师发问，便朝窗外望去，以表"与世隔绝"。笔者尝试利用君君最喜欢的卡通人物引起她的注意，用卡通人物的评价来反馈她的回答，激起的不仅是她心中那份自信与自豪，更是那种勇于挑战、追求知识的热望。

君君最喜欢《熊出没》中的人物，笔者便将动画片中的人物引入生活数学课堂。教师在大屏幕上呈现熊大、熊二的卡通形象，引出他们一共保护了森林里多少棵树木的问题，成功吸引学生主动举手回答问题。通过播放熊大的形象和语音"勇敢熊熊，保护自然"和熊二的形象和语音"勇敢熊熊，不怕困难"，不断激励君君上讲台回答问题。君君通过点数顺利得出熊大、熊二共保护了森林中17棵树木，虽然没有运用加法计算，但君君主动举手回答问题的表现值得称赞和表扬。教师在君君完成任务后，播放熊大对君君的评价：完全正确！你真棒！加入我们，完成闯关，保护森林。教师紧接着说"君君也是勇敢熊熊的一员了，我们一定要不怕困难，认真学习"。整节课，君君全神贯注地参与数学活动。

四、效果与反思

教师通过运用正向评价，使君君的课堂参与水平得到了有效提升。这种课堂参与水平的提升主要体现在：君君上课能够积极主动思考，大胆发言，学习潜

能得到了激发。随着课堂参与水平的提高，君君在与他人沟通交流、生活自理方面都有了较大的进步。除此之外，君君的畏难情绪也得到了改善，从一开始遇到问题时总说"我不行""我躲开"，转变为高喊"我能行""让我试试"，家长也反映，君君似乎长大了许多，做事情变得越来越积极，常主动表示有能力去完成。生活数学教师通过使用正向评价，创设了和谐、愉快的课堂气氛，以真挚丰富的感情提高了君君的学习兴趣，唤醒其数学学习动力，树立了平等合作的良好师生关系。

但在不同干预阶段运用正向评价时也存在一定的问题，教师的鼓励性语言通常是"好厉害""很好""你真棒""你真聪明""你做得真好""你练习得很认真"……如果君君第一次听到教师如此表扬她，会十分高兴，可如果次数多了，君君听了会毫无感觉，还有可能失去激励的作用。因此，教师在教育教学中对君君实施正向评价时应当及时、客观且具有针对性。例如，君君判断准确，动作规范，做得很快，教师就对其评价："颜色分辨得准确，掌握了图形的特征，归类摆放整齐，有很大的进步！"这个评价对她本人更有激励性，更具有意义，对其他学生来说也有辐射示范作用。因此，将正向评价效益扩大，让评价的内容明确、有效，也是教师须进一步探索与研究的方向。

需要注意的是，正向评价并不是在数学课堂上要一味地表扬，相反，当唐氏综合征儿童出现问题的时候，要及时帮助其认识错误，并教会他们善于倾听、欣赏、反思、接纳、修正自己的不足，目的是树立信心，更好地投入数学学习，提高其课堂参与水平。

运用同伴指导策略提高多重障碍学生艺术休闲课堂参与度的个案研究

艺术休闲课程是一门选择性课程，旨在通过文艺、体育、游戏、旅游等多种休闲方式，培养学生的休闲能力，陶冶生活情趣和生活品位，提高学生的生活质量。多重障碍学生指学生兼具两种以上的障碍，且障碍之间没有因果或连带关系，这些障碍包括生理、感官、心理或行为等层面，会影响儿童的正常发展和教育。多重障碍学生常常在艺术休闲课程中表现出较低的课堂参与水平。为了提高多重障碍学生在艺术休闲课堂的参与水平，学校开展了一系列融合性的校园活动，以扩展艺术休闲课程的实施形式，在融合活动的开展过程中，笔者发现应用同伴指导策略对提升多重障碍学生的课堂参与水平具有积极的作用。因此，笔者通过系统运用同伴指导策略，提升多重障碍学生艺术休闲课堂的参与水平。

一、个案基本情况

小金（化名），男，九岁，培智学校四年级学生，患有孤独症谱系障碍及语言障碍，是一名多重障碍儿童。在语言理解与表达方面，小金能够理解并遵循日常生活中常见的语言及动作指令，但其语言表达能力较弱，难以表达自身想法和观点，在与教师、同伴交往过程中难以给予适当回应。在动作方面，小金具备一定的模仿能力，喜欢动手操作，热爱绘画，能够按照简易步骤图进行手工活动。此外，小金注意力维持时间较短，共同注意较为欠缺，但情绪控制相对稳定，当面临困难时偶尔会出现扔东西、尖叫等问题行为。

二、问题分析

笔者经课堂自然观察发现，小金在参与艺术休闲课程时存在以下问题。

（一）课堂参与度较低

小金在课堂上始终处于游离状态，难以适应课堂氛围。分析该问题产生的原因可能为小金缺乏参与课堂的兴趣，或课程目标对小金现有能力发展水平而言具备一定的难度。

（二）语言表达能力较差

小金往往无法清晰地表达自己的观点和想法，难以与教师、同伴建立起良好的沟通关系。分析该问题产生的原因可能为小金在课堂环境下较少主动与教师、同伴进行沟通，缺乏主动表达意愿是影响其语言表达的重要原因。

（三）社会交往意愿较低

小金在课堂中无明显的社交意愿，常常回避互动类游戏活动。该问题的产生往往与自闭症社会交往障碍等核心障碍特征密切相关。

三、干预过程及方法

分析小金的问题行为后，为确保其更好地参与艺术休闲课堂，笔者采用同伴指导策略对其进行教学干预，通过不同同伴间的指导与互动，提升小金的课堂参与水平。

（一）智障学生指导智障学生

针对小金在语言表达能力、社会交往等方面的不足，笔者在小金所处班级中选拔了一位同伴指导者——圆圆。尽管圆圆是一名唐氏综合征学生，但她的语言理解与表达能力较为优秀，且具备较好的社会沟通和交往能力。同时，圆圆具备较强的共情能力，能够主动与同伴沟通，并乐于提供帮助。在艺术休闲课堂上，教师通过创设游戏情景，引导圆圆协助小金掌握游戏玩法，并通过游戏活动让小金锻炼和学习一定的社会沟通和交往技巧。

圆圆作为指导者，须掌握发起社交、回应、游戏讲述和示范等先备技能。教师经过一个月的训练指导，确保圆圆能够将所学应用于指导小金参与游戏活动。例如，在"赶小猪"游戏中，圆圆主动与小金搭档，展示了如何运用木棒滚球克服障碍。尽管初始时小金未能立马掌握滚球技巧，但经过圆圆多次一对一的指导和示范，小金逐步掌握了动作要领，并能够积极参与活动；在"拔萝卜"的游戏中，笔者创设了拔萝卜的生活情景，引导学生扮演相应角色，共同完成拔萝卜的游戏。圆圆在选择角色时，积极鼓励小金参与游戏活动，并悉心教导小金拔萝卜的动作要领及"来了、来了"等台词。最终，小金与班级同学齐心协力，成功完成了"拔萝卜"的游戏。在圆圆以指导者参与小金的课堂活动后，小金在艺术休闲课堂上变得更加积极。此外，小金在游戏活动中也从之前的沉默旁观者转变为积极参与者。

（二）普通学生指导智障学生

艺术休闲课程的阵地通常不局限在常规的课堂环境之下，学校充分利用学区资源，打造融合活动，使学生能把在课堂中学习到的艺术休闲知识切实应用到日常生活中，促进学生的全面发展。"爱心超市"是本校与南汇二中一起创办了十多年的"老店"，每年二中的学生都会来这里，与我校的学生共同开展融合活动。有一位小金的固定合作伙伴"小张"，他是一名七年级的大姐姐，富有爱心、热情和耐心。在一次"爱心超市"的义卖活动中，笔者发现小金一直在小张同学的摊位前徘徊，但他涣散的眼神和嘴里时不时的喃喃细语，让身边的同学搞不清状况。但小张同学一直耐心地询问他是不是想要玩具，并把自己摊位的玩具向小金一一展示，供其挑选。

此次活动之后，笔者找到小张同学进行了访谈，了解到她是名有高度责任心、对他人富有同情心、生活经验丰富的学生。在征得小张同意后，笔者让小张成为小金的同伴指导者。每次开展融合活动时，笔者专门设计同伴指导的内容，并将同伴指导的内容和要点一一与小张进行讲解、演示。例如，在"我会逛超市"的融合活动中，小金作为购物者，需要采购购物清单上的商品，小金独立完成该活动存在一定的困难，因此，小张作为同伴指导者在此次活动中需要与小金一起制作购物清单（购买物品由小张和小金一起商讨，记录由小张完成书写部分，小金完成绘图部分）；陪伴小金完成商品采购（由小张示范如何根据购物清单选择正确的物品，在小金无法独立完成时，小张进行适当的提示和引导）；示范并指导小金如何与收银员开展对话，直至顺利完成采购任务。在此次活动实施过程中，通过小张的支持与指导，小金从最初仅能在货架前徘徊到最终成功采购商品，激发了他参与休闲活动的信心和热情。

（三）智障学生指导普通学生

尽管小金是一名多重障碍学生，但他具备较强的动手操作能力，且成功加入了学校的国画社团和彩泥社团。小金在动手操作方面具备指导普通学生的能力。因此，笔者尝试让小金担任普通学生的指导者，在帮助普通学生锻炼动手操作能力的同时，改善小金的社会交往和沟通能力。

学校与荡湾幼儿园共同创建了"融爱社"，幼儿园的孩子们会不定期前来本校参与活动。在本校举办"听·画"画展期间，各艺术社团成员须负责接待前来参观的"融爱社"的小朋友，引领他们体验艺术活动并完成艺术作品。笔者通过与小金的接触，了解到他具备为弟弟妹妹指导绘画、手工作品的意愿，但对于如何指导弟弟妹妹完成作品仍缺乏一定的信心。

笔者与小金共同商定了指导策略，即笔者为小金拍摄操作步骤图，并将步骤图制作成展板。小金只须依据操作步骤，用自身语言表达能力对各步骤进行描述与解释。小金通过一段时间的训练，果然能够依照步骤图一步一步指导弟弟妹妹完成彩泥手工。虽然小金的指导语言较为简洁，但示范的操作动作十分清晰易懂。当看到弟弟妹妹最终制作出一个个精美的彩泥作品时，小金的脸上也洋溢着满意的笑容。在后续的挖红薯活动中，小金运用生活适应课堂上习得的技能，主动帮助弟弟妹妹挖红薯。在此过程中，小金通过主动帮助幼儿园小朋友，锻炼了其同伴交往技能。

四、效果与反思

经过笔者的教学实践干预，小金的语言表达能力得到了提高，社会交往和沟通的意愿得到了增强，在艺术休闲课堂上的参与水平也得到了显著提高。

这一实践经验让笔者深刻认识到，同伴指导策略在特殊教育实践中具有广泛的应用价值。但在运用同伴指导策略时应注重以下问题：

（一）在实施同伴指导策略时，同伴指导者的选择尤为重要，无论是培智学校校内的同伴指导者，还是融合活动中普通学校的同伴指导者。这些同伴指导者不仅要具备良好的沟通能力，还要有耐心和爱心，能够理解和关心多重障碍学生的需求和感受。在同伴指导者的选择过程中，教师可以通过观察学生在课堂上的表现，了解学生的性格特点、兴趣爱好和人际关系，从而选出适合担任同伴指导者的学生。

（二）教师需要为同伴指导者提供充分的培训和支持。培训内容应包括与多重障碍学生沟通的技巧、指导方法和注意事项等。在培训过程中，教师要强调尊重和关爱多重障碍学生，避免因行为不当而伤害到他们的自尊心。同时，教师要合理安排同伴指导者在课堂上的角色和任务。在教学过程中，教师可以将同伴指导者与多重障碍学生分在一组，让同伴指导者协助多重障碍学生完成各项活动。这样既能使多重障碍学生在同伴指导者的帮助下提高参与程度，又能让同伴指导者在实践中锻炼自己的组织协调和沟通能力。在此过程中，教师要密切关注课堂动态，适时给予同伴指导者和多重障碍学生鼓励和指导。

（三）教师还须关注多重障碍学生的个体差异，针对不同学生的需求制订个性化的教学计划。例如，对于行动不便的多重障碍学生，教师可以安排同伴指导者协助他们参与体育活动，提高他们的运动能力；对于语言表达能力较弱的多重障碍学生，教师可以让同伴指导者帮助他们进行文艺创作，提高他们的审美能力。通过个性化教学，让多重障碍学生在艺术休闲课程中找到适合自己的发展路径。

家校协作提升多重障碍学生艺术
休闲课堂参与度的个案研究

艺术休闲课程是一门选择性课程，旨在通过文艺、体育、游戏、旅游等多种休闲方式，培养学生的休闲能力，陶冶生活情趣和生活品位，提高学生的生活质量。该课程不局限于传统的课堂教学，课程实施过程中有诸多家长能够适时参与的内容。多重障碍学生作为培智学校较为常见的障碍类型学生，其参与艺术休闲课程时往往会遇到诸多障碍和困难。具体体现在大部分多重障碍学生在生理、感官、心理和行为方面存在问题行为影响其正常发展和教育。在该背景下，对多重障碍学生的教学干预离不开学校和家庭的共同努力。学校是教育的主阵地，家庭是学校教育的同盟军。学校教育要得到家长的支持，家庭教育应得到学校的科学指导，互相补充，才能形成教育合力，促进学生全面、均衡发展。因此，笔者通过运用家校协作对多重障碍学生进行干预，以提升其艺术休闲课堂的参与水平。

一、个案基本情况

小宝（化名），8岁，培智学校二年级学生，经医学诊断为智力障碍，伴随肢体偏瘫，是一名多重障碍儿童。小宝能自主进食，可以尝试表达自身需求，能够与教师和同伴进行简单的沟通交流，但课堂注意力持续时间较短。教师在与家长的沟通中了解到，小宝家中还有一个双胞胎哥哥，家人把更多的关注放在哥哥身上，常常会忽略对小宝的关心，导致小宝常有失落感，情绪控制能力较差。

二、问题分析

　　经教师自然观察发现，小宝在参与艺术休闲课堂时存在以下问题：① 运动能力发展欠佳。在精细动作方面，表现为手部力量不足，难以双手配合撕开或剥开食物，较为简单的"大把抓、对指捏"都不能较好地完成；在粗大动作方面，表现为肢体动作不协调，"跳""跑""爬"等粗大动作完成较差，产生该问题的原因主要在于小宝自身肢体偏瘫，仅靠右腿支撑，左腿行走困难；② 情绪状态不稳定。在平时的课堂活动中，一旦小宝的需求得不到教师的满足，会立马情绪失控，哭闹不止，有时会伴有嘶吼或是双手握拳，用指甲使劲抠自己的掌心，用伤害自己的方式让成人对其妥协，从而达到自己的目的。若教师采用冷处理的方式，让小宝平复情绪，保持冷静，他会哭闹得更加厉害。分析该问题产生的原因可能与小宝在家庭中较少受到父母的关注有关。

三、干预过程及方法

　　《培智学校义务教育艺术休闲课程标准（2016 年版）》关于家庭教育课程资源的开发与利用指出："鼓励家长引导学生充分利用家庭资源开展休闲活动，并鼓励家庭成员共同参与。"因此，笔者通过与小宝家长建立密切沟通与联系，旨在通过家庭支持、家长的教育魅力，以家校协作的方式，整合家庭和学校的资源，使小宝在艺术休闲课堂中锻炼运动能力、学会控制情绪，逐步提升其课堂参与水平。

（一）家长提供行为支持，增强运动能力发展

　　多重障碍学生的发展与教育，离不开学校和家庭的支持。其中家长的行为支持在多重障碍学生的教育中发挥着重要作用。教师通过家校协同的方式，为家长传授科学的育儿观、针对性的专业知识技能、符合学生个性化教育需求的支持举措。家长将来自学校的指导与教育，切实转化为家庭教育的行为支持，与学校共同解决学生在学校中存在的问题行为，促进多重障碍学生全方面发展。

　　针对小宝运动能力发展缓慢，例如，存在手部力量不足、较为简单的"大把抓、对指捏"难以较好完成等问题，笔者与家长进行密切的沟通，向家长反馈

了学生在课堂上的表现，并提出在家庭环境中为小宝开展运动能力训练的诸多建议。考虑到家庭环境中教学材料有限，笔者建议家长从最简单的"抓握"开始改善小宝的运动能力，选取的游戏材料也是家中常见的。例如，从学生喜欢的积木入手，培养小宝练习抓握家里处处可见的小积木，并逐渐增加难度。让小宝在休闲活动中依次练习掌抓、把抓、指尖抓、三指两指抓积木等多种不同难度的动作。在多次的操作中，小宝的手指抓握能力有了一定的改善，家长的态度也从刚开始的敷衍转变为积极面对。此外，在完成笔者提供的训练建议外，家长还自发从网络上找到一些练习抓握、锻炼手部力量的休闲游戏，例如，将海洋球贴在宽胶带上，让学生自由抓取下来，可重复多次练习，以此来锻炼其手部力量。有时家长还会将学生练习时的视频录制下来分享给笔者，希望笔者能够给予针对性的训练建议。

在与家长的持续沟通中，笔者依据学生的实际掌握情况，不断调整家校协作的具体策略和方法，给予家长积极的行为支持，为学生准备更多、更精细、更适合在家庭中开展训练的教学用具。在教师的指导下，家长逐渐掌握了在家庭环境中锻炼小宝运动能力的方法，小宝的抓握能力也由此得到了提升。

（二）家长正向引导，促进自信心发展

家长是孩子的第一任教师，也是孩子生命历程中最为亲密的依靠。而对多重障碍学生而言，亲密的亲子关系，能够给予他们最温暖的关怀、最坚实的安全感。案例中的小宝，因为存在肢体障碍，在没有成人、同伴的搀扶下，走起路来很费力，因此，小宝逐渐产生了自卑的心理，对参与户外休闲活动有抵触的情绪。其他学生在操场上游戏时，小宝就坐在一旁看着，笔者多次鼓励小宝参与游戏，而小宝就是不为所动。笔者在与家长的沟通中了解到，小宝不光对户外活动较为抵触，平时的康复课也不愿意参加。笔者发现产生该问题的原因可能为小宝平时在家庭中进行训练时，家长总会在言语上给予否定——"怎么这么久了，还走不稳"、"能不能走快一点"，指导起来也没有耐心。家长短时间内难以看到小宝的变化，更是质疑康复的效果。久而久之，小宝产生了自卑的情绪，对一切活动产生抵触情绪。

笔者积极开导家长，帮助家长走出焦虑、迷惘的状态，建议家长在教导小宝时，要放平心态，积极正向地引导小宝。家长作为孩子的榜样，一言一行非常影响孩子，因此，尽可能不要在孩子面前表达较为负面的情绪，而要给予孩子积

极向上的支持与情绪体验。同时，笔者积极鼓励家长正视孩子的特殊性，认识到多重障碍学生的康复是一个长期、缓慢的过程。家长应当具备坚定的信心和足够的耐心，通过不断的练习和观察，全面了解孩子的优劣势，当小宝表现出进步时予以肯定。此外，笔者还鼓励家长用正向的语言给予积极的引导，避免负面的语言给孩子造成心理上的负担。在家长日常的反馈视频中，能够看到家长从一开始不耐烦的催促，到之后的耐心引导——"没关系，慢慢来"、"不着急，我们等你"、"加油，你很棒"。在家长的鼓励下，学生也慢慢愿意参与休闲活动和课堂教学，与同伴的互动也越来越多，就连平时从不报名的社会实践和亲子活动，家长也带着小宝踊跃参与。

　　家人的安抚，给予学生内心的勇敢；家人的鼓励，给予学生前进的动力。家人积极正向的引导，让他勇敢地跨越了内心的不安。似朋友般耐心沟通和教育，比一味谩骂和打压更有效，更何况面对的是多重障碍的学生，他们更加需要家长的耐心对待，当他们取得进步时，应及时给予肯定和表扬，培养他们的自信心，提高参与休闲活动和课堂的积极性。

（三）家长提供精神陪伴，培养情绪控制能力

　　家庭是儿童成长的摇篮，家长不仅要关注孩子的身体健康，更要关注孩子的心理健康，尤其是情绪管理方面的问题。

　　笔者在与小宝的沟通中，以及从接送上下学的祖辈口中了解到，小宝的爸爸妈妈平时将更多的辅导精力放在了在普校就读的双胞胎哥哥身上，对小宝的关心较少。因此，小宝平时总会用哭闹、自残的行为来换取父母的关注。一开始，家长会耐心安慰几次，时间久了，家长便采取冷处理的方式，任其哭闹。在了解其家庭情况后，笔者与小宝的父母沟通，希望父母能抽出一半的时间去陪伴小宝，并鼓励家长带小宝走出家门，慢慢适应社会环境，增进亲子关系；在小宝情绪失控时，能主动了解原因，并针对性地解决问题。在之后的一段时间内，笔者对小宝的家长进行了追踪回访，据小宝家长反映，每周末都会抽出时间，陪小宝去附近的公园、动物园走走逛逛，即使小宝走路不方便，家长也耐心引导，走在他身边慢慢陪伴；平日里，妈妈辅导哥哥学业，爸爸就陪小宝玩休闲游戏，相较之前更多了一份耐心。家长表示，小宝最近的情绪较为稳定，较少出现情绪失控的问题，博关注式的无理取闹少了很多。小宝在家长的精神陪伴下，切实感受到了家人的关注和疼爱，在艺术休闲课堂上的表现也有了改观，在小宝情绪趋于稳定

后，与同伴的交流也逐渐增多，甚至在课堂上也会和笔者、同伴主动分享自己的休闲活动，分享与家长一同玩过的游戏，笔者也在小宝的情绪转变中看到了他的进步。

四、效果与反思

本案例中，笔者通过家校协作和为家长提供行为支持建议等举措，弥补了学生现有的能力短板；鼓励家长用正向语言引导，激发学生学习动力；呼吁家长用精神陪伴温暖学生亟须关怀的内心，稳定学生的情绪。在家校协作中，逐步提升了学生现阶段的运动能力，消除了自卑心理，提高了参与活动和课堂的自信心。在家长的温馨陪伴下，小宝逐渐学会了如何管理和控制情绪。笔者在与家长的充分沟通中，结合学生在学校的表现及家长观察到的学生现阶段的发展需求，提供具有针对性的育儿指导，充分挖掘家长的教育潜能，让家长参与多重障碍学生的艺术休闲活动，看到其成长与进步。

家庭教育作为最先影响儿童的教育，对儿童未来的教育与发展起着奠基作用，也是学校教育和社会教育的前提和基础。现代家庭教育的核心是育人，父母是孩子的第一任教师，家庭环境的熏陶对孩子的一生有很大的影响。家长的陪伴、鼓舞及行为支持，为多重障碍学生提供了重要的情感依托，从而助力他们全面、均衡地发展。在培智学校的教育教学中，整合家庭和学校的优势资源，激发家长的教育魅力，能够充分调动多重障碍学生的学习积极性和学习兴趣，从而提升多重障碍学生的课堂参与水平。

后 记

　　每天，我们都与课堂相遇，但我们未必都能看见课堂。当问题出现，当疑惑萌生，看见就成了思考的基础、行动的来源。这是本书编写的缘起，也是实践探索的思路，更是我几经辗转，思虑良久，最终将书名定为《看见每一个》想要表达的含义。

　　课堂教学是鲜活的、不可预设的过程，尤其是当我们面对障碍情况越来越复杂、智力水平相对低下的特殊学生，这种不确定性更加迫切地需要教师有一双能"看见"的眼睛。

　　看见教材——教材是课标落实的载体，是教和学重要的依据，是教学过程中有力的支架。精确且翔实地解读教材是教师的第一基本功，心中有纲，胸中有本，眼中有人，手中有法，这是最好的状态。看见教材，并非只是滞留于教材本身，还要去找理念、找思路、找策略、找资源。只有看见教材，才可能将文本的内容应用化地呈现；只有看见教材，才可能把隐藏在知识背后的逻辑、内涵、文化一并打开，展现在学生眼前；只有看见教材，教材才可能由静态走向动态，从"知识"走向"知识链"。

　　看见孩子——教学有规律，但是教学不能固守套路。每一个孩子是不一样的，孩子的每时每刻也是不一样的。在课堂中，看见每一个生命，聆听成长的声音，关怀内心的期待，了解他们的学习状态和需求，激发他们学习的意愿和动力，努力对每一个孩子的成长负责，是教师的信仰所依、职责所在、价值所现。"看见学生，教学才真正开始。"当课堂中的一切教学行为都是为了孩子，而不是为了教学流程的演进，学生才真正地"站在了课堂的中央"。

　　看见未来——我们与学生是一场相遇，在这场相遇中，留下时光的痕迹，痕迹里充满爱和阳光，折射出学生在课堂里汲取的力量，转变为成长的养分。我们给学生留下的不仅是知识和技能，还有日益灿烂的微笑、坚定的眼神、真正的自信和良好的品行。学生的成长是实现一个又一个目标的历程，我们的每一堂课都应该为学生的发展、为他们的未来"增砖加瓦"。当下，我们守住课堂，一面探索，一面实践，努力仰望学生学有所成的模样，仰望未来特殊教育的奇迹。

本书从培智课堂的视角，通过理论探索、实践研究、课例解读、个案阐述等角度，诠释了我对"看见每一个"的信念与行动。不同的观察者、被观察者，不同的情境、心境，不同的视角、标准，会在课堂中看到不同的现象。只要对学生的成长有意义，每一个看见都值得被肯定，被记录。人民教育家于漪老师说，她是用一生的时间在备一节课。教师生命之独特，就在于与学生、与课堂的交汇，对课堂的精雕细琢，就是对教师使命的精彩诠释。课堂教学是一门艺术，无论是巧妙的教学设计，还是卓越的课堂管理，无不彰显着教师的智慧与素养。因此，教师要在课堂中看见自己，勤于反思、善于积累、精于规划、乐于研修，使自我修炼成为常态。

由于所研所思有限，本书不全面、不成熟之处，敬请指正，不胜感激。

奚 英

2024 年 3 月 20 日

图书在版编目（CIP）数据

看见每一个：提升培智学校学生课堂参与度的教学
策略 / 奚英著 . — 上海：文汇出版社，2024.5
ISBN 978 - 7 - 5496 - 4252 - 6

Ⅰ.①看…　Ⅱ.①奚…　Ⅲ.①特殊教育—课堂教学—
教学研究　Ⅳ.①G761.2

中国国家版本馆CIP数据核字（2024）第091012号

"新师说"书系

看见每一个
——提升培智学校学生课堂参与度的教学策略

作　　者 / 奚　英
责任编辑 / 张　涛　盛　纯
封面装帧 / 梁业礼

出 版 人 / 周伯军
出版发行 / 文汇出版社
　　　　　上海市威海路755号　（邮政编码：200041）
经　　销 / 全国新华书店
排　　版 / 南京展望文化发展有限公司
印刷装订 / 上海新文印刷厂有限公司

版　　次 / 2024年5月第1版
印　　次 / 2024年5月第1次印刷
开　　本 / 720×1000　1/16
字　　数 / 320千字
印　　张 / 18.5

ISBN 978 - 7 - 5496 - 4252 - 6
定　　价 / 75.00元